하나님의 프로젝트

교육의 가나안을 향하여

그분이 이끄신 길, 밀알두레학교 이야기

하나님의 프로젝트
교육의 가나안을 향하여

지은이 | 정기원
펴낸이 | 원성삼
책임편집 | 홍순원
펴낸곳 | 예영커뮤니케이션
초판 1쇄 발행 | 2018년 1월 3일
등록일 | 1992년 3월 1일 제 2-1349호
주소 | 04018 서울시 마포구 동교로 55 2층(망원동, 남양빌딩)
전화 | (02)766-8931
팩스 | (02)766-8934
홈페이지 | www.jeyoung.com
ISBN 978-89-8350-981-9 (03370)

값 16,500원

이 도서의 국립중앙도서관 출판예정도서목록(CIP)은 서지정보유통지원시스템 홈페이지
(http://seoji.nl.go.kr)와 국가자료공동목록시스템(http://www.nl.go.kr/kolisnet)
에서 이용하실 수 있습니다.(CIP제어번호: CIP2017035027)

 모든 인간은 하나님의 형상을 닮은 존귀한 존재입니다. 사람은 인종, 민족, 피
부색, 문화, 언어에 관계없이 모두 다 존귀합니다. 예영커뮤니케이션은 이러한
정신에 근거해 모든 인간이 존귀한 삶을 사는 데 필요한 지식과 문화를 예수 그리스도의
사랑으로 보급함으로써 우리가 속한 사회에 기여하고자 합니다.

그분이 이끄신 길, 밀알두레학교 이야기

하나님의 프로젝트

교육의
가나안을
향하여

정기원 지음

예영커뮤니케이션

김동호 목사 / 높은뜻씨앗스쿨 설립자

성경은 "마땅히 행할 길을 아이에게 가르치라 그리하면 늙어도 그것을 떠나지 아니하리라(잠 22:6)."고 말씀한다.

그런데 요즘 우리 교육은 '마땅히 행할 길'보다는 '유용하게 써 먹을 것'을 가르치고 훈련하는데 급급하다. 엄밀히 이야기하자면 교육이 아니라 훈련이다. 그리하여 점점 아이들의 능력은 발전하고 발달하는데 사람의 사람다움은 상실해 가고 있다. 교육을 위하여 그 어느 때보다 많은 시간과 돈을 들이지만 교육 부재의 시대를 살아가고 있다고 할 수 있다.

훈련도 필요하다. 그러나 교육의 기초가 없다면 그 훈련은 모래 위에 세운 집 같아 무너질 수밖에 없다.

예수님은 요한복음 14장 6절에서 "내가 곧 길이요."라고 말씀하셨다. 예수님이 바로 아이들에게 가르칠 '마땅히 행할 길'이다.

아이들에게 마땅히 행할 길이신 예수님을 기초로 한 학교교육이 절실히 필요하여 뜻있는 기독 교육자들이 세운 것이 소위 기독대안학교이다.

전에 섬기던 교회에서도 천안에 '높은뜻씨앗스쿨'을 세워 4년 동안 잘 운영해 오고 있다. 학교 하나를 세운다는 것은 나라를 하나 세우는 것만큼이나 중요하고 어렵다. 초기에 아무것도 알지 못하여 갈팡질팡할 때 가장 큰 도움을 준 곳이 밀알두레학교이고, 밀알두레학교의 정기원 교장이시다.

정기원 교장 선생님이 그동안의 경험을 바탕으로 『교육의 가나안을 향하여』라는 책을 집필하셨다. 교육의 가나안을 향하여야 한다는 뜻은 지금 우리의 교육이 광야에 있다는 것이기도 하다. 실로 그렇다. 교육의 광야에서 방황하며 생명보다 귀한 우리 아이들이 치명적인 혼란 속에 처해져 있는 이때에 정기원 교장 선생님의 이 책이 기독교학교 교육의 방향을 비춰주는 등대 같은 역할을 해 주리라 믿어 의심치 않는다.

이상학 목사 / 새문안교회 담임

두레교회가 개척되고 한 해가 지난 1998년 가을로 기억한다. 한창 교회가 개척되어 정신없이 일하고 있는 내게 초등학교 교사라고 자신을 소개한 한 집사님이 뜬금없이 프로젝트 하나를 내밀었다. 대안학교에 대한 것이었다.

그는 그저 기존 공교육에 적응하지 못하는 사람들을 위한 대안학교를 뛰어넘어, 명실상부한 대안교육, 즉 공교육에서 말살되어가는 인성과 영성과 실력을 겸비한 신앙적 대안교육의 필요성을 열심히 역설하였다. 그 사람이 바로 이 책을 쓴 밀알두레학교 정기원 교장 선생님이다.

그와의 만남은 그렇게 시작되었다. 그 후에, 대안학교를 세우기 위한 교사모임부터 시작해서, 다양한 준비 모임에 대한 밑그림을 함께 그리다가 나는 유학길에 올랐다. 하지만, 한 사람의 가습 속에 던져진 불은 계속 타올라 마침내 두레학교라는 대안학교가 시작되었고, 그는 이런저런 과정과 역경을 뚫고 오늘 이 책이 그려내고 있는 "밀알두레학교"를 형상화해 내는데 결정적 역할을 했을 뿐만 아니라, 나아가 이 땅에 대안학교의 필요성을 역설하러 다니는 '대안학교 전도자' 역할을 열심히 하고 있다.

내가 본 정기원 교장 선생님은 대안교육에 미친 사람이요, 그 대안교육이 만들어 내는 우리 다음 세대에 대한 꿈에 미친 사람이다. 그렇기에, 20년 전 나를 본 그날부터 지금까지 일관되게 대안교육의 일념으로 외길을 걸어왔고, 앞으로 그 외길을 묵묵히 그러나 단호하게 걸어갈 분이다.

어느 날인가, 내가 한국에 나와 목회를 하던 중에 교회로 그를 초대했다. 유난히 얼굴빛이 좋지 않아 물었더니, 지금 신장이 안 좋아 투석 중이라는 말을 아무렇지도 않은 듯 툭 던져 댔다. 매 주마다 그렇게 투석을 받으면서도 그는 이전에 건강했을 때와 조금도 다를 바 없이 이 외길을 일관되게 걸어가고 있었던 것이다.

하루가 지나고 한 달만 지나면 자기 소명이 바뀌어 있고, 신조가 바뀌고, 목표가 달라져 버리는 세태에 한 가지 부르심을 향해 이렇게 일관되게 달려갈 수 있는 사람을 만난다는 자체가 축복이요, 은총이라고 나는 생각한다.

책을 추천하는 자리에 책의 저자에 대해 이렇게 길게 소개를 한 데에는 이유가 있다. 이 책이 책상에 앉아 머리로 쓴 책이 아니라는 것이다. 철학자의 사변과 신학자의 신앙적 사유의 결과물과는 전혀 다른 종류의 책이라는 것이다.

흔히 "한 사람의 인생에 책 몇 권이 들어 있다."라고 하는데, 한 사람이 좇아간 집요한 삶의 궤적이 글로 고스란히 담겨져 독자에게 전달되는 책이 바로 이 책이다. 그만큼 이 책은 저자가 이 땅의 제도권 공교육의 현장을 경험하며 안타까워하다가, 자신이 본 대안교육의 빛을 따라 온몸으로 쓴 책이라 할 수 있다.

책을 읽는 구석구석마다 글로는 다 담겨지지 않는 저자의 투혼과 다음 세대를 사랑하는 마음이 전달되어 훈훈해지는 것을 느낀다. 가슴으로 쓴 책이요, 가슴으로 읽는 책이라는 뜻이다.

더욱 감사한 것은, 저자가 하나님을 사랑하는 마음이다. 흔히, 한 분야에서 업(業)을 이룬 사람은 자기도 모르는 고집과 독선이 묻어 있기 쉬운데, 내가 본 저자는 더욱 더 하나님께 가까이 가고 있는 것을 본다. 그래서 마침내 자신의 대안교육을 "하나님의 교육"이라고 명명하였다. 얼마나 아름다운 고백인가? 긴긴 신앙의 여정을 마친 아브라함이 결국은 자기 아들까지도 모리아 산에 살포시 내려놓는 그런 믿음의 맛과 멋이 연상되기 때문이다.

대안교육에 관심을 가진 교육 일꾼 뿐만 아니라, 자기 인생의 꿈을 가지고 하나님의 일을 이루고자 하는 사람들에게 일독을 권하는 멋지고 아름다운 책이다.

이혜훈 집사 / 국회의원, 서초구 갑

"우리 원기 좀 만나 주세요!"

저자와의 만남은 이런 문자메시지로 시작되었다. 전 세계에서 100명도 안 되는 극소수가 앓고 있다는 희귀병 프로제리아와 싸우는 제자를 기쁘게 해 주려고 사람이 할 수 있는 것이라면 불법 빼고 다하겠다는 의지가 뚝뚝 묻어났다.

원기를 만나러 밀알두레학교를 찾아가 현장을 보고서야 왜 교육의 가나안인지 온몸으로 느낄 수 있었다. 학교를 세우기까지 저자와 선생님들과 학부모들이 헤쳐 나온 그 긴긴 광야의 세월 동안 여호와 하나님이 오롯이 함께해 오셨음을 단번에 알아챌 수 있었다. 교육의 가나안, 즉 오직 여호와 하나님의 말씀과 기도로 다음 세대를 양육하는 하나님의 학교를 세우기 위해서는 온전히 하나님만 의지해야 하기에 광야 길을 걷게 하셨음을 볼 수 있었다.

이 책은 익숙해진 애굽을 버리고 약속의 땅 가나안을 향해 두렵고 떨림으로 함께 길을 나선 학생 85명과 선생님 20명을 이끌고 오직 여호와의 인도하심이 없이는 한 발짝도 옮길 수 없고 한 순간도 견딜 수 없는 그 광야를 지나온 험난하지만 벅찬 승리의 여정을 고스란히 담고 있다.

이 책은 한 페이지 한 페이지가 살아 계신 하나님의 뜻을 찾으며 그 뜻에 온전히 순종함으로써 하나님의 기뻐하시는 바를 차곡차곡 이루어 가는 감동과 도전 그 자체이다. 고비고비마다 맞닥뜨린 고난 또한 믿음과 인내로 이겨 냄으로써 주의 율례를 배우고 정금같이 나오는 그 모든 과정은 지금 고난 중에서 하나님의 은혜와 사랑을 의심하는 분들에게 말할 수 없는 위로와 강력한 버팀목이 되리라 확신한다.

하나님의 사람을 길러 내겠다는 선한 소망을 우리 안에 주신 이가 그 소망을 이루실 줄 믿는다. 밀알두레학교를 통해 여호와께로 돌아오는 사람의 수가 날마다 더하여지고, 하나님의 뜻을 아는 지혜가 자라고, 하나님의 마음을 시원하게 하는 믿음의 장성한 분량에 이르기를 간절히 기도한다.

박상진 교수 / 장신대, 기독교학교교육연구소 소장

한국의 교육은 아직도 칠흑 같은 어둠 속에 갇혀 있다. 마치 이스라엘 백성이 애굽의 바로 왕의 압제 밑에서 신음하고 있듯이 수많은 아이가 입시 위주의 교육으로 고통당하고 있다. 이 애굽의 교육에서 교육의 가나안을 향하여 나아가는 것, 이것이 기독교교육이다. 밀알두레학교는 이 사명을 감당하고 있으며, 정기원 교장 선생님은 마치 출애굽의 지도자 모세처럼 다음 세대들을 죽음의 교육, 고통의 교육에서 건져내 생명의 교육, 희망의 교육으로 인도하는 역할을 감당해 오고 있다.

『교육의 가나안을 향하여』는 저자가 어떻게 밀알두레학교를 시작하였고, 오늘에 이르기까지 어떤 하나님의 은혜를 경험하였는지를 생생하게 기록한 책이다. 밀알두레학교의 살아 있는 역사요, 정기원 교장의 삶의 여정이면서도 하나님이 어떻게 하나님의 교육을 펼쳐

가고 계신지를 증언하는 책이다.

두레학교 시절부터 밀알두레학교의 설립, 학교 건축의 과정, 한국의 대표적인 기독교 대안학교로 성장하는 전 과정을 가까이에서 지켜보면서 '예수님 가르침 그대로'의 교육을 추구하기 위해 애쓰는 밀알두레학교와 정기원 교장으로부터 진한 감동을, 깊은 도전을 받고 있다. 자신의 건강을 돌보지 않고 오직 다음 세대를 위해 기독교교육에 헌신하는 모습은 밀알두레학교의 '밀알'이 무엇을 의미하는지를 몸소 먼저 실천하고 있는 것이리라. 이 책의 페이지마다, 글자마다 담겨 있는 그의 고백과 간증은 오늘 이 시대에 그를 사용하시는 하나님이 살아 계셔서 친히 교육하고 계심을 선포하고 있다. 그렇다. 이 책은 하나님이 지금 한국에서 어떻게 기독교학교 운동을 일으켜 가고 계신지를 선명하게 보여 주고 있다. 교육이 어떻게 고통이 아니라 희망일 수 있는지를 가슴 뭉클하게 드러내 주고 있다.

『교육의 가나안을 향하여』, 이 책은 펼치는 순간부터 눈을 떼지 못하고 읽어 내려갈 수밖에 없도록 흥미 있고 감동적으로 씌어져 있다. 밀알두레학교와 이 학교에 헌신한 교사들, 그리고 학생들과 그 부모들이 새로운 교육을 향해 떠난 탐험의 여정이 기록되어 있고, 기독교 대안교육 속에서 피어나는 희망의 꽃이 얼마나 아름다운지를 보여 주고 있다. 이 책은 자녀를 건강하게 키우기를 원하는 이 땅의 모든 부모와 하나님의 교육을 추구하는 모든 교사와 목회자들, 그리고 삶의 새로운 비전을 찾기 원하는 모든 학생이 꼭 읽어야 할 필독서이다. 이 책은 완결된 책이 아니다. 우리 모두가 이 책을 읽고 그 비전의 동역자가 되어 함께 교육의 가나안을 향하여 나아갈 때 비로소 이 책은 완성될 수 있을 것이다. 이 책을 읽는 모든 독자들을 이 비전으로 초대한다.

추천사 5

한창현 목사 / 나눔교회 담임

그들의 열매로 그들을 알지니 가시나무에서 포도를, 또는 엉겅퀴에서 무화과를 따겠느냐 이와 같이 좋은 나무마다 아름다운 열매를 맺고 못된 나무가 나쁜 열매를 맺나니 좋은 나무가 나쁜 열매를 맺을 수 없고 못된 나무가 아름다운 열매를 맺을 수 없느니라(마 7:16-18).

그 열매로 나무를 아느니라 … 선한 사람은 그 쌓은 선에서 선한 것을 내고 악한 사람은 그 쌓은 악에서 악한 것을 내느니라(마 12:33-35).

예수님이 하신 말씀인데, 내 삶을 점검할 때, 자주 묵상하는 말씀이다.

첫째, 열매가 아닌 나무가 먼저이다. 아름다운 열매를 맺으려면 먼저 좋은 나무가 되어야 하고, 선한 열매를 맺으려면 먼저 선한 사람이 되어야 한다.

둘째, 열매로 나무를 알 수 있다. 나의 열매는 무엇인가? 내 삶의 열매는 무엇이며, 가정에서, 일터에서, 세상에서의 열매는 무엇인가? 그 열매들에 통일성이 있는가? 아니면 전혀 다른가? 만약 다르다면, 삶에 교정이 필요하다는 신호이다.

셋째, 아무리 좋은 나무일지라도 잘 관리되지 않으면, 아름다운 열매를 맺을 수 없다. 나무를 어떻게 관리하느냐에 따라서 더 좋은 열매를 맺을 수도 있고, 그 상태로 유지될 수도 있고, 더 나빠질 수도 있다.

정기원 선생님의 삶의 이야기를 진솔하게 펼쳐 놓은 이 책을 추천한다. 그리고 정기원 선생님을 더 추천하고 싶다. 그의 가정이 좋은 열매요, 학교와 학부모님들이 좋은 열매요, 외국에 있는 친구들이 좋은 열매이다. 그를 알려면 그의 친구를 보라고 하지 않았나! 또한 더 좋은 나무가 되기 위해서 자신을 잘 관리하고 있기에 더 아름다운 열매가 있을 것이다.

나는 모든 분들이 건강하고 행복하고 멋진 삶의 열매를 맺는 좋은 나무가 되기를 바라면서 이 책을 마음을 다해 추천한다.

이호훈 목사 / 예수길벗교회 담임, 밀알두레학교 교목

정기원 교장 선생님은 평생 선생님이었습니다.

우리는 선생된 자를 스승이라고 부릅니다. 그는 '하나님 나라 교육' 현장에 온전히 삶을 헌신한 사람이니 누구보다도 순전하고 신실한 사역자라고 할 수 있습니다. 정기원 선생님은 지난 20년 동역하는 동안 제게 둘도 없는 스승이고 본받을 만한 사역자였습니다. 그럼에도 불구하고 추천을 받아야 할 제가 이렇게 추천의 글을 쓰게 되었으니 큰 영광이고 감사함이 아닐 수 없습니다.

미리 받은 원고를 한 장 한 장 펼쳐 보며 벅차오르는 감정을 참아내느라 몇 번을 멈추어 섰는지 모릅니다. '교육의 가나안을 향하여', "하나님 나라 교육의 길을 하나님 아버지의 힘으로", "광야 같은 학교", "우리가 함께 가면 길이 됩니다." 지나온 시절이 한 편의 드라마처럼 생생하게 눈앞에 펼쳐졌습니다.

20대의 한 젊은 교사가 꿈꾸었던 하나님의 학교가 세워지기까지 20년의 세월이 필요했습니다. 그가 걸어간 길은 황량한 광야였고, 찢기고 상한 몸의 고단함과 지친 영혼의 갈급함만이 남아 있는 곳이었습니다. 하지만 거기에서 주님은 하나님의 살아 계심의 증거를 친히 보여 주셨고, 하나님 나라 교육의 소명과 희망을 깨닫게 해 주었습니다.

이 책에서 우리는 교육 순례의 길을 걷는 한 사람을 만날 수 있습니다. 그가 걸어온 '하나님의 학교'를 향한 부르심의 삶이 이 땅의 모든 그리스도인들에게 주 안에 소망과 사랑과 기쁨과 용서의 환희를 깨닫게 할 것입니다.

한 교육자가 걸어온 '예수님 가르침 그대로' 교육 순례의 길이 동시대를 살아가는 여러분 모두에게 희망의 메시지가 될 것이라는 믿음이 있기에 기쁜 마음으로 이 책을 추천합니다.

신기원 목사 / 밀알두레학교 대표 교목

정기원 선생님의 삶을 한 마디로 표현한다면 '예수님이라면 어떻게 할 것인가를 질문하는 삶'입니다. 찰스 쉘돈(Charler M. Sheldon)의 책『예수님이라면 어떻게 하실까?』가 기독교 고전으로 우리에게 그리스도인의 삶의 방향성을 꾸준하게 도전해 왔다면 정기원 선생님의 이 책은 지금 여기(Now and Here), 치열한 삶의 자리에서 찰스 쉘돈을 다시 부활시켜 냅니다.

여전히 '예수님이라면 어떻게 하실까?'라는 질문이 우리 삶의 방향이 되고, 푯대가 되고 있음을 믿음의 삶을 통해 증명해 내고 있습니다. 그래서 이 책을 감히 '믿음의 교과서'라고 말씀드릴 수 있습니다. 예수님이라면 어떻게 할 것인가를 질문하고 응답하는 것이 믿음의 출발이자 완성이기 때문입니다.

반기성 목사 / 꿈이있는교회 담임

『교육의 가나안을 향하여』를 읽으며 한 사람의 인생을 통째로 선물 받는 느낌이었다. 그의 삶, 그의 지혜, 그 속에 살아 계신 예수님까지 선물로 받았다.

정기원 교장 선생님을 처음 만났을 때, 목회자보다 더 목회적인 지혜로 교육의 길을 가고 있는 분이라 느꼈다. 그 이유를 책을 읽으며 알 수 있었다.

학교가 세워지는 과정이 교회를 개척해 가는 과정과 너무나 동일해서 책을 손에서 놓을 수가 없었다. "교육의 가나안을 향하여" 가는 그의 인생 여정 속에서 내가 가장 그리워하고 내가 되고 싶었던 평신도 목회자를 만날 수 있어서 행복했다.

업적을 넘어 하나님과 함께 호흡하며 전 인생을 걸고 하나님의 학교를 세워가는 한 영혼을 만날 수 있다. 역경의 순간마다 하나님께 질문하며 아버지의 마음으로 교육관을 정립해 가는 한 사람의 진실한 고백을 들을 수 있다. 이 나라 교육을 향해 하나님의 마음과 눈물을 가진 한 사람을 만날 수 있다.

마침내는 고난을 통해 얻은 모든 결실들마저 연합하여 아낌없이 나누고자 하는 것을 보며 "진정한 교육의 가나안"이 무엇인지도 보게 된다.

꿈의 사람의 책을 추천하며 내가 꿈의 사람으로 일어나게 되었다. 다음 세대의 교육을 걱정하고 다음 세대를 사랑하는 모든 분들에게 마음을 다해 이 책을 추천한다.

차례

2부 교육의 가나안 입성
:교육의 푸른 초장을 경험하게 하신 하나님

머리말

이 책은 2010년 11월 29일부터 2013년 3월 4일까지 2년 2개월 2일 동안 우리 밀알두레 가족들과 나에게 광야 같은 삶을 살게 하시다가, 2013년 3월 4일 입학 예배 1시간 전에 준공 허가가 나오게 되는 극적인 상황을 경험하게 하시고, 가나안 땅인 이곳 왕자궁 마을에 입성해서 지금까지 말씀과 기도로 다음 세대를 양육하도록 이끌어 주신 살아 계신 하나님의 이야기를 기록하였습니다.

이스라엘 백성들을 출애굽시키고, 40년 동안 광야에서 생활하게 하면서 이들을 훈련시키신 후에 가나안에 입성하게 하신 하나님은 우리에게도 짧은 기간이었지만 비슷한 훈련의 시기를 겪게 하신 후에야 교육의 가나안으로 들어가는 것을 허락하셨습니다.

이 과정 중에 이스라엘 백성들이 구름기둥과 불기둥으로 인도하시는 하나님 아버지를 경험하였듯이 우리도 우리의 발걸음을 친히 이끌어 주시며, 안전하게 보호해 주시는 하나님 아버지의 따뜻한 손길을 직접 경험하는 놀라운 은혜를 누렸습니다.

하나님 아버지가 나를 비롯하여 우리 밀알두레 가족들을 어떻게 교육의 가나안 땅으로 인도하시며 은혜와 사랑을 베풀어 주셨는지 이제 그 이야기 속으로 초대하려 합니다.

인생을 걸고 시작했던 두레학교에서 사람을 의지하지 않고 하나님만 믿고 의지하며 살겠다는 서원 기도를 드렸을 때, 하나님은 나로 하여금 두레학교를 떠나게 하셨습니다. 그러나 혼자서 외로이 떠나는 것을 애처롭게 여기신 하나님은 선생님 20명과 아이 85명을 붙여 주셨습니다. 그렇게 하시면서 교육의 가나안에 입성할 때까지 나와 우리 밀알두레 가족들을 강한 훈련의 시간을 거치게 하셨습니다.

우리들이 교실로 삼을 건물이 없어 남의 학원 건물과 어린이집, 교회를 빌려 가면서 학생들을 모으기 위한 교육 설명회를 해야 했고, 여러 선생님을 채용하기 위한 면접과 아이들 면접은 커피숍이나 학원 건물, 학부모님 사무실 등에서 했으며, 한 겨울에 난방이 안 되는 6평 남짓한 사무실을 임대해서 교무실로 삼아 손을 호호 불어 가면서 개학을 준비해야 하는 열악한 상황에서도 하나님은 20여 명의 선생님에게 무너지고 황폐해져 가는 우리나라 교육을 가슴에 품게 하시고, 새롭게 회복하는 교육 운동을 꿈꾸게 하셨습니다.

하나님은 돈 한 푼 없이 나온 우리에게 17억 원에 달하는 땅을 매입하고, 30억 원이 넘는 학교 건축을 시도하는 큰 도전을 하게 하셨습니다. 학교 건축 중에 사기를 치려고 들어온 건축업자들과 사기꾼들의 계략을 미리 알게 하시고 피할 길도 마련해 주셨습니다. 하나님은 1년 동안 학교 건축이 중단되고 이들을 내보내는 과정 중에 나로 하여금 구리 경찰서와 인천남부 경찰서, 서울고등검찰청에 현장학습을 가도록 하시고, 건설업체에게서 돈을 받지 못한 하도급 업체들이 나를 고소하여 피고로서 의정부 지방법원에서 민사 재판도 받아 보는 특별한 체험을 하게 하셨습니다.

아울러, 저에게는 죽음의 문턱 앞에 가 보는 경험을 하게 하시며, 주 3회 4시간씩 투석을 받게 하셨고, 잠자고 있던 저의 영혼을 일깨워 주셨습니다. 47년 동안 인생을 살아오면서 하나님 아버지의 사랑을 머리로만, 지식으로만 알고 있던 나에게 아버지의 사랑을 가슴으로 느끼고 경험하게 하는 놀라운 일을 이루어 주셨습니다.

이런 시간들을 통해 하나님은 나와 우리 밀알두레 가족들에게 겸손도 배우고, 용서를 삶 속에서 직접 실천하면서 하나님의 자녀로 사는 방법을 알게 해 주셨습니다.

교육의 가나안에 입성하고 난 후에는 학교를 재정비하는 과정을 거친 후 교육의 푸른 초장을 날마다 거닐게 하시면서 교육의 열매를 수확하는 즐거움과 기쁨을 누리게 해 주셨습니다. 우리들을 인도하고 깨우쳐 주시며, 하나님의 은혜와 사랑을 알게 하시고, 하나님 아버지의 자녀가 되어 이 땅을 하나님의 나라로 만들어 나가도록 우리를 빚어 가셨던 하나님 아버지의 은혜와 사랑이 너무나도 컸었기에 이를 잘 기록하고 글로 남겨 후대에 전하고 싶었습니다.

아무쪼록 이 글을 읽는 분들이 하나님 아버지의 사랑과 은혜를 가슴으로 느끼고 경험하며, 하나님 아버지의 자녀가 되어 영원한 생명을 누리며 아버지의 자녀로 살아가게 되길 소망합니다.

하나님은 부족하고 허물 많은 나를 찾아와서 하나님 아버지의 사랑을 가슴으로 느끼게 하시고, 밀알두레가족들과 함께 하나님의 원리로 이 땅의 교육을 새롭게 하는 교육 운동을 전개하도록 하셨습니다. 지금까지 경험한 모든 일들을 글로 적어서 책으로 출판하게 하신 살아 계신 하나님 아버지께 감사와 찬양, 영광을 올려 드립니다.

나 때문에 그 누구보다도 가장 힘들고 외로운 시기를 보내야 했으면서도 늘 힘이 되어 주고 지지해 주었던 사랑하는 아내 김은숙 선생과 아들 태현이를 생각하면 미안한 마음과 감사, 사랑을 동시에 느끼게 됩니다. 내가 어떤 선택을 하든지 항상 지지해 준 아내와 아빠의 꿈을 위해 우리 가족이 희생하자고 한 아들이 있었기에 내가 이 길을 걸어올 수 있었습니다. 아내와 아들에게 사랑하는 마음을 전합니다. 그리고 자녀들에게 믿음의 유산을 물려주시고 천국에 입성하신 할머니와 아버지, 그리고 자녀교육은 빚을 내서라도 시켜야 한다면서 어렸을 때부터 공부하는 데에는 돈을 아끼지 않으셨던 어머니에게 감사한 마음을 올려 드립니다. 이 책의 출판이 병상에서 연약한 모습으로 누워 계시는 어머니에게는 큰 위로와 힘이 되어 주 길 기도합니다.

교육의 가나안을 향해 나아가는 중에, 광야와 같은 삶을 살게 되 었지만, 힘들다고 낙심하거나 투정하지 않고 믿음과 소망을 갖고 동 행해 준 사랑하는 밀알들과 하나님 나라 교육 운동을 함께 전개해 나가는 교육의 동역자인 밀알두레학교 선생님들, 학부모님, 그리고 중국 동관 밀알두레학교, 광주 밀알두레학교 연합학교 선생님들에 게 깊은 감사의 마음을 전합니다.

두레초등계절학교 때부터 두레학교 설립을 4년간 같이 준비하면 서 동고동락했던 안준상, 서영미, 최병훈, 허지영 4명의 소중한 후 배 교사들, 특히 학교가 분리되는 아픔을 같이 했고, 교육의 가나안 으로 들어올 때까지 말로 다 할 수 없는 어려움을 함께 겪으며 끝까 지 자리를 함께 지켜준 교육의 동역자인 서영미 초등 교감 선생님에 게 감사한 마음을 전합니다.

학교 건축을 시작하고서 1년간 중단되는 아픔을 겪고, 건축이 재 개되고 준공이 되는 그 순간까지 2년 동안 건축 현장을 하루도 떠나 지 않고 지켜 주었던 이승욱 실장님과 나규식 선생님의 수고와 헌신 은 평생 잊을 수가 없습니다.

외로울 때마다 지지해 주고 힘이 되어 준 예수길벗교회 담임이신 이호훈 목사님과 교목 대표인 신기원 목사님, 나의 잠자던 영혼을 일깨워 주고 하나님이 살아 계신 분임을 깨닫도록 하는데 하나님으로부터 쓰임 받으셨던 한창현 목사님과 임경선 사모님, 윤귀영 사모님께도 감사의 인사를 전합니다.

바쁘신 중에도 추천사를 작성해 주시면서 힘과 용기, 격려를 보내 주셨던 제가 가장 존경하는 분들인 김동호 목사님과 이상학 목사님, 이혜훈 국회의원님, 박상진 교수님, 반기성 목사님께도 감사의 마음을 전합니다.

마지막으로, 이 책이 만들어지기까지 교정을 꼼꼼하게 봐 주신 청주 '꿈이있는교회'의 김선희 사모님, 겉표지 디자인을 멋지게 만들어 주신 임이지, 이우 아버지인 임태용 학부모님, 그리고 따뜻한 마음으로 늘 격려해 주시며 이 이야기가 책으로 나오도록 허락해 주신 예영커뮤니케이션 원성삼 대표님과 편집부 직원들께 진심으로 감사의 인사를 드립니다.

우리들의 작은 몸부림이 이 땅의 교육을 새롭게 회복하는 교육 운동으로 이어져 하나님 아버지의 마음을 시원하게 해 드릴 날을 소망해 봅니다.

2017년을 보내는 어느 날
교육의 가나안 땅인 왕자궁 마을
밀알두레학교 교장실에서

네 하나님 여호와께서 이 사십 년 동안에
네게 광야 길을 걷게 하신 것을 기억하라
이는 너를 낮추시며 너를 시험하사
네 마음이 어떠한지
그 명령을 지키는지 지키지 않는지
알려 하심이라
_신 8:2

네가 가서 그 땅을 차지함은
네 공의로 말미암음도 아니며
네 마음이 정직함으로 말미암음도 아니요
_신 9:5

그러므로 네가 알 것은
네 하나님 여호와께서
네게 이 아름다운 땅을 기업으로 주신 것이
네 공의로 말미암음이 아니니라
_신 9:6

네 하나님 여호와를 기억하라
_신 8:18

1부

광야 같은 생활

광야 가운데
함께하신 하나님

젖과 꿀이 흐르는
교육의 가나안을 향하여

● 2010년 11월 29일은 하나님이 나를 교육의 가나안으로 가도록 불러내신 날이다.

교육의 가나안을 향하여 나아가는 그 첫걸음은 15년 동안 근무하던 공교육에 사직서를 제출하고 인생을 걸고서 세웠던 기독대안학교인 두레학교를 6년 만에 사임하는 것으로부터였다.

아침 일찍 두레학교를 향해 출근하는데 오늘이 마지막이라고 생각하니 발걸음이 괜히 무겁게만 느껴졌다.

'2001년 학교 설립을 준비할 때, 퇴근하자마자 한다리 마을로 달려와서 밤늦도록 선생님들과 이야기 나누며 학교 설립을 준비하다가, 한밤중에 집으로 돌아가곤 하면서부터 익숙해졌던 이곳이 이젠 다시 돌아오기 힘든 곳이 되겠구나!'

이런 생각에 왠지 아쉽고 서운한 마음이 더욱 강하게 밀려왔다. 솔직히 억울하고 분한 마음마저 생겼다. 마치 내가 버려짐을 당하는 것 같고, 동고동락해 온 학부모님들이 내게 등을 돌리는 것이 너무나도 서러웠고 배신감까지 들었다. 특히 아버지가 소천하신 이후로 아버지처럼 믿고 따랐던 목사님이 나를 못 믿고 있다고 생각하니 한없는 원망이 흘러 나왔다.

예수님을 생각하며

십자가를 지셔야 했던 우리 예수님의 마음도 이러지 않았을까 싶었다. 나귀를 타고 예루살렘 성에 들어가실 때에 "호산나"를 외치며 열광적으로 환호하면서 맞이하던 저들이 불과 며칠 만에 등을 돌리고 예수님을 십자가에 못 박으라고 소리치는 자들로 변하지 않았던가! 예수님이 3년간 함께 먹고 잠을 같이 자면서 가르쳤던 제자들은 스승이 잡혀 가서 십자가에 못 박히려는 절체절명의 위기 순간에 다 자기 살자고 스승을 버리고 도망을 해 버렸고, 제자 한 명은 스승의 뒤를 몰래 쫓아가면서 스승의 모습을 지켜보다가 오히려 세 번씩이나 모른다고 부인하고 저주하는 일까지 생기지 않았던가.

예수님이 짊어지셔야 하는 십자가가 얼마나 외롭고 무서우며 고통스러우셨으면 이 잔을 지나가게 해 달라고 기도를 하셨을까 생각해 본다. 자신을 따르던 사람들과 제자들에게 배신을 당해 본 경험도 있으시고, 무섭고 두려운 십자가를 직접 짊어지셨던 예수님이시기에 지금 내가 겪는 이 고통도 이해하시고 나와 함께해 주시겠지 하는 생각을 가져 보았지만 억울함과 분한 생각은 쉽게 떨쳐지지가 않았다.

정든 학교를 떠나다

학교에 도착하니 초·중등과정 교사들 중심으로 나와 이호훈 목사님의 퇴임식을 진행해 주었다. 내가 학교를 사임하고 나면 앞으로 어떤 일이 펼쳐지며 어떻게 진행될지 아무것도 알 수 없는 상황이기에 정말 많이 답답했다. 내가 원하던 일은 아니지만 진정 하나님이 의도하신 일이라면, 이 모든 것이 하나님의 계획과 섭리 속에 이루어진 일이라면 아무리 어려운 일이라도 잘 감당할 수 있는 힘을 주실 것이라고 생각하면서 애써 위안을 삼았다.

퇴임식이 진행되는 동안 지난 6년 동안의 교육활동 영상물을 보게 되었다. 순간 수많은 일이 머릿속을 스쳐 지나갔다. 지금 이 자리에 앉아 있는 아이들과 학부모, 선생님들에게 어떻게 인사를 해야 할까 생각해 보았지만, 딱히 이 상황에 맞는 좋은 말이 떠오르지 않았다.

'우리 아이들은 학교가 분리되는 이 상황을 어떻게 이해하고 있을까? 무슨 이유인지 잘 모르는 상황에서 사랑하는 선생님과 친구들이 갑자기 학교를 떠나야 하고 만나고 싶어도 더는 쉽게 만날 수 없게 된 현실을 우리 아이들은 어떻게 받아들이고 있을까?'

이 생각에 가슴이 미어졌다. 어른들이야 어쩔 수 없지만 우리 아이들만큼은 부디 아무런 상처 없이 이 상황을 잘 극복해 주길 간절히 바라고 기도할 뿐이었다.

새 일을 행하시는 하나님

내가 정들었던 두레학교에서 분리되어 나오는 것은 어떤 실수나 잘못이 있어서가 아니었다. 하나님만 의지하면서 하나님의 말씀과 기도로 다음 세대를 온전히 양육하는 하나님의 학교를 하겠다고 서원한 것에 대한 응답이었다. 따라서 하나님의 부르심을 받고 그 길을 떠나는 것이라고 여겼다.

'분명히 하나님이 나를 통해 새 일을 행하실 것이다.'

그렇게 믿고 싶었다. 아니 그렇게 해 주셔야 한다고 내 마음 안에서는 이미 하나님 아버지께 보채고 있었다.

사람들은 미지의 길을 떠나야 할 때, 새로 마주하게 될 상황들에 대해 기대와 불안감으로 주저하게 된다. 나 역시 내가 걸어가야 하는 길에 대해 하나님이 어떻게 인도하실지 몰라 기대 반, 염려 반으로 나의 새로운 인생을 맞이하게 되었던 것이다.

하나님은
왜 떠나라고 하시는가?

●   하나님은 우리들이 결단하고 새로운 마음을 품게 되면 항상 떠날 것을 요구하신다. 아브라함에게 "너의 고향과 친척과 아버지의 집을 떠나 내가 네게 보여 줄 땅으로 가라(창 12:1)."고 하셨던 것처럼 우리에게도 동일하게 말씀하시는 것을 종종 보게 된다.

'왜 하나님은 우리에게 떠날 것을 요청하시는 것일까? 하나님의 일을 하려면 떠나지 않고서는 안 되는 것일까?' 이런 의문들을 갖게 된다. 아이가 자라 결혼할 때에도 하나님은 동일하게 부모의 품을 떠나서 새로운 가정을 꾸리도록 계획하셨다. '하나님은 왜 우리에게 본토, 친척, 아비의 집을 떠나라고 하시는 것일까? 그 속에 무엇인가 큰 비밀이 숨어 있는 것은 아닌가?' 하는 생각이 들었다.

하나님의 조심스런 제안

2009년 1월 3일, 하나님은 내게 떠나는 문제를 조심스럽게 비추셨다. 최하진 선교사님의 책『네 인생을 주님께 걸어라』를 읽게 하신 것이다. 그 책을 처음 접하면서 너무나도 가슴 벅차고 기뻤다. 어쩌면 인생을 이렇게 하나님만을 위해 살아가는 사람이 있을까 싶었다. 복음이 들어가기가 쉽지 않은 중국에 기독교학교를 설립하겠다는 생각을 하다니 최 선교사님은 정말 대단한 분이라는 생각이 들었다. 하나님의 사람은 창의적인 사고가 넘쳐나야 할 것 같다. 남들이 할 수 없는 그 너머의 것을 생각하고 보아야 하기 때문이다. 선교사님은 하나님의 능력을 전적으로 신뢰했기에 그 좋은 조건들을 마다하고 모든 것을 포기하고 중국으로 건너가 공산권에 기독교학교를 설립하겠다는 상상력을 발휘하고 하나씩 행동으로 옮길 수 있었던 것이 아닌가?

그 책을 읽어 내려가는 동안 하나님은 내게 조심스럽게 제안해 오셨다.

"네가 진정 나의 말씀과 기도로 양육하는 나의 학교를 만들기 원한다면 너는 나만을 온전히 의지하는 학교를 만들어라. 사람은 그 누구도 의지하거나 믿지 마라. 사람은 의지하거나 믿는 대상이 아닌 오직 사랑해 주어야 할 대상임을 잊지 말아라."

하나님은 내가 두레학교를 운영해 오면서 하나님보다는 교회 당회와 담임 목사님을 먼저 떠올리며 의존했던 나 자신의 행동에 대해 문제를 제기해 오셨다. 선교사님의 책을 읽어 내려가는 동안 나의 그동안의 문제와 한계가 무엇이었는지 하나씩 깨닫게 해 주셨다. 책을 읽는 내내 가슴이 뜨거워지는 것을 경험했다.

지난 날 나는 두레학교를 운영해 오면서 '예수님 가르침 그대로'라는 슬로건은 내걸었지만 하나님을 전적으로 의지하지 못하고 어떤 문제가 생기고 어려운 문제 앞에 부딪히게 되면 항상 교회와 담임 목사님을 먼저 찾았던 것이다.

'이 문제는 교회 당회와 목사님이 먼저 결정해 주셔야 해. 담임 목사님은 어디 가신 거지? 당회원 장로님들은 지금 다들 어디 계시나?'

나는 담임 목사님과 장로님들을 찾아다니느라 바빴다. 그러다 해결 방안이 내가 의도한 수준까지 이르지 않거나 해결이 되지 않으면 속상해 하고 원망하기도 했었다. 이러한 나의 잘못들을 깨닫고 회개 기도를 올려 드렸다. 이제 다시는 어떤 이유로든 사람을 의지하지 않고 하나님만 바라보며 하나님만을 의지하겠노라고 다짐하면서….

그러나 책을 통해서 깨달은 것도 잠시, 시간이 흐르면서 나는 또다시 바쁜 일상으로 빠져들게 되었고, 하나님만 전적으로 의지하겠다고 한 약속은 까마득하게 잊고 말았다.

최하진 선교사님과의 만남

이스라엘 백성들이 출애굽하면서 광야에서 수많은 하나님의 기적과 은혜를 경험했지만 어려운 일들이 생기면 금방 뒤돌아서서 우상을 찾고 방황하던 모습처럼 나도 그렇게 젖어 들고 있었다.

'선교사님을 한번 만나서 강의를 직접 들을 수 있다면 얼마나 좋을까?'

나의 이 넋두리를 하나님이 들으시고 신속히 응답해 주셨다. 나는 우리 학교 영어 선생님이셨던 김경훈 선생님과 이야기를 나누다가 우연히 선교사님이 쓴 책에 크게 감동을 받았다고 말했다. 김경훈 선생님이 "교장 선생님! 제가 선교사님과 연락이 닿고 있습니다. 제가 한번 만나게 해 드릴까요?"라고 하는 것이었다.

나는 정말 깜짝 놀랐다. 김경훈 선생님과 잘 아는 사이라는 말도 놀랐지만 직접 선교사님을 만날 수 있다는 사실에 벌써부터 가슴이 뛰기 시작했다. 정말 이런 일을 두고 등잔 밑이 어둡다고 말하는 것이 아니겠는가?

여러 번 메일을 주고받은 끝에 선교사님을 2009년 9월 두레학교 학부모 교육 강사로 초청하기로 했다. 아무도 가지 않은 길을 외롭게 걸어가고 있는 우리 학부모님들에게 힘과 용기를 불어 넣어 줄 수 있는 귀한 말씀을 들려주시리라 기대하면서 학부모 교육 날짜를 손꼽아 기다렸다.

드디어, 약속한 날에 선교사님을 만났다. 너무나 기대했던 만남이었던 터라 혹시 기대에 미치지 못하면 어떻게 하나 약간 걱정을 하면서 말이다. 선교사님이 속사포처럼 빠르게 말씀하셔서 처음에는 익숙하지 않아 다소 걱정도 되었다.

그러나 그 걱정은 잠시 잠깐 뿐이었다. 금새 학부모님들은 박장대소하며 강의에 몰입하셨다. 모두들 얼마나 재밌게 그 말씀을 들었는지 모른다.

"깃발 꽂고, 기공 예배 드리고, 건물 올리고!"

이 말씀을 반복하실 때마다 새로운 건물이 하나씩 올라가는 사진 자료들을 보여 주었다. 우리들은 그 사진 속에서 복음 불모지인 중국의 땅에 하나님의 학교를 세워 가시는 하나님의 멋진 모습을 볼수 있었다.

이 얼마나 가슴 벅차고 놀라운 일이던가? 선교사님의 이야기를 들으면서 두레학교를 운영해 오는 동안 내가 가진 한계와 문제점이 무엇이었는지를 다시금 깨달았다. '하나님만 믿고 의지하며 모든 것을 하나님께 맡기고 나아가는 것'이 너무나도 부족했다는 것을 분명히 느끼게 되었다. 자연스럽게 두 손을 모으고 하나님께 기도를 드렸다.

"하나님! 제가 두레학교를 운영해 오면서 '예수님 가르침 그대로'

두레학교를 한다고 떠들고 다녔지만 이 두레학교에서 하나님이 계실 자리를 만들어 드리지 못했던 점 정말 죄송합니다. 이제는 오로지 하나님만 의지하며 한 걸음 한 걸음 내딛도록 하겠습니다. 제가 오늘 품은 이 마음이 다시는 변하지 않도록 단단히 붙들어 주시옵소서."

학부모 교육이 끝나면서 기도로 마음을 모으고 결단했었지만 나는 현실에서 오는 여러 가지 일들로 인해 나 자신이 가졌던 예전의 습성에 또다시 파묻혀 버리고 말았다. 산 넘어 산이란 생각이 들 정도로 수많은 문제 속에 놓이게 되고, 그 문제를 해결할 방법을 찾다 보니 역시 교회 당회와 담임 목사님이 풀어 주어야 하는 것들이기에, 나는 하나님께 이 문제를 가져가 풀어 주시기를 기도하기보다는 눈에 보이는 교회와 목사님을 먼저 떠올리게 되었던 것이다.

이런 일들을 되풀이하면서 또다시 시간이 흘렀다. 성경을 보면 출애굽하여 가나안을 향해 나아가던 이스라엘 백성이 조금만 어려운 일들을 만나면 모세를 향해 원망의 말들을 쉽게 내뱉는 장면이 나온다. 나는 이때마다 이스라엘 백성들이 참으로 어리석다고 생각했었다. 하나님의 인도하심을 피부로 느껴왔던 사람들이 어쩜 이리도 쉽게 변할 수 있느냐고 반문하던 내가 이스라엘 백성처럼 이런 행동을 쉽게 되풀이할 줄은 꿈에도 생각하지 못했었다.

서원 기도를 하자, 떠나라 하심

이렇게 다시 해가 바뀌고 2010년 9월 15일, 수요 예배시간에 두 레교회에서 하반기 교사 영성집회를 실시하면서 최하진 선교사님을 강사로 모시게 되었다. 수요일 저녁에는 내가 다니던 서울교육대학교 교육대학원 초등교육행정 전공 수업이 있었다. 2001년 대학원 공부를 시작했다가 중간에 신장이 나빠져 포기했다가 8년 만에 다시 시작한 것으로 그 해에 꼭 마쳐야 하는 상황이었다. 대학원 수업과 학교 행사가 많이 겹쳐서 결석이 잦았던 상태라 더 결석을 하면 학점 이수조차 불가능해 보였다. 나는 어쩔 수 없다고 여기고, 내 차로 대학원을 향해 이동하고 있었다. 그런데 참으로 신기하게도 교수님이 급한 일로 휴강한다는 문자가 날라 왔다.

'하나님은 내가 선교사님의 설교를 듣기 원하시는구나. 그동안 한 번도 결강이나 휴강을 하시지 않던 교수님이 오늘 이 시각에 갑자기 휴강을 하시다니. 정말 신기한 일이야. 선교사님께 인사를 드릴 시간이 있겠구나….'

이 생각을 하면서 대학원을 향해 가던 길에서 되돌아와 예배당 제일 뒷자리에 앉아서 선교사님의 말씀을 듣기 시작했다. 작년과 동일한 주제의 말씀을 두 번씩이나 듣게 하시는 하나님이 오늘은 나에게 무엇을 깨닫게 하실까 기대하며 귀를 기울이고 있었다.

선교사님은 작년과 동일한 내용을 말씀해 주셨다. 비슷한 내용의 이야기를 다시 듣는데도 그 감동은 여전했다. 하나님의 역사하심에 대한 이야기였기에 더욱 그러했으리라.

우리가 월드컵 4강 때의 축구 경기 영상을 몇 번씩 되풀이해 보더라도 질리지 않는 것처럼 하나님이 역사하셨던 장면은 언제 봐도 흥미진진했다. 나에게도 선교사님처럼 하나님의 역사하심을 느끼고 체험해 볼 수 있는 기회가 주어지길 간절히 바랐다.

하나님이 설교를 열심히 듣고 있는 나에게 갑자기 말씀을 걸어오셨다.

"아직도 못 믿느냐? 동일하게 두 번씩이나 사진을 보여 주며 그렇게 입이 아프도록 이야기해 주어도 넌 아직도 그 자리에 서 있느냐?"

나는 순간 너무나 깜짝 놀랐다. 설교 말씀을 열심히 듣는 나에게 마음속에서 분명하게 그 소리가 들리는 것이었다.

'아하! 하나님이 나에게 이걸 깨닫게 하시려고 오늘 대학원 강의도 휴강하도록 긴급히 조치하신 것이구나!'

"하나님 아버지! 다시금 하나님께 무릎을 꿇습니다. 저를 구원하여 주시고 하나님의 백성으로 삼아 주셔서 감사합니다. 부족하고 허물 많고 죄 많은 저의 인생을 주님께 올려 드립니다. 저의 삶이 앞으로는 주님만 바라보며 살게 해 주시고, 하나님만 전적으로 의지하면서 다음 세대를 말씀과 기도로 양육하는 그런 학교를 만들어 나가도록 도와 주시옵소서."

너무나도 간절히 기도를 드렸다. 가슴이 뜨거워지는 것을 경험했다.

이 기도가 있고서 한 달도 채 지나지 않아 내가 두레학교를 떠나도록 상황이 만들어졌다. 담임 목사님 후임으로 온 목사님이 원래는 2011년 2월 말까지 근무하라고 하더니 중간에 말을 바꿔서 12월 18일 겨울 방학하는 날까지로 조정을 했다가, 결국 2010년 11월 29일까지만 근무하라고 통보를 해 왔다.

하나님의 일에 쓰임 받다

한참 시간이 흐른 지금, 내가 분명히 믿고 있는 것이 있다. 나는 두레교회에 새로 부임해 온 목사님이 나를 내보내셨다고 생각하지 않는다. 그분은 그냥 그렇게 하나님의 일에 쓰임 받은 것이다. 그분은 어떤 의도에서 그렇게 하셨는지 모르지만 하나님 아버지는 모든 것을 합력해서 선을 이루시는 분이기에 그분의 결정을 통해 나를 이끌어 주신 것이라 해석한다. 내가 두레학교를 나오게 되고 그 이후에 학생들과 교사들이 따라 나오면서 학교가 분리되는 가슴 아픈 일이 생겼는데 이렇게 된 것에 대해 지금은 그 누구도 원망하거나 서운하게 생각하지 않는다.

그러나 당시에는 의문이 있었다. 내가 사람이나 교회를 의지하지 않고 오직 하나님 아버지만 의지하는 학교를 만들어 가겠다고 서원 기도를 했을 때, 나는 새롭게 학교를 시작하기보다는 두레학교 안에서 그런 학교로 만들고 싶었던 것이었다.

떠나라고 하시는 이유

왜 하나님은 나에게 두레학교를 떠나도록 상황을 그렇게 만들어 가셨을까? 그냥 내가 두레학교에 있으면서 두레학교를 하나님만 의지하는 학교로 만들면 안 되는 것이었던가? 이런저런 생각을 하다가 다시 이스라엘 백성의 출애굽으로 생각이 옮겨 갔다. 왜 하나님은 모세로 하여금 그 많고 많은 이스라엘 백성을 이끌고 출애굽을 하도록 하신 것일까? 그냥 애굽의 땅을 변화시킬 수는 없었던 것인가?

이런 의문을 계속 가졌더니 하나님 아버지가 나에게 그 이유를 살짝 알려 주셨다. 애굽에는 모든 것이 구비되어 있었다. 비록 노예 생활이긴 했지만 잠을 잘 수 있는 집이 있었고 먹을 것이 있었다. 의지할 수 있는 것들, 자신의 몸을 안전하게 지켜 줄 수 있는 것들이 있었다. 그러나 출애굽하게 되면 아무것도 보장된 것이 없다. 편안히 잠을 잘 집도 없고 무엇을 먹을 수 있게 될지 아무것도 알지 못한다.

또한 앞길에는 어떤 어려움들이 놓여 있는지, 어떤 맹수가 앞을 가로막고 있을지 전혀 모르는 상황인 것이다. 그저 불안한 마음으로 한 걸음씩 내딛을 뿐이다. 그러므로 자연스럽게 하나님 아버지만 전적으로 믿고 의지할 수 있게 되는 것이다.

그러고 보니 우리의 처지도 마찬가지라는 생각이 들었다. 두레학교를 나서는 순간 어디에서 학교를 해야 할 지 막막했었던 것이다. 가진 돈도 없고 당장 수많은 아이와 선생님을 데리고 어디로 가야 할지조차 모르는 상황이 펼쳐지는 것이다. 그래도 두레학교에 남게 되면 교회 안에 속한 건물이긴 하지만 예쁘게 잘 가꿔 놓은 교실들이 있고 많은 학생이 내는 등록금이 있어 재정적으로도 안정적인 상태를 유지해 나갈 수 있기 때문이다.

사람은 조금이라도 의지할 것이 있으면 그것을 의지하려 한다. 눈에 보이지 않는 하나님을 의지하기보다는 눈에 보이는 것들을 의지할 수밖에 없는 존재이다. 사실 내가 두레학교를 운영하던 6년 동안 그런 삶을 살아온 것이었다. 선교사님의 책을 읽고, 강의를 듣고 두 번이나 깨닫고 회개했지만 현실로 돌아오니 예전의 모습 그대로 유지할 수밖에 없었던 것처럼 말이다.

여기까지 생각하게 되니 하나님 아버지의 깊으신 뜻을 조금은 알수 있을 것 같았다. 우리가 하나님 아버지만을 전적으로 의지하며 살아가도록 하기 위해서 우리가 누리며 의지하고 있었던 모든 것을 버리고 빈손으로 떠나도록 하신 것이었다.

　우리들은 종종 하나님에 대해 오해할 때가 있는 것 같다. 우리들이 이 세상에서 살면서 어떤 큰 일이나 업적을 이루면 하나님이 무척 좋아하실 것이라고 생각할 때가 많다. 사실 하나님은 그렇지 않으시다. 하나님은 우리가 큰 일이나 업적을 많이 쌓아야 사랑하고 그렇지 않으면 우리를 미워하는 그런 분이 아니다. 그보다는 오히려 우리가 일상을 살아갈 때 매일 하나님과 얼마나 많이 함께 호흡하고 지내는가에 관심을 더 두고 계신다.

　"나는 네가 나를 위해 뭔가 큰 일을 하겠다는 목표를 세우는 것보다는 매일매일 살아가면서 네가 나와 교제하고, 아주 사소한 일이라도 내게 이야기해 주며 친밀한 관계로 살아가 주길 원한단다."

　하나님은 오늘도 나에게 이렇게 말씀하신다. 하나님의 이 음성을 많은 사람이 날마다 듣게 되길 원한다.

새로운 이름,
밀알두레학교

●   두레학교로부터 분리되어 나오면서 예정
에 없던 학교를 다시 시작하게 되자 나는 학교 이름을 두고 고민하
기 시작했다. 두레학교를 운영해 오면서 늘 마음 한 구석에 아쉬운
것이 있었다. 바로 학교 이름이었다.

이름에 담긴 특별한 의미

우리에게는 이름에 특별히 의미를 부여하는 전통이 있다. 아기가
태어나면 부모가 자신의 당부를 담아 좋은 이름을 아기에게 붙여 주
려고 애를 쓴다. 서양에서는 이름에 큰 의미를 부여하는 것 같지 않
지만 동북아시아에 속한 우리나라, 중국, 일본에는 이름에 의미를
부여하는 전통이 아직 남아 있다. 이런 전통은 성경 속에 나오는 이

스라엘 백성에게서도 찾아볼 수 있다.

학급 이름

나는 1990년 3월 1일, 교사로 첫 발령을 받을 때부터 학급 이름에도 늘 의미들을 부여하려고 애를 써 왔다. 첫 발령 때부터 내가 담임하는 학급의 이름을 5학년 7반과 같이 무의미하게 붙이는 것에 동의하지 않고, 우리 학급만의 독특한 의미들을 담아서 이름을 붙이려했다. 나는 그때부터 "OO초등학교 O학년 O반 밀알두레반"이라고하는 학급의 이름을 만들어 사용해 왔다.

사실, 우리가 학급을 일반적으로 '5학년 7반'이라고 부를 때 그 이름에는 큰 의미가 없다. 5학년에서 7번째 학급이라는 의미 정도이다. 만약에 자녀를 출산했는데 부모가 자녀 이름을 첫 번째 태어났다고 1번, 두 번째 태어났다고 2번으로 붙이는 사람이 있을까? 부모가 자녀에게 기대하는 내용을 담아 정성스럽게 이름을 붙이고 그렇게 키우려고 애를 쓰는 것처럼 나도 그런 마음을 담아 우리 학급의 이름을 정하고, 이름 그대로 그런 학급을 만들려고 노력해 왔던 것이다.

학교 이름에 대한 아쉬움

두레학교를 시작할 때도 사실 이름을 두고 혼자 고민을 많이 했다. 그런데 두레교회에서 학교를 하는데 이름을 '두레학교' 말고 다른 이름으로 하자고 할 수가 없었다. 사실 '두레'는 공동체를 의미하는데, 서로 함께 힘을 모으고 마음이 하나가 되는 공동체를 만들려면 먼저 희생하고 헌신하며 양보하려는 마음들이 없으면 진정한 두레를 만들어 나가기가 쉽지 않은 것이다. 구성원들이 서로 희생하고 헌신, 양보하면서 자신이 먼저 한 알의 밀알이 되어야겠다고 마음먹고 노력할 때 사랑의 공동체인 두레가 만들어지는 것이다. 그런 의미에서 '두레학교'라는 이름보다는 '밀알두레학교'로 해야 한다는 생각이 내 머릿속에서 계속 맴돌았지만 교회 이름이 두레교회이기에 어떻게 제안을 해 볼 엄두가 나지 않았다. 그래서 늘 마음속으로 학교 이름 때문에 아쉬움을 갖고 있었다.

두레학교로부터 분리해 나와서 학교가 새로운 이름이 필요하게 되자, 나는 고민하지도 않고 오래 전부터 마음속에 두고 있었던 이름을 먼저 떠올렸다. 어쩌면 평소 내가 마음속으로 갈급해하던 이름을 제대로 사용하라고 하나님이 주신 기회가 아닐까 하는 생각이 들기까지 했다.

나는 얼른 새 학교의 이름을 '밀알두레학교'로 정하고 그 이름을 선생님들이나 학부모님들에게 소개했다. '두레학교(doorae school)'에서 분리되어 나와서 부모님들과 선생님들에게는 아쉬운 마음이 있었던 터라 학교 이름을 '밀알두레학교'라고 하니 낯설지 않고 예전 이름에 하나를 더 추가한 것이라 익숙하게 받아들이는 것 같았다.

다들 '밀알두레학교'라는 이름에 선뜻 동의해 주어서 오랫동안 부르고 싶었던 이름으로 새 학교의 이름을 정할 수 있었다.

'밀알두레학교'라고 할 때 '밀알'은 "한 알의 밀이 땅에 떨어져 죽지 아니하면 한 알 그대로 있고 죽으면 많은 열매를 맺느니라(요 12:24)." 는 말씀에서 따온 것이다. 예수님이 이 세상에 한 알의 밀알로 오셔서 우리를 위해 대신 십자가를 짊어지시고 죽으심으로 수많은 영혼이 구원함을 받은 것처럼 우리도 한 알의 작은 밀알이 되어 예수님이 가신 길을 따라 걸어가자는 뜻으로 희생, 헌신을 뜻하는 말로 사용하고 있다.

그리고 우리 조상들이 함께 모여 살면서 힘을 모으고 협력을 했던 것에는 늘 '두레'라는 말이 들어 있었다. '두레박', '두레 길쌈', '두레 품앗이' 등의 말처럼 조상들이 함께 협력하고 힘을 모은 흔적에 '두레'가 들어 있는 것을 보면서 '두레'는 상부상조하고 협동하는 공동체라는 의미로 해석하면 좋겠다 싶었다.

그렇게 하고서 '밀알두레'를 이어 붙이니 다음과 같은 큰 의미가 만들어졌다. '크신 한 알의 밀알로 이 땅에 내려오신 예수님처럼 작은 밀알이 되어 다른 이들을 위해 희생하고 헌신하면서 예수님이 살아가신 삶을 뒤따라 살아가려고 애쓰는 이들이 모여 서로 사랑하는 사랑의 공동체'라는 의미이다.

수많은 아이와 학부모님, 선생님의 가슴 아픔을 겪고 만들어진 우리 학교는 이런 큰 의미를 담은 '밀알두레학교'라는 새로운 이름으로 이 땅에 태어나게 된 것이다.

학교가 분리되고 난 후에 이름을 '밀알두레학교'라고 정하고 학교 설립 준비를 해 나가는데 2월이 지나갈 때쯤 두레학교 이사장 명의로 목사님이 내용 증명 편지를 보내 왔다.

'밀알두레학교'라는 이름에 들어 있는 '두레'라는 말을 사용하지 말라는 내용이었다. 너무나 놀랐다. 어찌 목사님이 이런 내용으로 우리에게 편지를 보냈는지 생각하면 할수록 이해가 되지 않았다. 목사님이 너무나 야속하고 원망스러웠다. 그러나 나는 나대로 할 말이 있었다. 두레교회는 목사님이 1997년 3월 인창동에 교회를 설립하면서 붙인 이름이고, 두레학교는 2005년도에 설립하면서 사용한 이름이다.

'밀알두레'라는 말은 1990년 3월 1일에 내가 첫 발령을 받으면서 학급의 이름으로 사용하기 시작한 것이고, 그 후로 15년 동안 공교육에서 담임할 때 학급의 이름으로 사용해 왔었다. 1995년도에 내가 쓴 책『365일 열린교실을 위한 학급경영(우리교육)』에도 우리 반의 이름이 밀알두레반으로 소개되고 있으므로 우리가 먼저 사용한 것을 법적으로도 증빙할 수 있었기에 우리들은 이에 대해 일체 어떠한 반응도 하지 않았다.

아버지처럼 믿고 의지했던 목사님께 버림받고, 동고동락하면서 인생을 걸고 왔던 두레학교에 남은 학부모님들로부터 등 돌림을 당하면서 가졌던 깊은 배신감은 이루 말로 다 할 수 없었다. 그 서운하고 배신당한 느낌은 1년이 넘도록 계속되었다. 두레학교라는 말이나 목사님의 이름이 들리기만 해도 너무 힘이 들어 귀를 닫고 눈을 감고 살았다.

그리하여 영문 이름에서도 '두레'를 'doorae'라 하지 않고 'dure'로 바꾸었다. 아예 문제 소지를 없앨 필요가 있겠다 싶어 '밀알두레'를 영문으로는 'miraldure'라고 새롭게 만들어 사용했던 것이다.

입을 크게
열라

● 2010년 11월 29일자로 내가 두레학교를 사임하게 된 것을 알게 된 학부모님들 중에 나를 따라서 두레학교를 나오겠다는 이들이 생겨나기 시작했다. 그래서 학부모님들의 대표를 맡은 분들과 학교 밖에서 만나 새로 시작할 학교 장소를 어디로 할 것인지 논의하기 시작했다. 당장 우리 아이들의 집이 구리시와 남양주시 부영 아파트 쪽이 많았기에 그 두 지역을 벗어날 수는 없었다.

아이들이 정확히 몇 명이 따라 나올지 모르지만 초등 1학년부터 고 1학년까지 재학 중이었으니 조금씩 나오더라도 교실이 최소한 10개, 교무실까지 하면 최소 11개의 공간이 필요할 듯 했다. 이런 공간을 어디서 찾을 수 있을까 고민하면서 우선 우리들이 가진 돈이 하나도 없으니 임대가 가능한 지역부터 찾아보기 시작했다. 구리시

와 남양주시 지역에 있는 건물부터 임대가 가능한지 알아보기 시작
했다.

학원 건물 임대를 계획하다

수택동에 모 학원 건물이 임대로 나왔다고 해서 가 보았다. 8층 건
물이었는데 8층에는 학생 200여 명이 앉을 수 있는 큰 강당이 있었
다. 우리에게 6, 7층을 임대해 주고 8층은 자유롭게 이용하도록 해
주는 조건이었고, 만약 우리 학생 수가 많아지면 3, 4, 5층까지 임대
해 주겠다고 했다. 너무나 기뻤다. 좋은 조건인데다가 구리시 안에
있었고, 50미터 거리에 아파트 단지 놀이터가 있었다. 아이들이 쉬
는 시간이나 점심시간에 나가서 놀 수도 있기에 학교의 임시 장소로
는 최적이라 여겼다.

함께 갔던 학부모님마다 대부분 임시로 사용하기에는 괜찮다는
반응이었다. 교실마다 책걸상도 구비되어 있고, 우리들은 몸만 들어
가면 바로 수업이 가능한 곳이었다. 그래서 임시 학부모 회의를 소
집해서 그 학원을 임대하기로 하고 11월 29일 퇴임식을 마치고 난
후에 계약을 체결하기로 결정했다.

학교가 구리시를 벗어나지 않고 수택동에 위치하게 되었고, 학교

가 분리되기 전에 장소가 확보되었다고 하면 더 많은 학부모님이 안심하고 함께할 수 있을 것이라는 의견도 있었다. 그래서 더욱 기대가 되었다. 비록 학교가 분리되는 아픔을 겪었지만, 그래도 하나님 아버지가 미리 장소를 예비해 주고 계시는구나 싶어서 심적으로 안도가 되었다.

그러나 내 마음 한쪽에서는 자꾸 "네 입을 크게 열라 내가 채우리라(시 81:10)."는 말씀이 생각났다. 하나님이 나에게 넣어 주시는 생각인 듯 했지만 나는 이 상황에서 입을 크게 연다는 것이 어떤 의미인지 제대로 알지 못했다. 빈손으로 나온 상태에서, 학원 건물 6, 7층을 당장 임대할 계약금도 없어 학부모님들이 조금씩 대여해야 하는 상황이었기에, 입을 얼마만큼 크게 벌려야 하는지 알 길이 전혀 없었다.

뜻밖에 걸려온 한 통의 전화

11월 28일 밤늦은 시각에 임이지, 이우의 아버님이 직접 전화를 하셨다.

"교장 선생님! 비상 학부모회의 마치고 오는 길에 학원 건물을 보고 왔습니다. 왜 하필 학원 건물로 들어가려고 하시는 것이죠? 저는 반대입니다. 가 보니 입구에서부터 숨이 콱 막히고 어지러워 정신을 못 가눌 지경이었습니다. 죄송하지만 … 죄송하지만 … 저는 이 건물 계약이 성사되지 않도록 기도하겠습니다."

나는 참으로 답답하고 막막했다.

'이게 무슨 소리인가? 부모님들 대부분은 마음에 든다고 하고 지금 당장 우리들의 형편으로는 이것보다 더 나은 장소를 구할 길이 없는데….'

이런저런 이유를 들어 설명했지만 이지, 이우 아버님은 요지부동이었다. 그러면서 내일 계약이 성사되지 않도록 밤새워 기도하겠다고 했다. 나중에야 자초지종을 들어 보니 아버님은 공동체에 반하는 기도를 한다는 것이 심적으로 힘들었지만 그곳이 진정 하나님이 원하시는 곳이며 하나님의 뜻인지 묻지 않을 수 없었다고 했다. 그러면서 결국 가진 것 없는 돈, 갈 곳 없는 현실이라는 벽 앞에 우리 공동체가 적절히 타협하는 듯한 모습을 지울 수가 없었다고 했다. 벽면에 숨 쉴 틈 없이 빽빽이 붙어 있는 학원의 대학 진학 실적과 홍보용 광고들을 바라보며 아이들이 어떤 미래를 보며, 무엇을 꿈꿀 수 있을까를 생각하면 도저히 기도하지 않을 수 없었다고 했다.

다음 날인 11월 29일 오전에 퇴임식을 마치고 오후에 학원에 모여서 계약을 하는 것으로 약속이 되어 있었다. 그런데 퇴임식이 진행 되는 중에 학원 건물의 이사장님으로부터 부재중 전화가 두 번이나 찍혀 있는 것을 보았다. 이를 보는 순간 불안함이 밀려왔다. 어제이지, 이우 아버님이 밤새워 기도하겠다고 했는데 혹시 이번 계약이 물 건너가는 것은 아닌가 걱정이 앞섰다.

불안한 마음에 퇴임식이 끝나자마자 바로 전화를 드렸다. 아니나 다를까 이사장님이 전화를 받으시더니 오늘 계약하기로 한 것을 2, 3일만 뒤로 미루고 생각해 볼 시간을 달라고 하는 것이었다. 나는 그 순간 이 계약은 물 건너갔다는 생각이 들었다.

3일이 지나서 학원 건물 이사장님께 전화를 했더니 미안하다고 하면서 다른 분과 계약했다고 말하는 것이었다. 그분이 임대료를 더 올려 준다고 해서 어쩔 수가 없었다고 했다. 그래서 어찌 계약하기로 해 놓고 이럴 수가 있느냐고 강력하게 항의했더니 이사장님이 정말 미안하다고 하면서 호평동에도 본인이 운영하는 학원 건물이 있는데 미안하니까 그것이라도 원하면 저렴하게 임대해 주겠다고 했다. 너무나 화가 나서 대답도 제대로 하지 않고 전화를 끊어 버렸다.

하나님의 계획과 사람의 생각 차이

나는 하나님께 단단히 화가 났다. 아니 하나님의 학교를 하게 하려면 돈을 주든지 계약이 성사되게 하던지 해야, 돈도 안 주고 계약이 되려고 했던 것마저 막아 버리면 어떻게 학교를 하느냐고 하나님에 대한 원망이 치솟기 시작했다.

그런 일이 있고 2년 정도 시간이 흐른 후, 지금의 남양주시 왕자궁 마을로 땅을 사고 건물을 지어 입주하고 나서야 나는 깨달았다. 리더의 판단이 얼마나 중요한 것인지를….

만약 우리가 그 당시 수택동의 학원 건물로 들어갔으면 우리들은 그때 당장은 좋았을지 모르지만 영원히 학원 건물에 묻혀서 나오지 못하고 끝났을 것이다. 6, 7층을 사용하다가 인원이 늘어나면 3, 4, 5층까지 임대하면서 계속 학원 건물 안에서 지내다가 학부모님들의 학교에 대한 열정도 식어져 더는 무엇인가를 해 보지도 못한 채 명맥만 이어가는 학교로 남을 뻔했다.

두레학교를 나오게 하면서 하나님 아버지는 우리를 통해 새로운 일을 하려고 계획하고 계셨다. 우리에게 최고의 자연환경과 시설을 지닌 학교를 만들어 주려고 계획을 세우시면서, 리더인 나에게 "입을 크게 열라 내가 채우리라."고 하셨건만, 나는 그 뜻을 잘못 헤아려 하나님 아버지의 큰 계획을 완전히 일그러뜨릴 뻔 했던 것이다. 지금도 그 일만 생각하면 너무나도 아찔하고 하나님 아버지께 죄송하고 송구스럽다는 생각이 든다.

학교 부지 선정 TF팀

수택동 학원 건물 임대가 벽에 부딪히자 부모님들은 다시 움직이기 시작했다. 자녀들을 위한 학교이다 보니 모두들 최선을 다해서 힘과 지혜를 모았다. 늦은 밤이 되도록 함께 모여 대책 회의도 하고 교실 마련을 위한 다양한 방법들을 찾아보았다.

"함께 가면 길이 됩니다."

이 당시 학부모님들과 선생님들의 입에서 자주 오르내린 말이다. 이 말이 서로에게 얼마나 힘이 되고 위로가 되었는지 모른다. 빈손으로 나와서 가진 것이 아무것도 없는 우리들에게 함께한다는 이 말이 너무나도 위로가 되고 힘이 되었던 것이다.

학부모님들과 교사들은 일단, '학교 부지 선정 TF팀'을 꾸려서 구리와 남양주 지역의 땅과 건물을 샅샅이 살펴보았다. 가는 곳마다 마음에 드는 장소가 있으면 우선 함께 간 분들과 손을 잡고 둥글게 서서 기도하였다. 하나님이 우리들의 둥지를 어디서 마련해 주실지 기대하는 마음으로 어디든지 장소가 있다고 하면 신이 나서 달려갔다. 그런데 그런 장소들이 우리에게 쉽게 주어지지 않았다. 장소가 다 마음에 든다 싶으면 꼭 몇 백 미터 내에 축사가 끼어 있곤 했다.

나는 아무래도 땅을 보는 은사는 없는 듯했다. 가서 보는 곳마다 이곳이라고 하면서 기뻐했다. 옆에 축사가 있어 여름에 분명히 냄새가 심하게 날텐데도 개의치 않고 무조건 좋다고만 했다. 이는 하루 빨리 장소를 정하고 학교를 시작해야 한다는 조급함 때문이 아니었나 싶다. 나는 시간이 흐를수록 학교 장소가 정해지지 않는 것 때문에 불안함이 늘어가기 시작했다.

'도대체 어디서 학교를 시작한단 말인가? 날짜는 계속 흐르는데 2월 개학하기 전에 아이들이 공부할 장소가 준비되어야 하는데….'

나의 고민은 깊어 갔지만 딱히 해결할 방법이 없어 보였다.

우선, 선생님들이 학교 설명회도 준비해야 하고, 중·고등 선생님들을 채용하려면 면접을 해야 하는데 장소가 없었다. 그래서 남의 학원 건물을 임시로 빌려 교사 채용을 위한 면접도 하고, 이도 여의치 않을 경우에는 시내 커피숍에서 하기도 했다. 심지어 학부모님의 회사 사무실을 면접 장소로 활용한 적도 있었다.

지금도 그때만 생각하면 저절로 웃음이 나온다. 학교 교사들을 채용한다는 공고를 내면서 찾아오라고 한 장소가 학원 건물이거나 커피숍이고 엉뚱한 회사 사무실일 때, 면접하러 온 선생님들은 과연 무슨 생각을 했을까 궁금해진다. 내가 만약 응시자였다면 나는 어떻게 했을까? 혹시 사기 당하는 느낌이 들지는 않았을까? 그렇게 생각해 보니 그 당시에 면접 장소에 찾아와 면접에 응해 준 선생님들이 참으로 대단한 분이라는 생각이 든다.

난방도 안 되는 6평의 좁은 교무실

긴급 제안을 해서 우선 선생님들이 모여 교무실로 사용할 장소를 임대하기로 했다. 덕소의 주상복합 건물의 2층에 사용하지 않고 비어 있는 6평 남짓 되는 작은 사무실을 발견하고 보증금 없이 월세만으로 임대하였다. 이곳을 임시 교무실로 삼고 개학 준비를 하였다.

추운 겨울 난방도 제대로 되지 않는 6평 좁은 공간에서 20여 명의 선생님들이 오밀조밀 모여 회의하고 개학을 준비하는 과정을 지켜보면서 나는 선생님들에게 이런 말을 했다.

"선생님들! 우리들이 한국 교육의 대안을 마련하는 교육 운동을 전개하겠다고 부르짖으면서 새롭게 시작하는 학교인데 제대로 된 공간 하나 없어서 남의 학원 건물을 빌리거나 커피숍에서 또는 다른 회사 사무실에서 교사 채용 면접을 해야 하고, 이 추운 겨울에 난방도 잘 안 되는 곳에서 개학을 준비하는 여러분들의 모습을 보니 우리가 가는 길은 분명히 맞고 희망이 있다고 생각합니다. 우리들이 걸어가는 길이 예수님과 너무나도 닮았습니다. 온 인류를 구원하시기 위해 이 땅에 내려오신 예수님은 그 흔한 여관방 하나 구하지 못하고 말구유에서 태어나셔야 했잖아요. 예수님과 우리가 닮았다는 것은, 다시 말하지만 우리의 가는 길이 맞다는 것이고 우리의 길이 희망이 있다는 것을 의미합니다. 그러니 모두 힘을 냅시다."

나는 지금도 분명히 그렇게 믿는다. 하나님의 학교는 돈으로 하는 것이 아니다. 물론 돈이 중요하긴 하다. 그러나 돈이 없어도 하나님의 학교는 할 수 있다. 하나님의 학교는 믿음으로 하는 것이라 생각한다. 오직 하나님 아버지만 바라보고 믿음으로 나아갈 때 하나님 아버지가 우리를 통하여 직접 일하시고 이루시게 되는 것이다. 우리들은 그저 도구로만 쓰임 받는 것임을 잊지 말아야 한다. 우리들이 일하는 것이 아니라 하나님이 직접 우리를 통해 일하시도록 우리를 온전히 내어 드리는 것이 너무나도 중요한 것임을 기억해야 한다.

학교 설립을 위한
작은 처소

●　　　　2005년 3월, 두레학교를 시작하면서 아이들에게 무엇보다 먹거리가 중요함을 알았기에 우리들은 유기농 식단으로 급식을 제공하자고 계획을 세웠다. 그런 후, 이를 책임지고 이끌어 줄 사람을 찾다가 당시 태릉선수촌 조리사로 일을 하고 있는 처남에게 회사를 사직하고 우리 학교로 와 달라고 부탁을 했다.

개교와 동시에 처남이 과감히 사표를 내고 두레학교로 옮겨와 조리를 해 주었다. 열악한 시설과 힘든 근무 조건이었는데도 열과 성을 다해서 아이들의 먹거리를 위해 신경을 써 주었다. 아이들이 음식을 제일 따뜻하고 맛이 있을 때 먹어야 한다는 게 처남의 요리 철학이었다. 그래서 배식하는 데 시간이 오래 걸리면 식게 된다고 같은 음식을 두 번 세 번씩 나눠서 조리했다. 그런 모습이 참 마음에 들었고, 아이들이 음식이 맛이 있다고 하면서 더 받는 날이 대부분이었다.

2007년도 11월경에 두레교회가 새로이 성전을 준공하고 이사하였다. 2층에는 식당과 두레학교가 들어가 있었는데 나는 식당을 두레학교가 운영할 수 있도록 해 달라고 교회 당회에 여러 번 요청했다. 우여곡절 끝에, 두레교회에서 추천한 영양사를 채용한다면 허락하겠다는 조건이 있어 어쩔 수 없이 이를 수용하고 우리 학교가 교회 식당 운영을 맡았다. 토요일은 학교 수익사업 차원에서 결혼식 음식뷔페까지 맡아서 운영하였고, 주일 성도들을 위한 음식을 제공하면서 벌어들인 수익금을 학교 운영비에 충당했다.

그런데 교회 당회에서는 2009년 2월 28일로 처남을 비롯한 식당 조리사들 전원에게 사임을 종용하였다. 교회에서 식당을 직접 운영하겠다고 하면서 운영권을 가져갔다. 교회 식당을 학교가 1년 동안 잘 운영해 왔는데 갑자기 교회에서 식당 운영권을 가져가면서 학교는 교육에만 전념하라고 했다. 그러고서는 조리장과 조리사들을 다 그만두게 했던 것이다.

최대 실수

나만 믿고서 태릉선수촌 식당을 그만 두고 나온 처남이 갑자기 직장을 잃게 된 것이 너무나 미안했다. 무척 고민하다가 우리 아파트 상가 2층에 호프집이 있었는데 매매로 나온 것을 보고서 집을 담보로 6천만 원을 대출받아 이를 인수해서 처남에게 운영해 보라고 넘겨주었다.

아내는 교회 집사가 술을 파는 호프집을 인수하려는 것이 마음에 내키지 않았던지 여러 번 이 문제를 이야기했었다. 동생을 위한 것이고 또 운영이 잘 되면 우리의 가계 수입도 늘어날 수 있다는 나의 말에 마지못해 동의해 주었다.

지금 보면 이것은 내가 살아오면서 가장 잘못했던 일 중의 하나라는 생각이 든다. 가게를 운영하면 처남도 잘 되고 덩달아 나도 수입이 늘지 않을까 하는 얄팍한 욕심(?) 때문에 그만 판단을 그르치고 말았다.

한 달이 지나고 매출이 점점 떨어졌다. 주인이 바뀐 줄 알고 주인을 보고서 오던 단골손님들이 발길을 끊은 것이었다. 몇 개월이 지나자 운영비가 안 나올 지경에 이르게 되었다. 설상가상으로 가게를 맡아서 운영하던 처남의 건강이 안 좋아져 중간에 그만 두게 되었다. 어쩔 수 없이 다른 조리장을 고용하면서 호프는 접고 레스토랑으로 업종 변경을 하게 되었다. 그러나 레스토랑도 호프집이나 별반 다를 바가 없었다. 적자가 계속 이어지면서 손해가 이만저만이 아니었다. 내 월급을 거의 다 집어넣어야 될 정도였다. 도저히 안 되겠다 싶어 다시 팔려고 부동산에 내놓았지만 경기가 안 좋은 탓이었는지 가격을 물어 보러 오는 사람도 없었다. 그래서 아내랑 같이 10일 동안 새벽 기도를 했다.

"하나님! 호프집과 레스토랑을 운영하면서 손실이 너무나도 큽니다. 집사가 돈에 욕심을 내고 술을 파는 호프집을 인수한 것을 회개합니다. 용서하여 주시옵소서. 하나님 아버지! 제가 지금 이러지도 저러지도 못하는 상황에 놓였습니다. 가게를 다시 팔고 싶은데 보러 오는 사람도 없습니다. 어떻게 하면 좋습니까? 저를 도와주시옵소서. 길을 열어 주시옵소서. 도무지 길이 보이지 않습니다. 하나님 아버지! 제가 가게를 파는 게 하나님의 뜻이 아니라면 이 레스토랑을 가지고 하나님 일을 할 수 있도록 길을 열어 주십시오."

모든 것을 합력해서 선을 이루시는 하나님

그러던 어느 날이었다. 아내가 오더니 극동방송에서 들었는데 어떤 목사님이 운영하시는 커피숍 이야기가 방송에 나왔다는 것이다. 이름이 '커피밀'이라고 했다. 레스토랑을 커피밀로 전환하면 큰 비용을 들이지 않아도 될 것 같아서 전화해 보았다. 이 커피밀을 통해서 하나님 영광을 드러내는 일을 하고 싶다고 하니 본사에서는 흔쾌히 돕겠다고 했다. 최소한의 비용으로 커피 기계를 구입하고 인테리어는 조금만 변화를 주고 업종 변경을 했다.

그래서 호프집이 레스토랑으로 바뀌었다가 다시 커피밀로 바뀌게 되었다. 후에 이 커피밀이 두레학교를 나와서 밀알두레학교 설립을 준비할 때, 학교를 세워 나가는 선생님들과 학부모님들의 회의 장소로 종종 사용되고, 주일에는 예수길벗교회 예배 장소로 사용되었던 것이다.

레스토랑을 커피밀로 바꾸면서 하나님의 영광을 드러내는 집이 되게 해 달라고 했는데 하나님 아버지는 새로운 학교를 설립하기 위한 준비 장소로 사용하게 하시고 예배하고 기도하는 장소로 바꿔 주신 것이다.

커피밀을 오픈하면서 이곳을 하나님을 찬양하는 커피숍으로 만들고 싶었다. 그래서 일반 가요를 전혀 틀지 않고 음악은 영어로 가스펠과 찬송가만을 틀었다. 그렇게 되면서 주변 손님들이 커피밀을 크리스천 카페로 인식하게 되었다.

나는 이 커피밀 역시 운영이 잘 되지 않았지만 1년이 넘도록 내 월급을 거의 다 집어넣으면서도 끝까지 운영을 하려고 했었던 이유가 몇 가지 있었다.

첫째, 이 덕소에 크리스천들이 갈 곳이 별로 없다는 것이다. 만약 내가 이곳을 정리하거나 다른 사람에게 팔 경우 크리스천 커피숍이 사라질 수도 있는 것이었다.

둘째, 가장 중요한 이유인데, 이곳이 학교와 교회를 처음으로 시작하게 된 역사적인 장소가 되어 버렸기 때문이다. 훗날 아이들에게 이 작은 공간에서 선생님들과 학부모님들이 모여 밤늦도록 꿈을 꾸며 학교 설립 준비를 했노라고 직접 보여 주면서 이야기를 해야 할 장소이기 때문이다. 장사가 잘 되든 안 되는 이 커피밀은 영원히 내가 담당하고 가야 할 중요한 장소라고 여겼던 것이다.

재정난이 너무나 심해서 1년 정도 시간이 더 흐른 후 어쩔 수 없이 팔아버리긴 했지만 언젠가 돈을 많이 벌게 되면 이곳을 다시 사고 싶다. 역사의 현장이기 때문이다.

이로 인해 나는 결국 큰 금액을 손해 보고야 말았다. 손실이 생각보다 아주 컸었다. 그러나 우리 부부는 그것이 팔린 것만으로도 너무나 감사했다.

다시 생각해 보면 그때 처남을 도와준다는 것은 어쩌면 좋은 핑계였는지도 모른다. 오히려 학교를 하면서 수익사업을 하고자 했던 평소의 열망과 돈에 대한 욕심 때문에 일이 이렇게 진행된 것인데 그나마 감사한 것은 하나님 아버지가 이를 선하게 만드셔서 이 장소를 예수길벗교회와 밀알두레학교를 새롭게 시작하는 터전으로 삼게 해 주신 것이다. 내 평생에 내가 가진 건물이 예배 처소로 쓰일 수 있는 날이 얼마나 많겠는가? 나의 판단 착오와 실수를 교회와 학교를 하는 공간으로 사용하도록 은총을 베풀어 주신 하나님께 감사함이 절로 나왔다.

텅 빈
교육설명회

●   2011년 1월말, 학교를 시작할 공간도 마련되지 않았는데 나와 우리 학교 선생님들은 6평 남짓한 공간에 앉아서 아이들을 모집하기 위해 입학 설명회를 준비하기 시작했다. 두레학교에서 나온 학부모님들을 대상으로 학원 건물을 빌려 두 번이나 설명회 시간을 가졌다. 학원 강당을 가득 메울 만큼 부모님들이 참석하였다. 그래서 구리 남양주 지역의 교회들을 설명회 장소로 빌리고 서울에서는 오륜교회 예배당을 빌렸다. 진접읍 지역에는 어린이집을 빌려서 설명회를 하기도 했다. 비록 학교 건물은 없지만 관심을 가져 주시는 부모님들을 만날 때마다 힘이 나고 기뻤다.

오륜교회에서 교육설명회를 할 때에는 사람들이 정말 많이 올 줄 알았다. 1층 대예배실을 빌렸는데 수백 명이 동시에 앉을 수 있는 넓은 장소였다. 설명회 하러 가면서 혹시 너무 많이 와서 장소가 비좁지 않을까 내심 행복한 걱정을 하기도 했었다.

그러나 그 큰 예배당에 설명회에 참석한 사람은 30여 명이 채 되지 않았다. 그것도 오륜교회에 다니는 우리 학부모님들과 선생님들까지 포함했었으니 실제로 관심 갖고 찾아 온 분들은 10여 명도 채되지 않았었다. 입을 벌려도 너무 크게 벌렸나 싶었다. 그래도 우리들은 실망하지 않았다. 두레학교를 처음 시작하던 2004년 교육설명회 때의 감동적인 일을 경험해 봤었기 때문이다.

두레학교 교육설명회와 잊을 수 없는 감동

지금도 2004년 그때의 일들을 선명히 기억하고 있다.

8월의 어느 날, 김진홍 목사님을 찾아뵙고 4년 동안 학교 설립 준비를 해 왔는데 이제는 때가 되었으니 2005년 3월에 대안학교인 두레학교를 시작하겠다고 말씀을 드렸다.

목사님이 기뻐하면서 질문을 하셨다.

"참 좋습니다. 좋아요, 그런데 학교 건물은 어떻게 하지요?"

"목사님! 준비된 교사들만 있다면 학교는 가마니를 깔아놓고서도 할 수가 있습니다. 우리들이 4년 동안 열심히 준비를 해 왔습니다. 내년에 시작하면 충분히 잘 할 수 있습니다."

이렇게 말하는 나를 바라보고 목사님은 흐뭇해하며 다음과 같이 말씀하셨다.

"그 참, 사나이 포부가 참 좋습니다. 마음에 듭니다. 내년에 하십시다. 멋진 학교 해 봅시다."

나는 실은 목사님께 말은 이렇게 했지만, 내심 우리가 열심히 교육을 하면 학교 건물은 교회에서 지어줄 줄 알았다. 그러나 6년 동안 두레학교를 열심히 운영했지만 교회나 목사님은 정말 가마니를 깔아놓고서도 하겠다는 마음으로 계속 학교를 하라는 눈치였고 건물을 지어 주지는 않았다.

2004년 10월 24일, 나를 비롯하여 안준상, 서영미, 최병훈, 허지영 이렇게 5명의 현직 교사들은 준비한 브로셔를 갖고 두레교회에서 세운 유치원 강당을 빌려서 교육설명회를 하였다. 유치원 강당을 꽉 메우고 서서 참여하는 사람들이 있을 정도로 많은 분들이 찾아와 주었다. 게다가 현직 교사들이 사직서를 제출하고 시작하는 학교여서 그런지 생각보다 많은 사람이 관심을 가져주었던 것 같다. 너무나도 기쁘고 감사했다. 학교 교육설명의 시간을 마치고 질의응답의 시간을 가졌다. 여기저기서 질문들이 쏟아졌다.

"학교 건물이 안 보이는데 학교 건물은 어디에 짓게 되는지요?"

"네. 유치원 강당 옆에 목사님들이 사무실로 이용하시는 60평짜리 창고 같은 건물이 있는데 이 건물을 교회에서 주시면 리모델링을 해

서 교실로 사용하거나 유치원 앞마당의 빈 공터에 컨테이너를 가져
다 놓고 교실로 만들 생각입니다."

"학교 운동장이 안 보이는데 운동장은 어디 있지요?"

"네. 유치원 앞마당이 아이들의 운동장이 되거나 아차산이 아이들
의 놀이터가 될 것입니다."

"……."

"……."

여기까지 답변을 하자 다들 침묵했다. 더 이상의 질문은 나오지
않았다. 브로셔 외에는 교실이나 운동장이 구비되어 있지 않으니까
걱정이 많아진 얼굴이었다. 그렇게 학부모님들이 돌아가고 원서 접
수가 시작되었다.

우리 교사들은 학부모님들의 원서 접수 편의를 위해 접수 기간을
10일 동안으로 정하였고 회사를 퇴근하고 오시는 분들도 지장이 없
도록 오전 9시부터 밤 9시까지 원서를 받기로 하였다.

이때 우리들은 1개 학급의 정원을 12명으로 정했다. 예수님의 12
제자의 상징적인 의미도 있고, 능력 많으신 예수님도 12명 뽑아서 3
년을 먹고 자고 하면서 직접 가르쳤는데 우리들이 무슨 슈퍼 예수라
고 30명씩 뽑아서 그것도 1년 만에 다음 학년으로 올려 보내는가?
우리의 능력이 예수님보다 적기에 12명 이하를 뽑아야 하는데 그러

면 교육적인 효과가 너무 떨어지기에 우리도 예수님처럼 12명으로 1개 학급의 정원을 하기로 하고 초등 1~4학년까지 1개 학년에 1개 반으로 해서 학교를 시작하기로 했던 것이었다.

그러나 목사님은 나를 만날 때마다 학급 당 정원을 물었고, 이 취지를 이야기했는데도 동의하지 않으면서 교회 성도가 몇 명인데 겨우 12명이냐며 자꾸 인원을 늘리라고만 이야기하셨다. 그래서 어쩔 수 없이 만약 학생들이 많이 오면 1개 반에 15명씩으로 하겠다고 약속을 하게 되었다.

그러나 실제 상황은 심각했다. 원서가 1명만 들어오고 7일 동안 더 이상은 원서가 들어오지 않았다. 학급 당 정원을 15명으로 할지 12명으로 할지 고민할 필요가 없었다. 그리고 이 1명도 내 아들이었던 것이다. 내가 첫 번째로 아들을 집어넣었는데 그 뒤로는 원서가 하나도 들어오지 않았던 것이었다. 한참을 고민하다가 7일째 되는 저녁에 후배 교사들 4명을 데리고 덕소의 커피숍으로 가서 이렇게 이야기를 꺼냈다.

"우리들이 근무하고 있는 학교에 사직서를 쓴다고만 했지 실제로 사직서를 작성해서 제출한 것은 아니니까 내일 각자 근무하는 학교로 가서 교장 선생님들에게 우리가 잘못 판단했다고 사직서를 제출하려고 했던 것을 취소한다고 하자. 지금까지 1주일 동안 내 아들만 원서를 냈는데, 내 아들이 등록금 40만 원을 낸다고 할 때 이 비용을 전부 급여로만 사용한다고 해도 1인당 8만 원씩 지급하게 되는데 이것으로 우리가 어찌 살 수 있겠나. 학교하기로 한 것은 여기까지로 하고 각자 학교 현장으로 돌아가자. 아무래도 지금 상황에서는 무리인 것 같아. 그냥 그동안 좋은 경험했었다고 생각하자."

그런데 내 이야기를 들은 후배들은 하나 같이 다음과 같은 말을 해 주었다.

"선배! 우리가 언제 돈을 보고 학교 하자고 했나요? 비록 1명이 오더라도 우리들 5명이 최선을 다해서 교육하면 입소문 나서 아이들이 몰려올 거 아니겠어요? 우리는 그때까지 버틸 힘이 있어요. 퇴직금이 있으니까요. 돈 걱정은 하지 말고 그냥 계속 진행해요."

이 말에 너무나도 큰 감동이 밀려왔다.

"그래, 다들 이 정도의 마음이면 되겠다. 우리가 최선을 다하면 하나님도 아이들을 보내 주실 거야. 그래 어디 한번 해 보자. 정말 고맙다. 고마워!"

이렇게 해서 문을 열기도 전에 문 닫을 뻔했던 두레학교는 다시 시작할 수 있게 되었다. 하나님 아버지는 우리들의 입을 통해 단 1명이 오더라도 우리가 최선을 다하겠다는 고백이 진심인지를 알고 싶으셨던지, 그 다음 날부터, 3일 동안 놀라운 일들을 만들어 주셨다.

가득 채워 주신 하나님

원서 접수 마감 3일을 남겨 놓고 원서들이 폭주하기 시작했다. 원서 접수 마감을 했을 때 1~4년 모두 15명을 초과하는 놀라운 일들이 벌어졌다. 부득불 목사님과의 약속을 생각해서 부모님들 면접을 거쳐 15명까지만 합격을 시키고 나머지는 탈락을 시키는 행복한 아픔을 겪어야 했다. 하나님 아버지가 우리들의 생각보다 더 가득 채워서 학교를 시작하게 해 주신 것이었다.

나는 이것을 하나님이 우리에게 은혜를 베풀어 주신 것이라고 확실히 믿고 있다. 이것은 나의 신앙고백이기도 하다. 단 1명이 오더라도 최선을 다하겠다고 마음을 모았더니 우리가 생각했던 것보다도 훨씬 더 많은 수의 아이를 보내 주신 것이다.

2004년 10월, 두레학교를 시작할 때의 감격스런 경험을 선생님들에게 다시 나누면서 비록 우리가 새로이 시작하는 이 학교를 몇 명으로 하게 되든지 우리들이 최선을 다해서 아이들을 양육하면, 하나님이 우리들의 능력과 역량에 맞게 아이들을 보내 주실 것이고, 필요한 재물도 주실 테니까, 너무 학생 수의 많고 적음에 마음이 흔들리지 말도록 당부했었다. 그런 후 우리는 교육설명회를 계속 이어나갔다. 설명회를 진행하면서 한 명씩 학교를 찾아오기 시작했다.

20명의 선생님과
85명의 아이

● 　　　　　2010년 11월 29일, 이호훈 목사님과 함께
사직서를 제출하고 두레학교를 나왔다. 빈손으로 나오고 학교 교사
로는 나 혼자 나왔기에 무엇을 할 수 있을까 했는데, 나와 이호훈 목
사님이 사직서를 제출했다고 하니 학부모님들 중 일부가 자녀들을
데리고 두레학교를 나와 버렸다. 너무나도 감사했다. 내가 가장 어
려운 시기에 놓였을 때 함께해 주는 분들이 얼마나 고마운 지를 가
슴으로 경험했던 시간이었다. 정말 감사했다. 무엇이라 감사를 표현
해야 할지 모를 정도였다.

　부모님들을 따라서 나온 이 아이들이 초등 1학년~5학년 아이들
로 8명이나 되었다. 겨울방학을 할 때까지 약 2주 정도 시간이 남았
기에 그냥 놀게 할 수 없어서 이 아이들을 대상으로 임시 "기원반"을

만들고 12월 18일까지 긴급히 통합 교육과정을 준비하였다. 서하은네 아빠가 운영하는 학원 교실이 낮에는 비어 있어서 이를 임시 교실로 삼았고, 점심은 어머님들이 돌아가면서 만들어 주셨다. 그렇게해서 예정에 없던 기원반이 만들어지고 겨울방학을 할 때까지 아이들과 수업을 계속 이어나갈 수 있었다.

　2010년 12월 18일, 두레학교 종업식을 하면서 두레학교 선생님들 28명 중 20명이 사직서를 제출하고 함께해 주었다. 이에 아이들은 77명이 전출 원서를 작성하고 같이 따라와 주었다.

　나는 이렇게 많은 선생님과 아이가 동행해 주리라고는 생각하지 않았다. 학교 분리를 준비해 오던 대표 아버님이 함께할 분들의 자녀가 약 60여 명은 될 것이라고 먼저 귀띔을 해 주어서 나는 막상 분리가 되면 따라오는 아이들은 20~30여 명이 될 것이라 짐작했었다. 사실 어렸을 때부터 교회에서 자라오다 보니 목사님들이 사역을 하다가 도중에 개척을 해서 나가게 되면 정든 마음에 목사님을 따라가겠다고 많은 이들이 말들을 하지만 실제로 실행해 옮기는 가정이 많지 않음을 보아 왔기에 자연스럽게 그렇게 생각했었던 것이다. 실제로는 인원이 몇 명 안 될 줄 알았는데 먼저 나온 아이들까지 합하니 85명이나 되었던 것이다.

　사실 우리들이 새로이 시작하는 밀알두레학교는 학생이 몇 명일지, 학교를 어느 건물에서 시작하게 될지 아무것도 정해진 게 없었다. 앞으로 어떤 어려움들이 펼쳐질지 전혀 예측할 수 없는 상황이었다. 그럼에도 불구하고 사직서를 제출하고 선뜻 동행해 주겠다고 의사를 밝힌 선생님들과 자녀들의 인생을 학교에 맡겨 준 부모님들이 너무나도 고맙고 감사하기만 했다.

학교가 분리되는 아픔

학교가 분리되는 상황에 많은 아픔들이 있었다. 떠나는 이들과 남는 이들 간에 선택을 해야 했고, 그에 따라 자신의 선택에 정당성을 부여하게 되면서 서로 다른 선택을 하는 이들에게 서로의 논리를 갖고 대응을 하며 표현하다 보니 감정이 상하는 일들이 이어졌다.

어른들이야 그렇다 치더라도 아이들이 무슨 죄가 있나 싶었다. 어른들에 의해 영문도 모르게 학교가 분리되는 아픔을 겪는 아이들에게 너무나도 미안한 마음이 들었다. 그러면서도 한편으로는 나에게 등 돌리고 두레학교에 남는 것을 선택한 학부모님들이 나에 대해서 서운하게 이야기를 하는 것이 들릴 때는 무척이나 속이 상했다. 6년 동안 생사고락을 함께하면서 내가 어떤 길을 걸어왔는지 누구보다도 잘 알고 있을 것이라고 여겼는데, 두레학교에 남는 것을 선택한 학부모님들이 입에 담을 수 없는 말들을 내뱉고 나에게 손가락질한다고 생각하니 올라오는 울분이나 서운함은 이루 말로 다할 수가 없었다.

　나는 교회 장로님들이나 두레교회 교인들 중 일부가 나에 대해 서운한 이야기를 하는 것이 들릴 때는 참을 수 있었고 이해가 되었다. 나의 삶을 잘 모르는 상태에서 떠돌아다니는 소문만 들었으니 나를 안 좋게 여기는 것은 당연하다 싶었다. 그러나 남은 학부모들은 내가 어떻게 살아왔는지 너무나도 잘 알고 있지 않은가? 그런 이들이 나에 대해 이상한 말들을 쏟아내고 있는 것이 너무나도 속이 상했다. 인간이 이 정도인가 싶은 배신감을 가슴 깊이 느끼고 경험하게 되었다. 아버지처럼 믿고 따랐던 목사님이 나를 내친 것과 남은 두레학교 학부모님들이 나에 대해 부정적으로 말하고 비난하는 것은 정말 참을 수가 없었다.

　그럴 때마다 내 마음 안에서는 이런 말이 나왔다.

　'어디 두고 보자. 두레학교가 잘 되나 우리 학교가 잘 되나 두고 보자. 당신들이 남는 것을 선택한 것이 잘못된 것이었음을 확실히 깨닫도록 내가 반드시 보여 주리라⋯.'

　이를 악물며 벼르고 벼르길 수없이 반복했었다. 도저히 이들이 용서가 되지 않았다.

시간이 아주 많이 흘러서 일산에서 사역하시는 나눔교회 한창현 목사님의 설교를 들은 적이 있었는데 그때 목사님이 '사람은 믿음의 대상이 아니라 사랑해 주어야 할 대상'이라고 하셨다. 참으로 맞는 말씀이라 여겼다. 지금 어려운 시기에 나랑 함께해 주신 학부모님들이나 선생님들이 고맙긴 하지만 내가 의지하거나 믿음의 대상으로 삼지 말고 그저 사랑해 주어야 할 대상으로 삼아야 한다고 다짐하게 되었던 것이다.

12월부터 2월 28일까지 열심히 설명회도 하고 홍보를 했더니, 2011년 3월 1일 개교 예배를 드릴 때에는 30명이 더 늘어서 아이들이 115명으로 개교 예배를 드릴 수 있게 되었다. 밀알두레학교라는 새로운 학교를 시작하는데 이렇게 많은 학생들로 시작하게 될 줄은 생각도 하지 못했었다. 하나님 아버지는 그 후로도 너무나도 많은 복을 우리 학교에 부어 주셨다. 그 당시에는 하나님이 우리 학교를 이렇게 크게 축복해 주실지 전혀 알지 못했었다.

처음 밀알이 된
학부모들

●   수택동 학원 임대 계약이 불발에 그치자 두레학교를 나온 학부모님들이랑 선생님들은 학교 장소로 어떤 곳이 좋을지 백방으로 알아보기 시작했다. 서른 곳도 넘는 장소들을 살펴보았지만 마음에 드는 곳이 없었다.

그러자 어느 날 밤에 25가정의 부모님들이 모였다. 학교 장소를 어떻게 하느냐 논의하다가 한 아버님이 제안을 했다.

"우리가 돈을 모읍시다. 한국의 아이들이 행복해지기를 바라면서 시작한 이 학교의 교육 운동에 동참합시다. 강남에 가면 자녀들 사교육비만으로도 수백만 원 가량 쓰는 집이 있다는데 우리가 그 집보다 못해서 되겠습니까?"

이 말에 25가정이 흔쾌히 동의하고 집으로 돌아가서 각자의 형편에 따라 돈을 모았다. 집을 담보로 대출을 받기도 하고 적금을 깨기도 하면서 다양한 방법으로 5,000만 원에서 1억 3천만 원까지 총 10억 원을 마련한 후에 이것으로 학교를 하자고 가져 왔다.

얼마나 감사했는지 모른다. 눈물이 핑 돌았다. 그때 난 이렇게 다짐을 했다.

'이렇게 부모님들의 정성으로 세워지는 이 학교! 최선을 다해서 부모님들이 마음 놓고 자녀들을 보내는 학교, 아이들이 행복해서 언제나 가고 싶은 학교, 선생님들은 보람이 있어 인생을 걸어볼만한 그런 하나님의 학교를 만들어 나가야지…'

하나님의 사역에 쓰임 받은 부모님들

지금도 생각해 보면 이것이 너무나도 신기하다. 한 가정이 집을 담보로 대출을 받는다는 것도 쉽지 않은데 25가정이 형편에 따라 3천만 원, 5천만 원, 1억 3천만 원 등 다양한 금액의 돈을 마련했다는 것은 실로 대단한 일이다. 놀라울 따름이다. 나는 이 부모님들의 마음을 하나님이 움직이셔서 사용하신 것으로 믿는다. 부모님들은 필요에 의해서 자신의 집을 담보로 대출을 받거나 적금을 깨거나 모아둔 돈을 대여해 주셨을지 모르지만, 나는 그런 감동을 하나님 아버지가 부모님들 각자의 마음에 부어 주셨던 것이라고 믿는다. 그러니까 모든 부모님들이 하나님 아버지의 일에 귀하게 쓰임 받았던 것이다.

10억 원의 돈이 모아지니 부모님들은 더욱 힘을 모았다. '토지감정 평가사'인 장수이 아버님과 윤재준 아버님은 추운 겨울 날씨에도 불구하고 여러 날 동안 학교 부지를 알아보러 다니셨다. 그러다가 왕자궁 마을의 지금 학교 부지 432평이 매매로 17억 원에 나온 것을 발견하고 주인을 찾아가서 매매가 이뤄지도록 요청을 하였다고 한다.

그 당시 부동산 중개업을 하고 계신 이창석 어머님을 중개인으로 하고 조금이라도 가격을 내려 보려고 마치 007 첩보전을 감행하듯이 치밀하게 작전을 세워서 임했다. 나는 그 모습을 옆에서 지켜보면서 그 정성과 치밀함에 크게 감동을 받았다.

이처럼 하나님은 우리 학교가 세워질 때 어떤 특정한 한 분의 힘과 노력에 의해서가 아니라 여러 학부모님들의 재능과 물질, 정성, 기도뿐 아니라 멀리 일본의 선생님들의 힘까지 함께 어우러져 학교의 기초가 만들어지게 하셨다. 특정인의 학교로 전락하지 않게 하셨고, 오직 하나님이 주도한 하나님의 학교가 되도록 하실 의도라 여긴다.

무모한 도전,
학교 건축의 시작

● 　　　　　　　2011년 1월의 가장 추웠던 날, 우리는 왕
자궁 마을 432평 대지를 17억 원에 매입했다. 모자라는 7억 원은 담
보 대출로 진행했다. 놀라웠다. 빈손으로 나와서 아무것도 없는 우
리가 17억 원짜리 땅을 매입하다니 무척이나 기쁘고 감사했다. 한
치 앞을 내다 볼 수 없고 어느 곳이 길인지 잘 분간이 안 되는 나날
들이라 여기며 마음이 많이 힘들었는데 이날은 무척이나 기쁘고 감
사했었다.

땅을 사고 나서 기분은 좋고 감사한데 걱정은 여전했다. 2월 개학
날짜는 다가오는데 건물 없이 땅만 있으니 이를 어떻게 하나 고민이
되었다. 그때 하나님이 나에게 아주 작은 아이디어를 하나 주셨다.

'학원을 운영하다가 문을 닫는 곳이 있지 않을까? 그곳에는 교실
도 있고 책걸상도 있으니 몸만 들어가면 되지 않나?' 하는 생각이 들

었다. 그래서 수소문 끝에 호평동에 학원 건물이 나온 것을 알았다. 공교롭게도 지난 번 수택동 학원 건물을 우리에게 임대해 주려고 하다가 다른 분에게 팔았던 그 주인의 건물이었다. 주인을 만났더니 그때 너무나 미안했다고 호평동 학원 건물을 만약 임대한다면 시세보다도 아주 저렴하게 임대해 주겠다고 했다.

감사하게도 현장에 가 보니 교실도 우리가 원하는 만큼 있었고, 150여 명이 동시에 앉을 수 있는 강당도 만들어져 있었다. 당장 학교를 시작해도 괜찮을 것 같았다. 다만 거리가 15분 정도 더 멀어진 것이 아쉬울 뿐이었다.

일단 급한 대로 2월 1일부터 사용하기로 계약을 하고 나오는 길에 감사가 밀려왔다.

'나는 당장 지금 어디로 가야할지 모르고 어느 쪽이 우리들이 나아가야 하는 길인지도 모르는 상황이지만 하나님은 이미 다 준비해 놓고 계시는구나. 내가 고민하면서 불안해하거나 염려할 필요 없이 그냥 하나님께 다 맡기면 되겠구나.'

이런 생각이 들면서 내 마음에는 다시 평안이 찾아왔다.

3일간
귀를 닫다

● 　　　　　　　2011년 2월 21일 아침부터 하나님이 내
왼쪽 귀를 3일 동안 닫으셨던 일이 있었다. 일명 돌발성 난청(이명증)
이라고 한다. 아침에 일어났는데 갑자기 왼쪽 귀에서 컴퓨터 부팅
할 때 나는 소리가 계속 나면서 멍해지기 시작했다. 뭔가 이상하다
는 생각이 들었다. 좀 그러다 말겠지 생각했는데 그 소리가 줄어들
지 않았고 오히려 소리가 점점 더 크게 들렸다. 덩달아 말소리도 점
점 들리지 않는 것이었다. 왼쪽 귀로는 핸드폰에서 나오는 말소리도
들을 수가 없었다. 이러다가 귀를 영영 못 쓰게 되는 건 아닌가 염려
가 되기도 했다.

돌발성 난청

아침에 출근하자마자 학교 건물 아래층에 있는 이비인후과 병원을 찾아가 진료를 받았다. 20여 분 정도 이것저것 검사를 하시더니 의사 선생님이 나를 진료실로 다시 들어오라고 하셨다.

"지금 나타나는 증상으로는 난청이 아닌가 생각합니다. 검사를 시작하고부터 계속 청력이 떨어지고 있습니다. 검사 결과 55~70dB정도로 청력이 떨어지고 있는데 그래프가 점점 내려가고 있습니다. 이 정도면 중고도 난청에 해당된다고 할 수 있습니다."

"선생님! 그러면 완치는 가능합니까?"

"글쎄요? 지금의 상황으로는 어떻게 말씀을 드릴 수가 없습니다. 점점 심해지는 것으로 봐서는 상황이 더 나빠질 수도 있구요. 좋아질 수도 있는데 일단은 최대한 안정을 하시고 상황을 지켜보셔야 할 것 같습니다."

의사 선생님의 말씀을 듣고 가슴이 철렁했다. 더 나빠질 수도 있을 거라는 말씀에 무척 놀랐다.

"선생님! 돌발성 난청의 원인이 무엇인가요?"

"네, 말 그대로 돌발성이에요. 그 원인이 무엇인지 명확하게 밝혀지지 않았다는 것이지요. 제가 드리는 약을 2주 동안 복용하시고 다시 오세요. 복용 후, 증상을 보고 다시 2주 분량의 약을 드리겠습니다. 그런데 주의할 점은 일단 약은 한번 드시고 나면 절대 중단하시면 안 된다는 것입니다. 꼭 병원에 오셔서 남은 약을 받아 가서 다 드셔야 합니다. 물론 약을 다 드신다고 해서 완전히 나을 거라는 말씀은 못 드립니다."

병원을 나서는데 참으로 암담했다. 약국에서 약을 받아 보니 한 번에 먹어야 하는 양이 엄청 많았다. 수북하게 들어 있는 알약들을 보면서 과연 이 약들을 먹어도 괜찮을까 염려가 되었다. 의학적 전문 지식이 없는 내가 생각해 봐도, 나는 지금 신장 기능이 많이 떨어져 있는데 이렇게 많은 양의 약을 복용해도 괜찮을까 심히 걱정이 되었다.

집에 돌아와서 약 봉지를 올려놓고 곰곰이 생각해 보았다. 약을 한 번 복용하면 중단할 수 없고 선생님이 그만 복용하라고 할 때까지는 다 먹어야 하고, 그렇다고 먹는다고 해서 꼭 치료가 된다는 것을 보장해 줄 수가 없다고 하니 참으로 답답했다.

아사왕의 선택

갑자기 성경 속의 역대하 16장 12절의 아사왕에 대한 말씀이 떠올랐다.

아사가 왕이 된 지 삼십구 년에 그의 발이 병들어 매우 위독했으나 병이 있을 때에 그가 여호와께 구하지 아니하고 의원들에게 구하였더라.

그로부터 2년 후 성경은 아사왕이 결국 하나님의 부르심을 받았다고 나온다. 이 아사왕이 누구이던가? 역대하 14장 9절에 나오듯이 구스 사람 세라가 군사 백만 명과 병거 삼백 대를 거느리고 쳐들어왔을 때에 아사왕은 먼저 여호와 하나님을 찾고 하나님께 간절히 부르짖었던 사람이 아닌가?

여호와여 힘이 강한 자와 약한 자 사이에는 주밖에 도와
줄 이가 없사오니 우리 하나님 여호와여 우리를 도우소
서 우리가 주를 의지하오며 주의 이름을 의탁하옵고 이 많
은 무리를 치러 왔나이다 여호와여 주는 우리 하나님이시
오니 원하건대 사람이 주를 이기지 못하게 하옵소서(대하
14:11).

이와 같은 아사왕의 간절한 부르짖음을 들으신 하나님이 구스 사람을 치셔서 구스 사람들을 모두 도망가게 했던 것이다. 위험에 놓였을 때 하나님께 간구하고 하나님의 도우심을 입었던 놀라운 기적의 체험이 있었는데도 아사왕은 자기가 발에 병이 걸려 위독하게 되

자, 그만 자기를 도와주시던 하나님을 잊고 의원을 먼저 찾았고, 결국 아사왕은 죽게 되었던 것이다.

갑자기 이 장면의 말씀이 생각났다.

'내가 이 약을 복용하는 것이 좋은가? 아니면 나도 아사왕이 젊은 시절 절박한 상황에서 하나님께 간구했던 것처럼 하나님께 맡기고 기도로 나아갈 것인가?'

순간적으로 의원을 택할 것인가 하나님을 의지할 것인가의 문제로 다가오기 시작했다.

'신장이 극도로 약해서 아무 약이나 마음대로 복용하면 안 되는데 스테로이드 계열의 수많은 약을 장기간 복용해야 하느니 차라리 이 약을 먹지 말고 하나님께 맡기고 기도로 나아가 보자.'

나는 구약 성경을 읽다가 하나님께서 이적을 베푸시는 장면을 보게 되면 구약시대의 흥미진진한 이야기로만 보지 않는다. 하나님이 동일하게 나에게도 역사하시고 성경에 나타났던 이적들이 내 삶 가운데서도 그대로 이루어질 것이라고 믿는다.

믿음으로 선택한 녹즙과 금식

우선, 2주일 분량의 받아 온 약을 쓰레기통에 버리고 하나님께 맡기고 내가 할 수 있는 것이 무엇일까를 생각해 보았다. 그때 학교건강위생위원장이면서 병원 원장님이신 학부모님의 얼굴이 떠올라서 얼른 홍성일 원장님께 전화를 드렸다. 그랬더니 원장님은 내게 3일 동안 녹즙만 마시고 금식을 해 보라고 권하셨다. 원장님 말씀대로 녹즙으로 3일 정도 금식하면서 오직 기도로 하나님 아버지께 의지해야겠다고 생각했다.

아내와 아들이 열심히 녹즙을 만들어 주었다. 그 모습을 지켜보면서 참으로 고맙고 미안한 생각이 들었다. 그래서 열심히 먹으면서 기도했다. 기도를 하면서 알 수 없는 확신이 들기 시작했다. 하나님이 꼭 고쳐 주실 것 같은 느낌이 강하게 들었다. 그러나 하루가 흘러갔지만 증상은 변함이 없었다. 하지만 나는 일단 심해지지 않은 것만으로도 감사가 되었다. 오른쪽 귀만으로도 들을 수 있는 것이 얼마나 큰 축복이고 감사한 일인지 알게 되었다. 평상시에는 전혀 느껴 보지 못했던 감사였다. 내가 그저 두 눈으로 보고 두 귀로 듣고, 숨을 쉬며 살아갈 수 있다는 것 자체만으로도 충분히 감사의 조건이 되는 것을 깨달을 수 있었다.

녹즙만 먹으며 기도한 지 이틀이 되는 밤부터 조금씩 좋아지고 있다는 것을 느끼게 되었다. 컴퓨터 부팅 소리도 그렇게 심하게 들리지 않았고 견딜만하다는 생각이 들면서, 이것을 하나님이 고쳐 주시고 계시구나 하는 생각이 들었다. 3일째 아침에 일어났더니 소음들이 거의 들리지 않았다. 이 얼마나 기쁘고 감사하던지, 나는 마치 새로 태어난 것 같은 기분이 들었다.

'할렐루야! 하나님이 내 기도를 들어 주시고 귀를 다시 열어 주셨구나. 하나님이 귀를 3일 동안 닫으셨다가 이렇게 고쳐 주시는구나!'

정말 감사했다. 나는 그동안 많은 것을 가져야 하고 비싼 것을 소지해야 감사의 조건을 갖춘 것으로 생각해 왔었다. 그러나 이번 일을 통해 건강한 몸을 지닌 것만으로도 충분히 감사의 조건이 될 수 있다는 것을 새삼 느끼게 되었다.

난청이 치료된 지 4개월이 지난 상태에서 갑자기 이를 하나님이 치료해 주신 증거로 남겨 두어야겠다는 생각이 들었다. 그래서 이비인후과에 가서 진료를 했더니 의사 선생님이 정상적으로 되돌아왔다고 말씀을 하시며 웃어 주셨다. 그래서 돌아오는 길에 진단서를 발급해 달라고 했다.

치료의 하나님이 강력한 치료의 광선을 발하셔서 3일간 닫혔던 내 귀를 열어 주시면서 하나님은 살아 계시며 치료하시는 분이고 나의 간구를 듣고 응답하시는 분이심을 알게 해 주셨다.

모세의
능력의 지팡이

●   출애굽기 5장에는 모세가 애굽의 왕 바로의 앞에서도 당당히 하나님의 뜻을 전하며 이스라엘 백성들을 보내줄 것을 말하는 장면을 보게 된다. 두려움이 없는 당당한 모습에 감탄이 절로 나온다. 자칫 말 한마디라도 잘못하면 목숨을 잃을 수도 있는 절대적인 왕권 앞에 서서 당당히 말한다는 것은 여간한 담력과 마음가짐이 아니고서는 불가능할 것이다.

나는 이 장면을 몇 번씩 되풀이하여 읽다가 새롭게 깨달은 것이 있다. 처음부터 모세에게 이런 대담한 성품이 있던 것은 아니었다. 하나님의 부르심을 처음 받던 장면이 생각났다. 모세는 하나님의 부르심을 받았을 때 곧바로 이를 받아들이지 못했다.

'만약 내가 하나님의 뜻을 전할 때 이들이 믿지 않고 받아들이지 않는다면 어찌할 것인가? 이들에게 무엇으로 확신시킬 것인가?'

아마 이런 생각 때문에 불안함과 염려가 컸을 것이다.

"네가 누구인데 우리에게 이런 황당하고도 위험한 일을 하자고 제의를 하는가?"라는 백성의 질문이 예상되었으리라. 그래서 하나님이 나를 보냈다고 하면 그들이 이름을 물어 볼 텐데 하나님을 어떻게 소개해야 하느냐고 되묻기까지 하였던 것이다.

> 하나님이 모세에게 이르시되 나는 스스로 있는 자이니라
> 또 이르시되 너는 이스라엘 자손에게 이같이 이르기를 스스로 있는 자가 나를 너희에게 보내셨다 하라(출 3:14).

이 말을 듣고서도 모세는 선뜻 내키지가 않았다. 그래도 만약 이들이 자신의 말을 듣지 않고, 여호와께서 자신에게 나타났다는 사실조차 믿지 않으려 할 것이라는 걱정에 사로잡히게 된다(출 4:1). 이때 하나님은 모세에게 기적을 체험하게 하셨다. 모세의 손에 들고 있던 지팡이를 땅에 던지게 하셨다. 말씀대로 땅에 지팡이를 던지니 지팡이가 뱀으로 변한 것이다. 모세가 뱀을 무서워하며 피하자 여호와가 모세에게 손을 내밀어 꼬리를 잡게 하셨다. 모세가 손을 내밀어 꼬리를 잡자 그의 손에서 다시금 지팡이가 되게 하셨다.

이 얼마나 놀라운 일인가? 이 놀라운 기적을 경험하고도 모세는 하나님께 강한 믿음과 신뢰의 마음을 보여 드리지 못했다. 주저함이

아직은 그를 잡고 있었던 것이다. 그러자 하나님이 모세에게 이번에는 손을 품에 넣어 보라고 하셨다. 그가 손을 품에 넣었다가 내어 보니 그의 손에 나병이 생겨 눈같이 되어 있었던 것이다. 너무나도 놀랐을 것이다. 하나님이 다시 모세에게 다시 손을 품에 넣었다가 빼어보라고 했다. 그렇게 했더니 그의 손이 본래대로 돌아왔다. 그럼에도 모세의 마음속에는 아직도 염려가 가시지 않은 듯했다. 하나님이 다시 한 번 확인시켜 주셨다.

> 그들이 이 두 기적을 믿지 아니하며 네 말을 듣지 아니하거든 너는 나일 강 물을 조금 떠다가 땅에 부으라 네가 떠온 나일 강 물이 땅에서 피가 되리라(출 4:9).

하나님이 이렇게까지 말하면 충분히 알아들었을 것 같은데 모세는 "나는 본래 말을 잘 하지 못하는 자니이다 주께서 주의 종에게 명령하신 후에도 역시 그러하니 나는 입이 뻣뻣하고 혀가 둔한 자니이다."라고 말하고 있다.

이처럼 모세가 하나님이 시키시는 일에 대해 자신감 없어 하고 뒤로 빼려고만 하는 모습이 성경에는 자세히 기록되어 있다. 그러자 하나님은 모세에게 "누가 사람의 입을 지었느냐? 누가 말 못하는 자나 못 듣는 자나 눈 밝은 자나 맹인이 되게 하였느냐? 나 여호와가 아니냐? 이제 가라. 내가 네 입과 함께 있어서 할 말을 가르치리라."
라고까지 말씀하셨다.

그러자 모세는 다시 한 번 간청한다.

"오, 주여! 보낼 만한 자를 보내소서. 나는 도저히 감당할 수가 없습니다."

드디어 하나님이 모세에게 화를 내셨다.

"네 형, 아론이 있지 아니하냐? 그가 말 잘 하는 것을 내가 아노라. 그가 너를 대신하여 백성에게 말할 것이니 그는 네 입을 대신 할 것이요, 너는 그에게 하나님 같이 되리라."

그러시면서 모세에게 지팡이를 손에 잡고 이것으로 기적을 행하라고 당부하셨다. 참으로 하나님도 끈질긴 분이시구나 하는 생각이 들었다. 모세가 계속 하나님의 부르심에 대해 자신 없어 하고, 부족함을 내세우니까 각종 기적을 보여 주면서 달래다가 나중엔 참다못해 짜증을 내신 것이다.

이렇듯 자신감 없고 두려움이 많았던 모세가 출애굽기 5장에 이르러 이리도 당당하게 말할 수 있는 것은 어떤 이유 때문일까? 과연 무슨 일이 있었던 것일까? 한참을 생각해 보다가 모세가 바로왕 앞에서도 기가 죽지 않으면서 당당하게 담대한 모습으로 설 수 있는 이유가 무엇인지 알 수 있었다. 그 이유를 모세의 지팡이에서 찾을 수 있었다.

하나님이 보다 못해서 한 가지 처방을 준 것이다. 17절에 "너는 이 지팡이를 손에 잡고 이것으로 이적을 행할지니라." 하나님이 기적을 베풀어 주셨던 지팡이를 주면서 이것으로 기적을 베풀라고 하시니 힘이 되고 의지가 된 것이다.

모세는 그동안 하나님 없이 삶을 살아왔다. 그러다 보니 수없이 많은 고생을 해야 했고, 무서운 상황과 두려움들 앞에도 서야 했을 것이다. 그러기에 하나님이 맡기시는 일에도 두려움과 염려가 먼저 앞섰던 것이다. 정말 하나님이 함께해 주실까? 완전히 믿지 못하는 마음이 두려움을 만들어 냈으리라. 그가 능력의 지팡이를 받으면서 정말 하나님이 자신과 함께한다는 것을 확인한 순간 그는 능력의 사람으로 변화되었던 것이다.

능력의 지팡이

나는 2010년부터 2013년까지 오는 동안 내가 감당해야 하는 일들이 너무나도 두렵고 떨리기만 했었다. 과연 건축은 제대로 될 것인가? 아무것도 가지지 않은 우리가 17억 원의 부지 대금을 다 상환하고 30억 원 가량의 건축비까지 완전히 마련할 수 있을까? 염려와 걱정이 불안함으로 바뀌기도 했었다. 겁과 두려움이 많았던 내게도 하나님이 모세에게 보여 주셨던 강력한 능력의 지팡이가 필요했을 것이다.

이를 누구보다도 잘 알고 계셨던 하나님은 나에게 능력의 지팡이를 경험하게 하려고 나의 왼쪽 귀를 3일간 닫았다가 깨끗하게 열어 주셨던 것은 아닐까 하는 그런 생각이 들었다.

이것이 하나님이 나에게 주신 지팡이라면 이제는 정말 담대하게 앞으로 나설 수 있을 것 같은 믿음이 조금씩 생겨나기 시작했었다.

불가능에
도전

●   두레학교를 우리들은 빈손으로 나왔다.
우리에게는 아무것도 없었다. 일단 학부모님들이 마련한 돈 10억 원
을 종잣돈으로 매입했던 남양주시 이패동 568-1번지의 자그마한 터
에서 기적을 꿈꾸며 그곳을 하나님의 땅으로 바꿔 나가기 시작했다.

예수길벗교회 예배당 성전과 밀알두레학교 교실을 건축하기 위한
계획이 시작된 것이다. 학부모님들을 대상으로 해서 건축위원회 TF
팀을 꾸리고 학교 건축을 맡겼다.

학교 건축에 대한 믿음

하루는 건축위원들이 찾아와서는 다음과 같이 질문했다.

"교장 선생님! 학교 건축비를 어느 선에서 잡고 추진해야 하는지

알아야 계획을 세울 수 있습니다. 건축비를 대략 얼마로 잡을까요?"

솔직히 나는 건축의 '건'자도 모르는 상황이었기에 다음과 같이 질문을 하면서 건축에 대한 대화를 주고받았다.

"네. 제가 오히려 여쭙고 싶었습니다. 건축비가 얼마나 들어가야 학교 건축이 되는지요?"

"네. 조립식으로 대충 지으면 10억 원 정도면 되구요. 지하 파고, 골조를 세운다면 최소한 30억 원은 들 겁니다."

"그렇군요. 저는 아이들에게 이 건물을 보여 주면서 하나님이 우리에게 주셨다고 가르치려 합니다. 그런데 조립식으로 대충 지은 건물을 보여 주면서 하나님이 우리에게 주셨다고 하면 우리 아이들이 하나님을 어떻게 생각하겠습니까? 화려하지는 않아도 튼튼하게 잘 지었으면 좋겠습니다."

"그러면 30억 원이네요."

"네. 어차피 우리에게는 가진 돈이 한 푼도 없기에 10억 원이거나 30억 원이거나 우리가 감당할 수 없는 금액이라는 것은 다 마찬가지 아니겠습니까? 이 일을 하나님께서 하신다면 10억 원인들 어떻고, 30억 원인들 무엇이 문제가 되겠습니까? 30억 원으로 하시지요."

이 말을 들은 후, 건축위원들이 돌아갔다. 하나님이 두레학교로부터 나오게 하셨고, 부모님들의 마음을 움직여서 땅까지 사게 하셨다면 반드시 건축도 이루어 주실 것이라는 믿음이 있었다.

건축위원들이 공사를 맡을 건설업체를 선정하려 하는데 딱히 공사를 맡겠다고 달려드는 업체가 없었다. 하기야 우리가 돈 없이 건축을 하려는데 달려들 업체가 있겠는가?

그때였다. 두레교회 성도이면서 1학년에 자녀를 입학시킨 A씨가 본인이 건축의 전문가라고 하면서 이 건축을 맡아서 주관하고 싶다고 했다. 우리들은 믿을 만한 전문가를 만났다면서 천군만마를 얻은 듯 했었다. 사실 A씨가 부모님들 앞에서 간증하면서 울고, 주일 예배를 드리다가 눈물을 보이곤 하니까 신앙도 좋은 분 같고, 게다가 학부모님이니까 모든 분들이 완전히 믿게 되었다.

그러자 건축위원들은 이 분을 CM(건설사업관리)으로 선정하고 CM 비용을 지불하면서 전권을 맡기다시피 했었다. 우리들은 모든 일이 순조롭게 잘 진행이 되는 줄 알았다. 그렇게 찾기 어려웠던 건설업체도 선정이 되고 설계사도 선정이 되었던 것이다.

공사 대금은 인테리어 비용 빼고 22억 8천만 원이 나왔다. 인테리어는 약 7~8억 원 정도 되는데 이 비용은 이 CM인 학부모님 자신이 해결하겠다고 한 것이다, 그러자 건축위원들은 반신반의하면서도 너무나도 좋아했었다.

그러면서도 건축 비용 마련이 걱정이 되셨는지 건축위원들이 한 번 더 확답을 받고자 찾아왔다. 앞으로 건축비만 22억 8천만 원이고,

인테리어 비용과 세금 등을 합하면 약 7~8억 원 정도는 더 있어야 하니까 걱정이 많이 되었나 보다.

이 금액으로 건축할 것인지, 조립식으로 건축을 할 것인지 건축위원들이 모여서 다시 심각하게 논의하였다. 다양한 의견들이 나왔다. 건축위원들의 이야기를 들으며 나는 마음속으로 기도했다.

"하나님! 이 상황에서 어찌해야 합니까? 우리들이 가진 것이 없기에 이분들이 고민에 빠져 있습니다. 내가 뭐라고 말을 해야 합니까? 건축비는 30억 원이 넘게 들어갈 거라고 하는데 우린 빈손이고 아무 것도 가지지 않았습니다."

순간 내 마음 속에 하나님이 말씀하시는 듯 소리가 들려왔다.

"기원아! 너는 나를 믿느냐? 아무것도 없는 것에서 모든 것을 창조해 낸 나의 능력을 너는 믿느냐? 믿으면 하나님의 능력과 기적을 경험하게 될 것이다."

그래서 자신감을 얻은 후, 앉아 있는 건축위원들에게 내가 다시 이렇게 정리해 주었다.

"여러분! 우리들은 지금 가지고 있는 것이 아무것도 없기 때문에 고민하고 있습니다. 그러나 고민하지 마십시오. 이 건축은 하나님이 하실 것입니다. 우리가 땅을 사는 것만으로도 우리들은 우리들이 가진 능력 이상으로 한 것입니다. 솔직히 우리 건축비가 10억 원이 된다고 한들 지금 우리 형편으로 감당할 수 있는 금액입니까? 나는 지난번에 이미 말씀을 드렸다시피 이 밀알두레학교 건축이 하나님은 살아 계셔서 역사하시며 우리들의 기도에 응답하시는 분이심을 아이들에게 가르쳐 주는 교과서로 삼고 싶습니다. 이미 건축비가 10억 원을 넘어서는 순간 그 금액은 우리들의 수중을 벗어난 것입니다. 10억 원을 들여 가건물 형태로 조립식 교실을 지어 놓고 아이들에게 이것을 하나님이 우리들에게 주셨다 한다면 아이들이 하나님을 어떻게 생각하고 이해하겠습니까? 저는 건물을 사치스럽게 짓자고 하는 것이 아닙니다. 아이들이 보기에 튼튼하고 잘 지어서 하나님의 영광이 드러나게 하자는 것입니다. 나머지는 하나님께 맡기고 이제는 우리 모두가 출애굽기에 나오는 대로 하나님이 어떻게 역사하시는지 지켜보기만 합시다. 하나님이 그분만의 방법으로 이 모든 과정을 이뤄나가실 것입니다. 23억 원에 건축하기로 합시다. 사치스럽게는 하지 말고 튼튼하게 잘 만들어서 하나님의 영광을 드러내도록 합시다."

나의 이 말에 누구 하나 이견을 다는 사람이 없이 적산 자료로 나온 대로 22억 8천만 원으로 건축하기로 최종 결정하였다.

그런데 우리가 건축 계약금을 계약하려고 했는데 계약금인 2억 2천 8백만 원이 없는 것이었다. 그러자 아버님들 세 분이 5천만 원을 마련해서 오셨고 다른 가정들이 대출을 받아 오면서 2억 3천만 원을 마련하여 계약금을 지불할 수가 있었다.

이렇게 해서 불가능에 대한 도전이 시작되었던 것이다. 계약금 외에는 건축비가 하나도 없는 상태에서 건물이 다 지어지면 건물을 담보로 하여 약 6~8억 원 정도의 추가 대출이 가능할 것이라는 것 뿐, 아무것도 없는 상황 속에서 건축의 일정이 잡혀졌고, 건설업체가 선정이 되는 등 건축 작업이 하나씩 진행이 되었다.

실로 놀라운 일이었다. 그 일을 옆에서 지켜보면서 이 건축은 정말 하나님이 하고 계신다는 것을 믿지 않을 수가 없었다. 도저히 불가능할 것 같은 일에 가능성이 생기기 시작하고 현실로 하나씩 이루어지기 시작했다. 불가능을 가능하게 하시는 하나님의 은혜의 손길이 우리를 불기둥과 구름기둥처럼 인도하고 계심을 강하게 느끼게 해 주었다.

감격스런
개교 예배

●   2011년 3월 1일, 우리는 호평동 학원 건물을 임대해서 그곳을 임시 학교 삼아 개교 예배를 드렸다. 오전 10시에는 학교 개교 예배를, 오후 2시에는 예수길벗교회 창립 예배를 드렸다.

개교 예배 날짜를 일부러 3월 1일, 삼일절로 삼았다. 우리 민족이 일본에게 나라를 빼앗기고 국민들이 실의에 빠져 절망 속에 놓여 있을 때, 민족 지도자들과 학생들이 3·1 독립만세 운동을 전개하면서 국민에게 힘과 용기를 불어넣어 주고 온 세계 사람들에게 우리나라와 민족의 자주 독립을 부르짖었던 정신을 되살리고 싶었다. 오늘날 우리나라 교육이 황폐화되고 교실 붕괴가 심각해진 상황에 한국 교육을 새롭게 하고자 하는 교육 운동의 일환으로 시작하는 이 학교를 삼일절에 시작하는 것이 의미에 맞겠다 싶었다.

개교식 날 많은 분들이 오셔서 축하해 주었다. 일본과 중국의 자매학교 교장 선생님들이 찾아와 주었고, 민주당 최재성 국회의원과 송광용 서울교육대학교 총장님, 박상진 기독교학교교육연구소 소장님, 최하진 선교사님 등 여러분이 오셔서 축사를 해 주셨다.

학교와 가정, 교회가 삼위일체가 되는 교육을 표방하는 뜻에서 목사님 앞에서 학교장인 나, 학부모 대표, 학생 대표 이렇게 세 명이 성경 위에 손을 얹고 '밀알두레 교육공동체 다짐 선언문'을 낭독하기도 했다.

개교 예배에 참석해서 한 분 한 분의 축사를 듣고, 다짐 선언문을 낭독할 때 하나님이 우리를 통해 새로운 일을 하실 것이라는 믿음이 강하게 일어났다. 이 학교를 통해 하나님이 기뻐하시는 교육이 왕성하게 일어나게 해 달라고 기도했다.

왕자궁 마을에 세워지는 남양주 밀알두레학교가 하나님 나라 교육 운동의 센터이자 전진기지 역할을 감당하게 해 달라고 간절한 마음으로 기도하며 두 손을 모았다.

밀알두레 교육공동체 다짐 선언문

밀알두레학교 교육공동체로 부르신 신실하신 하나님 앞에
밀알두레 교육 가족들의 뜻을 모아 예수님의 가르침 그대로
우리 자녀들을 양육할 것을 다짐합니다.

우리는 밀알두레학교의 주인 되신 하나님 앞에
기도하기를 쉬지 않으며,
밀알두레학교가 주님의 학교임을 잊지 않고
하나님 안에서 우리 시대 교육의 길을
한결같이 걸어가기로 다짐합니다.

우리는 몸소 삶으로 보여 주신
예수 그리스도의 십자가 은혜를 따라
예수님 가르침 그대로
가르치는 교사 되길, 배우는 학생 되길,
그리고 섬기는 학부모 되길 다짐합니다.

밀알두레 교육의 가족된 우리는
우리의 자녀들이 하나님의 말씀 위에 든든히 서고

어떤 상황 속에서도 하나님의 뜻을 구하며

그 안에서 길을 찾아가는 하나님의 사람으로 자랄 수 있도록

가르칠 것을 다짐합니다.

밀알두레 교육의 가족된 우리는

세상 속에 만연한 세상 속의 가치인

성공 지상주의, 황금 만능주의, 자기 중심적 삶의 방식과

타협하지 않으며, 황폐한 땅을, 불의한 곳을

약하고 상한 사람을 회복시키고 살리는 교육을 할 것을

다짐합니다.

오늘 우리가 걸어가는 하나님 나라 교육의 길을

하나님 아버지의 힘으로,

예수 그리스도의 사랑으로,

성령의 도우심으로 밀알두레 교육공동체의 가족 되어

걸어가기로 다짐합니다.

2011년 3월 1일
밀알두레학교 가족 일동

착공의
첫 삽을 뜨다

●   CM으로 선정된 A학부모의 주관 아래 건축이 잘 진행이 되는 듯했다. 계약을 마치고 4월 23일 토요일 건축 부지에서 착공 예배를 드리려고 날짜를 잡았는데, 마을 주민들 중에서 대안학교가 들어오는 것에 반대하는 이들이 많다는 보고가 들어왔다. 장애 아이들을 위한 학교라고 부녀회와 노인회에서 반대가 심하다고 했다. 그래서 우리 학교는 일반 아이들을 위한 좋은 사립 대안학교라고 설명을 하긴 했지만 혹시나 이분들이 학교 착공 예배를 드리는 것을 방해하면 어떻게 하나 내심 걱정하면서 이 예배가 은혜 가운데 잘 진행이 되도록 기도했다.

착공 예배를 드리기로 한 토요일 아침이 되자 동네가 너무나 조용했다. 어찌된 일인가 싶어 알아보았더니 이날 할머니, 할아버지들이 놀러 가는 날이라 버스를 대절해서 이른 아침에 떠났다는 것이다.

하나님 아버지가 혹시나 문제가 생길 것을 염려하는 나의 마음을 아시고 할머니, 할아버지들을 전부 다 놀러가도록 일정을 만들어 주신 것이다. 물론, 어른들 스스로 여행 날짜를 정하고 일정을 잡았겠지만, 나는 하나님 아버지가 우리 학교 착공 예배를 은혜 가운데 드리도록 하기 위해 일부러 그렇게 하신 것으로 믿는다.

예배는 아주 은혜롭게 진행되었다. 남양주 지역 국회의원이면서 개교 예배 때 축사를 해 주었던 최재성 국회의원도 다시 와서 축사를 해 주었고, 모든 밀알두레 가족들이 함께 하면서 우리에게 멋진 땅을 주신 하나님을 예배하고 감사를 올려 드렸다.

왕자궁 마을의 역사적인 의미

우리가 건축 허가서를 받으러 남양주시청에 갔을 때, 허가서를 주시는 분이 이런 이야기를 했다.

"아니 이곳을 어떻게 알고 땅을 잘 사셨네요. 건물이 들어서는 남양주시 이패동 568-1번지 이 지역이 예전 조선시대 왕자들의 수련 장소였답니다. 한강이 바라보이는 수석동에서 말을 타고 활 쏘며 놀다가 이곳 왕자궁 마을에 와서 잠을 잤답니다. 그러니까 여기가 옛

날 조선시대 왕자들의 수련 장소였던 거지요. 왕자들의 수련 장소에 대안학교를 하게 되었으니 참 신기하네요."

이 말을 듣고 나니 감사가 절로 나왔다.

'하나님 아버지가 이렇게 세밀히 계획을 세워 놓으셨구나. 왕자들이 수련하던 옛 장소인 왕자궁 마을에서 학교를 하게 하신 하나님 아버지는 우리에게 하나님 나라의 왕자와 공주들을 길러내라고 이곳을 학교 장소로 미리 정해 놓고 우리를 기다렸던 것이구나.'

시청 직원의 입을 통해서 하나님 아버지가 이 일을 이루고 계심을 더욱 강하게 느끼게 해 주신 날이었다.

네 신을
벗어라

●   2011년 6월 4일, 밤에 잠을 자려는데 왼쪽 발목에 느낌이 이상했다. 이런 느낌이 들면 꼭 통풍이 찾아왔었다. 아니나 다를까? 다음 날 아침에 일어났는데 발목에 통증이 느껴졌다. 다른 날보다 좀 심했다. 얼른 일어나자마자 통풍약을 먹었다. 이게 다 내 신장이 나빠져서 요독을 걸러주지 못해서 생긴 현상이라 여겼다.

통풍의 고통

보통 약을 먹고 한 시간 정도 지나면 통증이 가라앉는데 그날은 좀 이상했다. 통증이 더 심해지는 것이 쉽게 나을 것 같지가 않았다. 느낌이 안 좋았다. 아내는 아침 일찍 일어나서 주일 아침 식사를 준비하며 반찬을 만들고 있었다. 아무래도 예배드리러 가기가 어려울 것 같았다. 그래서 아내에게 말했다.

"내가 발이 아파서 오늘 교회를 못 가겠어. 교회에 가서 성도님들 만나거든 내가 몸살이 났다고 해 줘. 내가 발이 아프다고 하면 또 많은 분들이 걱정하실테니까."

나는 교인들이 나의 건강에 대해 염려하는 것이 늘 부담스러웠고 미안했다. 그래서 이를 숨기고 싶었다. 아내가 걱정이 되는 듯한 모습으로 나를 바라보았다. 참으로 미안했다. 아내와 아들이 예배당으로 가고 난 혼자서 쇼파에 누워 있었다. 발이 끊어져 가는 듯한 통증과 함께 온몸에서 기운이 빠져나가는 듯 했다. 통증이 심할 때는 식은땀이 다 나왔다. 몸을 움직일 때마다 발목이 시큰거렸다. 통풍의 통증이 그 어느 때보다도 심했다. 약을 먹어도 별로 효과가 없어 보였다. 통풍이 '부는 바람에도 통증이 느껴진다.'고 해서 통풍이라고 한다는 말이 실감이 났다.

'원인이 뭘까? 신장이 더 악화된 것일까?'

이런저런 생각을 하며 근심하고 있었는데 갑자기 내 머리 속에 성경의 한 장면이 떠올랐다. 출애굽기 3장에서 모세가 여호와 하나님의 부르심을 입던 모습이 생각난 것이다. 갑자기 떠오른 생각이어서 얼른 누운 상태로 성경 말씀을 찾아 읽어 보았다.

신을 벗어라

여호와의 사자가 떨기나무 가운데로부터 나오는 불꽃 안에서 그에게 나타나신 것이다. 이때 모세가 그 광경을 가까이 가서 보려고 할 때 하나님이 "이리로 가까이 오지 말라 네가 선 곳은 거룩한 땅이니 네 발에서 신을 벗으라(출 3:5)."고 말씀하셨다.

신을 벗으라!

'하나님은 왜 모세에게 신발을 벗도록 요청하셨을까?, 그것은 모세가 신발을 신고 임의대로 다니며 자기 마음대로 살았기 때문이 아닐까?'

이 생각을 하면서 나는 그동안 내가 주로 어디를 다녔는가? 순간적으로 생각해 보았다. 나는 내가 가고 싶은 곳은 어디든지 자유롭게 다녔다. 내가 내 의지대로 걸어 다니면서 정결하지 못한 곳, 부정하고 더러운 곳도 그냥 마다하지 않고 다녔던 것이다.

이제 평신도 사역자로서 하나님의 말씀과 기도로 온전히 세워가는 학교를 하겠다고 다짐하는 나에게 먼저 하나님이 요구하시는 것이 그동안 내 임의대로 맘껏 걸어다니고 내 의지대로 살아왔던 것에 대해 회개하는 것을 요구하신다고 여기게 되었다.

"하나님! 이제는 제가 주님 앞에 신발을 벗고 거룩한 땅에 맨발로 서 있는 모세처럼 하나님 앞에 그렇게 서서 하나님만 바라보고 살아가도록 하겠습니다. 부정하고 허물 많은 저를 용서하여 주시고, 주님의 보혈로 제 온몸을 깨끗하게 하여 주시옵소서. 저도 영적인 신을 벗겠나이다."

회개의 기도를 올려 드렸다. 하나님이 나에게 이런 고통을 더 하여 주신 이유를 알게 되었다. 하나님은 철저히 나에게 자신의 모습을 제대로 바라보게 하셨다. 지난 날 내가 정결하지 못했던 자리에 서 있었던 것에 대해 하나님 앞에 철저히 회개하길 바라고 계셨던 것 같다.

이것을 깨닫고 난 후 그렇게 발이 끊어져 나가는 듯한 통증이 서서히 가라앉기 시작했다. 만 하루가 지나자 이젠 낫겠구나 하는 생각이 들었다.

순조로운
진행

●   2011년 6월 6일, 현충일 이른 아침부터 공사 현장에는 25톤 트럭이 분주히 파낸 흙들을 싣고 어디론가 나르고 있었다. 토목 공사를 시작하면서 아무래도 지하에 암반이 나올 것 같다면서 큰 걱정을 했던 현장 소장님은 우려했던 암반이 나오지 않자 얼마나 좋아했는지 모른다.

이 학교 건축은 하나님이 건축하고 있는 것이 정말 맞는 모양이다. 어쩜 이렇게도 절묘할 수 있단 말인가? 건축 현장 소장님은 이렇게 빨리 건축이 되어 가는 것을 본 적이 없다고 했다. 사람이 하는 것이 아니라 하나님이 하시는 일이기에 그런 것이 아닐까? 암반이 나왔으면 암반을 깨기 위해 많은 시간을 할애해야 하고 소음도 굉장해서 많은 민원이 발생할 뻔 했는데 공사 기간도, 민원도 줄일 수 있게 되었다는 것이었다.

아내와 같이 공사 현장을 둘러보고 가지고 갔던 음료수를 소장님께 건네 드린 후, 그 자리에 서서 간절히 기도를 드렸다.

"하나님! '이 땅은 거룩한 땅이니 네 신발을 벗어라.'는 말씀을 기억하고 앞으로는 저의 삶이 주님 앞에서 의로운 삶을 살도록 노력하겠습니다. 주님의 말씀에 따라 이곳에서 하나님의 말씀과 기도로 양육하는 하나님의 학교와 교회를 시작하겠습니다. 이 지역의 땅을 모두 저희에게 허락하여 주시옵소서. 이 땅을 하나님의 거룩한 땅으로 만들어 나가겠습니다."

선교사님과의
만남

●   건축이 한창 진행 중이던 6월의 어느 날, 오전에 핸드폰이 울렸다. 최하진 선교사님의 전화번호가 눈에 들어왔다. 너무나도 반가워 얼른 전화를 받았다.

"선교사님! 평안하셨습니까? 언제 오셨습니까?"

"네. 교장 선생님! 방금 한국에 도착했습니다. 밀알두레학교 건축 소식이 궁금해서 도착하자마자 전화를 드렸습니다."

선교사님이 한국에 도착을 하자마자 밀알두레학교 건축 소식이 궁금해서 전화를 하셨다니 이 얼마나 기쁘고 감사한 이야기인가!

"감사합니다. 선교사님! 어제부터 터파기를 하고 있습니다. 지금 지하를 거의 다 파 가고 있습니다. 이게 다 선교사님의 기도와 관심 덕분입니다. 감사드립니다."

"아이고, 그게 다 왜 제 덕입니까? 여러분들이 수고하고 애쓰신 것이지요."

"아니에요. 선교사님이 제게 깃발 꽂고 기공식을 하고 건물 지은 이야기 들려주셨지 않았습니까? 선교사님이 하나님만 믿고 하나님 뜻에 따라 깃발 꽂고 기공 예배드리고 건물 지은 이야기를 들려주었을 때, 제가 마음으로 하나님의 음성을 들었거든요. 동일한 사진을 보여 주며 같은 내용의 이야기를 두 번씩이나 듣게 하는데도 넌 아직도 못 믿는 거냐고 제게 말씀하셨거든요. 그 말씀을 믿고 따라 나섰는데 정말 저도 6개월이 다 지나기도 전에 깃발을 꽂았고 이렇게 착공 예배를 드린 후 건물을 올리기 시작했잖아요. 이 얼마나 가슴 벅찬 일인지 모릅니다. 다시 한 번 감사드립니다."

나의 이 말에 "할렐루야!"를 말씀하시던 선교사님은 꼭 학교를 보고 싶다고 하셨다. 하나님의 능력의 현장을 보고 싶다고 했다. 그래서 선교사님 편한 시간을 알려 주면 한 번 구경시켜 드리겠다고 했더니 바로 다음 날로 약속을 잡으셨다. 선교사님도 빨리 보고 싶으셨나 보다.

건축 현장을 찾아온 선교사님

다음 날, 오후 5시가 조금 지나서 선교사님이 건축 현장에 오셨다. 이호훈 목사님과 신기원 목사님, 서영미 교감 선생님이랑 같이 나가서 선교사님을 만났다. 건축 현장을 둘러보시며 너무나도 흡족해 하셨다. 이호훈 목사님이 땅값과 건축비를 합하면 거의 50억 원 가까이 된다고 했더니 선교사님은 "하나님 앞에서 입을 크게 벌려야 한다."고 말씀하셨다. 그 말씀이 맞는 것 같다. 어쩌면 우리는 이 금액을 놓고 우리의 수준과 능력을 훨씬 넘는 비용 앞에서 스스로 위축되고 오므라들고 있는 건 아니었나 반성을 해 보았다. 살아 계신 하나님의 능력과 섭리를 믿는다면 입을 더 크게 벌려야 할 것 같다.

왕자궁 마을을 우리 밀알두레학교와 예수길벗교회로 사용하게 해 달라고 기도를 늘려야겠다고 다짐했다. 선교사님을 또다시 만나게 하신 하나님의 의도가 입을 더 크게 벌리라는 뜻인가 보다. 함께 나누는 저녁 식사마저 감사와 축복의 자리로 만들어 주셨다.

하나님께
믿고 맡긴다는 건?

● 　　　　　하나님께 믿고 맡긴다는 말의 의미는 무엇일까? 이른 새벽에 일어나서 말씀을 묵상하려는데 갑자기 내 마음 안에서 질문이 솟아나기 시작했다.

'내가 하나님을 믿는다고 말할 때, 믿고 맡기는 자의 자세는 과연 어떠해야 할까? 내가 무엇을 염려하고, 무엇을 걱정하고 있는가? 진정으로 믿는다면 걱정이나 염려가 있을 수 있을까? 완전히 믿지 못하니까 내 안에서 걱정과 염려가 일어나고 있는 것이 아닌가?'

내가 하나님을 믿는다면 내게서 걱정이나 염려가 없어야 한다. 하나님의 능력을 진정으로 믿고 있다면 이루어지는 것은 시간의 문제가 아닌가? 하나님이 이루어 주실 것을 분명히 믿는 자세가 무엇보다 중요하리라 생각이 들었다.

밀알두레학교를 세워서 하나님의 말씀과 기도로 온전히 양육하는 하나님의 학교로 만들어 가는 것이 하나님의 계획과 뜻에 의해 지금까지 이루어진 것이라면 학교 건축비 또한 하나님의 계획 속에 속하는 것이 아니겠는가? 하나님의 영역에 속하는 문제까지 내 문제로 가져와서 고민하고 걱정하는 것 자체가 하나님을 전적으로 신뢰하지 못하고 있음을 반증하는 것이리라.

베드로가 예수님이 물 위로 걸어오시는 것을 보고 자신도 걸을 수 있게 해 달라고 해서, 예수님이 허락하시자, 물 위를 걸을 수 있게 되었던 베드로가 주변의 파도를 보면서 무서워하다가 그만 물속으로 빠지는 장면이 떠올랐다.

두려워하고 염려한다는 것은 믿음이 없는 것이다. 하나님이 나에게 원하시는 것은 어떠한 의심이나 염려가 없는 절대적인 믿음이었다. 이 세상에서 이런 믿음을 가진 자가 있는지 하나님은 오늘도 찾고 계신다.
하나님을 기쁘시게 해 드릴 수 있는 그런 믿음을 갖고 싶다.

학교 건축
중단

●   우리가 가진 돈은 없었지만 건축은 예정대로 잘 진행이 되는 듯했다. 그러나 건축 공정이 진행되면서 무엇인가 알지 못하는 불안한 마음이 조금씩 밀려왔다.

특히, 건축을 도맡아서 진행하는 CM인 A학부모가 자꾸 거짓말을 하고 있다는 게 느껴졌다. 동일한 내용인데 내 앞에서 하는 말이랑 이승욱 실장님과 건축 현장 소장님에게 한 말이 다 달랐다. 이런 일들이 여러 번 생기면서 내가 의심이 된다고 목사님들이나 건축위원들에게 조용히 이야기를 했더니 모두가 다 믿지 않았다. 설마 학부모인데 그럴까 하는 반응들이었다. 그럼에도 불구하고 내가 계속 의심스런 부분을 언급했더니 건축위원들 중 몇몇 학부모님은 내가 CM인 A학부모를 미워하기 때문이라고 여기기 시작했다.

"교장 선생님이 CM인 A학부모님을 너무 미워하시는 것 같습니다. 설마 학부모인데 그럴리가 있겠습니까? 너무 미워하지 마세요."

이렇게까지 내게 말하는 것이었다. 그분들은 내가 단순히 미워하기에 그러는 줄로 오해하고 있었다. 그러나 나는 분명히 CM이 거짓말을 하고 있다는 것을 계속 느끼고 있었다. 의심스러운 것이 한두 가지가 아니었기 때문이었다. 이것을 CM이 눈치챘는지 나에게 이런 말을 했다.

"교장 선생님! 건축업자들은 다 사기꾼들입니다. 누구든 믿지 마세요."

나에게 이렇게 말을 했던 CM인 A학부모가 우리 모두를 속이고 있었다는 것을 알아차리는 데는 그리 오랜 시간이 걸리지 않았다.

2011년 8월 말에 건축 기성비를 지급해야 하므로 건축위원회는 학부모님들에게 건축 자금을 대여 받으려고 했었는데 상황이 여의치가 않았다. 그래서 건축위원회는 학부모님들에게 부담을 주지 않기 위해서 우선 대출을 받기로 했다. 대출 금액을 10억 원으로 정했다. 그래서 지인들을 통해 소개받은 국민은행과 신한은행 두 군데 지점에 대출 의뢰를 했다. 그런데 두 지점에서 모두 대출이 가능할 것처럼 말하면서 우리가 미인가 대안학교라는 이유로 이것저것 서류들을 보완해 달라고 해서 열심히 챙겨 주었다. 그런데 한참 시간이 흐른 후, 결국 두 군데서 대출 불가 판정이 나왔다. 그러는 사이에 날짜만 20여일이 후다닥 지나가 버렸다.

건축 CM을 맡고 있는 A학부모가 전화를 해 왔다. 두레교회 안수집사이면서 중소기업 전기회사를 운영하고 있는 C집사님이 하나은행 구리지점에 이야기를 잘 해 놓아서 우리에게 10억 원 대출을 해줄 용의가 있다는 것이었다. CM은 C집사가 전기회사를 운영하고 있어서 우리 학교 공사에서 전기 분야를 맡고 싶어 한다는 말을 전해 주었다. 그래서 C집사가 대출을 적극 알선해 준 것이라고 귀띔해 주었다.

우리는 우선 신용보증기금에서 10억 원 보증서를 끊었는데, 신용보증기금 대출 담당자는 신용보증기금이 8억 원 보증을 서는 것이기에 만약 잘못되면 하나은행에서는 2억 원만 책임을 지면 되는 것이니 대출이 용이할 것이라는 말도 덧붙여 주었다.

우리는 기도하는 마음으로 요청한 서류들을 만들어 하나은행 구리지점에 가져다 주었다. 이야기를 들어 보니 대체로 4~5일 정도면 심사 결과가 나온다고 했다. 그런데 그 날짜가 지나서도 대출 여부가 여전히 결정이 되지 않고 있어서 답답한 마음에 전화해 보니 계속 심사 중이라고 이야기하면서 추가 서류들을 요청해 오는 것이었다. 대출 심사 결과를 발표하는 날이 지났는데도 결과가 나오지 않아서 계속 지점장에게 전화를 넣었다. 그럴 때마다 지점장은 본사

심사부에서 심사 중이니 조금만 기다려 달라는 동일한 대답만 계속하는 것이었다. 지점장은 본점 심사부로 보냈는데 심사부에서 왜 이렇게 시간을 끌고 있는지 모르겠다는 말만 되풀이했다.

응답받지 못한 기도의 응답

선생님들에게는 이번에 꼭 대출이 되어야 한다고 특별 기도를 당부했었다. 그리고 나도 열심히 기도했었다.

"하나님 아버지! 우리가 대출 신청을 했습니다. 대출이 쉽게 이루어질 것이라고 했던 은행 두 군데에서는 심사 시간만 허비하고 결국 대출이 안 된다고 했습니다. 그래서 다시 하나은행에 대출 신청 서류를 넣었는데 대출이 지연되고 있습니다. 이번에도 대출이 안 되면 큰일입니다. 꼭 대출이 이루어지도록 인도하여 주시옵소서."

내가 그동안 살아오면서 이렇게 절실히 기도한 적이 얼마나 있을까 싶을 정도로 간절한 심정으로 기도했었다.

그러나 계속 시간만 끌고 대출 결과가 나오지 않았다. 그러다가 건축위원 학부모님 중에 은행에서 근무하는 분이 하나은행 본점 심사부의 대출 심사 자료들을 검색해 봤는데 이상하게도 우리 학교 이름이 누락되어 있다는 것이다.

어디선가 문제가 있는 것 같았다. 하나은행 구리 지점장이 우리에게 거짓말을 할 리도 없고, 그렇다고 하나은행 본점 심사부의 대출 심사 명단에 우리 학교 이름이 없는 것도 이상했다. 참으로 알 수 없는 일이었다. 그러고 있는 중에 대출 신청한 지 23일 만에 대출 불가 판정이 나왔다고 하나은행 구리지점장으로부터 연락이 왔다.

긴급히 선생님들을 불러 모으고 대출 불가 판정이 났다는 소식을 전하는데 나도 모르게 뜨거운 눈물이 흘러내렸다. 그리고 말을 다 맺지 못했다.

"선생님들! 우리가 그렇게 간절히 기도했건만 하나은행에서도 대출이 불가하다고 방금 연락이 왔습니다. 하나님이 참으로 무심하다는 생각이 듭니다. 하나님의 학교를 하게 하려면 돈을 주시거나 대출이 이루어지게 해야지, 우리가 돈이 부족해서 대출을 신청했는데 이것마저 막으시는 이유를 도대체 모르겠습니다…."

그때는 하나님이 정말 원망스러웠다, 막 소리 내어 크게 따지고 싶었다. 그러나 3일 후에 나는 우리에게 대출이 이루어졌더라면 정말 큰일 날 뻔했었다는 것을 알게 되었다. 우리 학교 건축 현장에서 대출이 이뤄지지 않는다는 것을 알고는 이 MK 건설회사가 공사를 중단하겠다고 협박을 해 왔던 것이다. 참으로 답답했다.

이때 학부모님 중에 대검찰청 수사관인 학부모님이 우연히 학교에 오셨길래 그동안 공사를 진행해 오면서 내가 의심스럽게 생각했던 부분들과 우리가 지급한 건축 자금이 하도급 업체에 지급되지 않고 있는 듯한 정황과 대출 불가 판정을 알고 공사를 중단하겠다고 협박해 온 것에 대해 이야기를 들려주었다. 이 이야기를 들은 아버님은 금방 전형적인 건축 사기라고 말해 주었다. 우리가 다 당한 것이라고.

대출 불가 판정을 받은 것이 오히려 은혜이며 하나님이 보호하신 것임을 알게 되었다. 이 MK 건설회사는 애당초 우리 학교 건축을 완공할 의사가 없었으며 건축을 하다가 대출이 이뤄지면 그 대출받은 것만 챙기고 공사를 중단하고 떠날 것이었다는 게 수사관인 학부모님의 판단이었다.

만약 그렇게 되었다면 하고 생각해 보니 아찔했다. 10억 원 대출 원금을 날리고 공사가 중단되면 우리는 10억 원에 대한 이자를 갚아야 하고 그러면서 다시 다른 업체를 선정해서 공사를 재개하려면 10억 원을 더 대출받아야 하는 상황이 생길 뻔했다. 그리고 이 모든 명의가 내 이름으로 되어 있었으니 나는 솔직히 알거지가 되는 아주 위험한 상황에 놓일 뻔했던 것이다. 문제가 발생하고 나서야 계약서를 보니 대출이 이루어지는 즉시 10억을 건설회사에 넘겨주기로 되어 있었다. 만약 대출이 이루어졌는데도 우리가 돈을 안 넘겨주면 계약 위반이 되고 이를 넘겨주면 이들은 그 대금을 공사 현장에 쓰지 않고 전용해 버린 후 도망갈 거니까 우리만 이중으로 손해를 보게 되었던 것이다.

하나님 아버지가 이를 미리 아시고 대출을 막아 주셨던 것이다. 3~4일이면 대출이 될 것이라고 모든 은행들이 대답을 했었는데 계속 대출 불가 판정을 받은 이유가 따로 있었던 것이다.

이 일을 겪으면서 내가 새롭게 알게 된 사실이 있다. 내가 하나님 아버지께 간절히 구했는데 응답받지 못하는 것은 내가 구하는 것이 나에게 해가 되거나 유익하지 않기에, 하나님 아버지가 이를 미리 아시고 응답해 주지 않으신 것이다. 나는 한치 앞을 미리 내다볼 수 없는 자이기에, 내 앞에 어떤 어려움과 위험한 상황이 놓여 있는지 모르니 열심히 기도하면서 하나님 아버지가 이끄시는 대로 살아가야만 한다는 것이다.

내가 수사관인 학부모님의 말을 듣고 얼른 건축위원들을 소집하고 학부모님으로 하여금 설명을 하게 했더니 모두들 그제서야 우리들이 속은 것인 줄 알고 황당해하거나 분하게 여기면서 대응책을 논의하기 시작했다.

건축위원회에서는 건축 중단을 선언하고 CM인 A학부모, 건설회사, CM이 데리고 온 설계사 모두가 한 통속으로 보고 이들을 내보내기 위해서 민·형사 소송을 준비하게 되었다.

하나님은 우리들의 간절한 기도 제목에 "NO!"라고 하시며 분명하게 응답을 해 주신 것이었다.

불행은
겸하여 온다

● 　　　　　　문제가 생기면 한꺼번에 몰아쳐서 올 때가 있다. 정신을 차릴 수 없을 정도로 밀려올 때가 있다. 나에게는 더 큰 문제가 다가오고 있었다. 어마어마한 큰 일이 내게 다가오고 있다는 것을 전혀 눈치 채지 못했었다.

내가 죽음의 문 앞에 가 보는 일을 경험하게 된 것이었다. 한 번도 상상해 본 적이 없는 일이었다. 너무나도 놀라운 일이다. 나는 1992년도부터 신장이 아프다는 것을 알고 있었다. 공무원 신체검사에서 재검이 나오면서 알게 된 것이다. 그 당시 '급성사구체 신염'이라고 진단이 나왔다. 그 후로 신장약을 먹으면서 살았지만 내가 투석을 받을 것이라고는 전혀 상상조차 하지 않았는데 2011년 11월 7일 월요일 저녁에 생전 처음으로 투석이라는 것을 받는 놀라운 일을 경험하게 되었다.

나는 신장이 안 좋기에 매년 3, 6, 9, 12월 이렇게 3개월마다 병원에 가서 피 검사도 하고 약을 받았다. 2011년 9월에도 피 검사를 하고 약을 받아왔었다. 그 시점에 우리 학교에서는 처음으로 중·고등 과정 아이들을 데리고 여주로 한 달간 이동 배움을 떠나는 활동을 시행하게 되었다.

학원 건물을 빌려서 학교로 사용하다 보니 좁은 공간에 덩치가 큰 중·고등학생들이 함께 지내게 되어 답답할 수도 있고, 학생들이 갑자기 많이 전학왔기에 이런 공동체 시간을 통해서 아이들과 선생님들이 정이 깊어지도록 하자는 의견들이 있어서 이런 이동배움을 생각했었던 것이다.

그때, 나는 중·고등 과정의 큰 아이들이 걱정이 되어 같이 여주로 내려왔다. 밤 12까지 아이들을 지도하고 교사회의를 마치면 거의 새벽 1~2시가 될 때가 많았다. 씻고 자면 새벽에는 6시에 일어나야 했기에 잠을 하루에 4시간 가량 밖에 못 잤다. 잠자리도 교회 마루 바닥이어서 무척 불편했다. 게다가 낮에는 건축 때문에 회의하러 남양주 건축 현장으로 올라왔다가 저녁 때 내려가기를 수없이 반복했다. 그때부터 신장이 망가지기 시작했는가 보다.

시간이 갈수록 식욕이 사라져서 과일 한쪽이나 포도 한 송이로 끼

니를 때울 때가 많았고, 식당에서 밥을 먹으면 1/3도 다 못 먹고 남겨야 했다. 죽을 먹으려고 죽집에 가서 절반만 달라고 했는데도 그것을 다 먹지 못하고 절반 이상을 남겨야 했다. 그러다 보니 한 달이 지났을 때 체중이 8kg 이상 줄어들었다. 종종 구토도 했었다. 이것이 신장이 망가지는 증상이었다는 것을 나중에 의사 선생님의 설명을 듣고 알게 되었다. 나는 그런 줄도 모르고 단순히 그냥 속이 안 좋은 것이라고만 생각하고 있었으니….

한 달 만에 '여주 이동배움'의 일정을 다 마치고 학교로 돌아오니 만나는 이들마다 나의 안색이 안 좋아 보인다는 말들을 하기 시작했다. 이 말도 한두 번이지 계속 그 말을 듣게 되니 부담스러워서 괜찮다는 것을 보이기 위해 10월 24일 일부러 병원으로 가서 피 검사를 했다.

신장 투석을 받다

2011년 11월 7일은 고대 안암병원에 피 검사 결과를 확인하러 갔던 날이다. 의사 선생님이 내 차트를 보더니 대뜸 어떻게 이 수치로 살아 있었느냐고 물었다. 나는 농담하는 줄 알았다. 의사 선생님이 조금만 늦었으면 큰일 날 뻔했다고 했다.

"신장의 기능을 재는 수치 중에 크레아틴(Creatine)이라는 것이 있습니다. 성인 남자의 경우 0.8~1.2mg/dl이 정상이고, 성인 여자는 0.6~0.9mg/dl을 정상으로 봅니다. 수치가 6~8mg/dl이 넘어가면 투석을 고려해 보고 10mg/dl이 되면 이식을 권유합니다. 다만, 개인 차이도 있고, 신장 수치만이 아니라 다른 검사도 해서 종합적으로 판단하게 되지요. 그런데 환자 분은 지금 크레아틴이 24mg/dl가 나왔어요. 최근에 이렇게 높은 수치는 처음이에요. 그리고 빈혈 수치 즉, 헤모글로빈 수치는 남자가 14~18g/dl이 정상인데 환자 분은 4g/dl도 안 됩니다. 이 정도 수치라면 어지러워서 걸어 다닐 수가 없거든요. 당장 입원해서 응급조치를 취하셔야 합니다."

"선생님! 저는 멀쩡합니다. 다들 안색이 안 좋다고 해서 괜찮다는 것을 보여 주려고 온 것입니다. 지금 학교 건축이 중단된 상태여서 해결해야 할 일이 산더미처럼 쌓여 있어 입원할 수가 없는 형편입니다. 외래 진료만으로는 안 될까요?"

이 말을 들은 선생님은 한심하다는 듯 나를 쳐다보더니 이렇게 말씀하셨다.

"환자님! 지금 입원하지 않으면 1주일 안에 중환자실에서 나를 만나게 됩니다. 장담합니다. 빨리 입원해 치료를 받아야 합니다."

잔뜩 겁을 주길래 어쩔 수 없이 학교로 돌아와 목사님들과 선생님들에게 상황을 이야기하고 집에 들러 준비물을 갖춘 후 병원으로 가서 입원하였다. 그날 밤에 나는 난생 처음으로 투석이라는 것을 받게 되었다.

　만약에 그 당시에 내가 사람들의 염려를 듣고도 병원에 안 갔더라면 지금처럼 이렇게 살아 있을 수 있었을까 생각해 보면 아찔해진다. 하나님은 사람들의 입을 통해 나로 하여금 병원에 가서 검사하도록 이끌었고, 투석을 받게 함으로써 나의 생명이 연장되도록 하셨다는 것을 한참 시간이 지나서야 깨닫게 되었다. 나는 이 일 이후로 나의 생명을 구해 주시고 삶을 연장해 주신 하나님께 감사와 찬양을 날마다 올려 드리며 살고 있다.

기도로!
믿음으로!

● 　　　　　　입원하고 투석을 받게 되자, 병원에서는 투석에는 복막 투석과 기계 투석, 혈액 투석 세 가지 방법이 있는데 그중에서 어떤 것으로 할지 하나를 선택하라고 하였다. 나랑 같이 투석 때문에 병원에 입원해 있는 주변의 환자들은 전부 다 복막환자들이었다. 이분들은 내게 복막 투석을 권유했다. 그런데 가만히 보니 이들은 복막 투석을 하다가 복막염이 생겨서 다시 병원에 입원해 치료를 받는 분들이었다. 설명을 들어 보니 복막 투석은 위생상 복막염이 잘 생긴다고 했다. 그리고 복막 투석은 한 번에 5~6시간 동안 투석액을 복강에 저류시켰다가 제거하는 과정을 하루에 4회 반복해야 하는 것이었다. 기계 투석은 집에다가 투석 기계를 설치해 두고 매일 밤마다 잠자리에 들면서 아침에 일어날 때까지 투석을 하는 것이었다. 생각해 보니 복막 투석이나 기계 투석을 선택하면 절대로

잠은 집에서만 자야 하고, 지방 출장이나 해외 출장은 엄두를 낼 수가 없겠다 싶었다.

그래서 어쩔 수 없이 혈액 투석으로 결정하였는데 이 방법은 병원에 가서 주 3회 4시간 가량 투석을 받는 것이었다. 병원에서 투석을 받으면 간호사 선생님들이 직접 모든 것을 위생적으로 해 주기에 감염이 될 가능성이 낮으며 집에서 직접 우리가 하지 않아도 될 것 같았다. 다만 불편한 것은 주 3회 4시간 동안 병원에 가서 침대에 계속 누워 있어야 하고 투석 받기 1시간 전에 병원에 가야 하고, 끝나고 정리하고 돌아오는데도 1시간 정도는 할애해야 하는 단점이 있었지만 세 가지 방법 중에서 내게 가장 잘 맞는 방법이라 여겼다.

혈액 투석을 선택한 것은 지금에 와서 생각해 봐도 참 잘한 것이라 여겼다. 지금까지 6년 1개월이 넘도록 혈액 투석을 받아오고 있지만 하나님의 은혜로 4박 5일 정도의 일정이라면 투석 일정을 조율해서 외국도 다녀올 수 있고 국내 출장도 자유롭게 다녀 올 수 있으니 나에게는 최고의 선택이었다고 생각이 된다.

신장 이식

투석을 시작한 다음 날, 의사 선생님이 나에게 나이가 젊으니 투석을 계속 받기보다는 이식을 받는 것이 어떤가 하고 권유를 해 왔다. 나도 생각해 보니 계속 투석을 받는 것보다는 이식을 하면 좋겠다는 생각이 들었다. 그때 누나가 이식을 해 주겠다고 해서 고마운 마음으로 검사를 했었다. 의사 선생님은 누나와 나의 검사 결과가 99% 일치한다고 했다. 형제 관계는 50%만 일치해도 성공 확률이 높은데 99%는 자기 피나 다를 바 없다며, 너무 잘 되었다는 말을 덧붙여 주었다. 그리고 신기한 것은 이식 수술을 하게 될 때 집도하실 의사 선생님은 바로 우리 학교의 학부모님이셨다. 내가 병원에 입원하기 1주일 전에 자녀가 우리 학교에 편입하게 되면서 학부모가 되신 분이었다. 나는 하나님이 이 모든 것을 미리 다 아시고 준비를 해 놓으신 것처럼 여겼고 감사한 마음이 들어서 이식 수술을 받을 날만 기다리게 되었다.

신장 이식을 거부하다

투석을 받은 지 3일째 되는 날인 수요일 저녁에 고대 안암병원 안에 있는 예배실로 수요 예배를 드리러 갔었다. 예배를 드리던 중이었는데 갑자기 내 마음 속에서 이런 생각이 솟아났다.

'나는 아이들에게 하나님이 살아 계심을 가르치는 교사인데 내가 이렇게 이식 수술을 받고 아이들 앞에 서서, '얘들아, 이렇게 이식 수술을 잘 받고 건강한 모습으로 돌아왔다. 하나님께 감사드린다.'고 말하면 아이들은 어떤 반응일까? 어른들이야 이식 수술 자체가 어려운 수술인 것을 아니까 이식 수술이 성공적으로 잘 된 것도 하나님의 은혜라 여기고 당연히 아멘으로 화답하겠지만 한참 비판의식이 뛰어난 사춘기 시절의 아이들은 하나님이 그렇게 능력이 많으시고 죽은 자도 살리는 분이라면 그냥 살려 주시지 하나 밖에 없는 누나에게서 신장을 떼어서 살게 하시냐고 비판하는 아이가 있지 않을까?'

이런 생각이 갑자기 들자 나도 모르게 이렇게 기도가 나오기 시작했다.

"하나님 아버지! 저는 하나님은 지금도 살아 계셔서 치료하시는 분이심을 아이들에게 가르치고 싶습니다. 저의 몸을 고쳐 주시옵소서. 신장을 깨끗하게 고쳐 주셔서 아이들에게 치료하시는 하나님, 살아 계신 하나님을 가르칠 수 있는 도구로 저를 사용하여 주시옵소서. 저는 이제 이식을 받지 않겠습니다. 하나님 아버지가 고쳐 주실 줄 믿고 믿음으로 나아가겠습니다."

예배를 마치고 나오는 길에 옆에 있던 아내에게 예배 중에 이런 생각이 들어서 이식 받지 않겠다고 기도를 드렸다고 하니까 아내가 걱정하며 반대하기보다는 흔쾌히 동의하면서 우리가 기도로 나아가자고 해 주었다. 만약 아내가 말도 안 되는 소리를 하느냐고 하면서 강하게 반대를 했다면 이를 설득시키는데 많이 힘들었을 텐데 동의를 해 주어서 너무나도 고마웠다.

내가 신장 이식을 안 받겠다고 하자 병원에서는 난리가 났다. 학부모인 의사 선생님도 놀라서 뛰어 왔다. 의사 선생님들과 간호사 선생님들이 왜 이식을 안 받으려고 하느냐고 했다. 그래서 예배 중에 하나님이 고쳐 주실 것이라는 믿음이 생겨서 기도로 가겠다고 했더니 난리였다. 다음과 같이 말한 의사 선생님도 있었다.

"환자님! 하나님이 다른 것은 다 하셔도 신장만큼은 못 고칩니다. 의학적 지식과 상식으로는 한번 망가진 신장은 절대 회복이 되지 않는다고요."

이 말을 들으면서 나는 속으로 기도했다.

"하나님! 의학적 지식과 상식을 뛰어 넘는 초자연적인 기적을 이들에게 보여 주시옵소서. 하나님은 살아 계시며 온 우주 만물을 창조하시고 사람의 몸을 직접 지으신 분이라는 것을 세상 모든 사람들이 알도록 저를 그렇게 도구로 사용하여 주시옵소서."

많은 분들이 계속 나를 이해시키려고 찾아왔다. 그때 나의 마음 속에는 내가 예배 중에 들었던 생각이 단순히 나만의 생각이나 바람인지 아니면 하나님이 진정 나를 고쳐 주시고 싶으셔서 나에게 넣어준 생각인지 알고 싶어졌다.

하나님의 뜻을 구하다

한 달 전에 아내가 상담 받으러 가는 줄 알고 아내 보호자로서 일산 나눔교회 한창현 목사님을 만나러 갔다가 이분이 은사를 받은 분이라고 알게 되었다. 그래서 목사님의 기도를 받게 되면 하나님이 이 목사님의 입술을 통해서 내가 이식을 받는 것이 하나님의 계획인지, 아니면 하나님이 직접 나를 고쳐 주실 것인지 알 수 있을 것 같았다. 하나님의 뜻을 알기만 하면 어떤 길인지 순종하고 싶다는 마음이 강하게 일어났었다. 다행히 한창현 목사님과 한 달 전에 약속을 잡아 놓았던 날이 그 주 토요일이었다. 그래서 목사님을 만나 기도를 받아 보면 하나님이 기도를 통해 나에게 분명히 답을 주실 것이라는 생각이 들었다.

그런데 병원에 입원해 있기에 토요일에 외출이 가능할지 몰랐다. 외출 신청을 했더니 응급으로 오른쪽 허벅지에 투석관을 만들어 놓았는데 이것은 일주일용이고 이를 빼내고 오른쪽 가슴 쪽에 투석관을 넣는 시술을 토요일에 하려고 날짜를 잡았다고 했다. 그래서 이를 월요일로 연기해 달라고 부탁했다. 금요일 오후에 투석관만 뽑고 오른쪽 가슴에 투석관을 넣는 시술은 월요일에 해 달라고 했다. 나는 하나님이 내 신장을 고쳐 주신다면 오른쪽 가슴에 투석관을 넣을 필요가 있을까 싶었다. 고쳐 주실 줄 믿고 오직 기도로만 나아가야겠다는 생각이 들었기 때문이었다.

나의 외출 신청을 병원측에서 잘 받아들여 주고 모든 것이 순조롭게 진행이 되기에 목사님을 만나서 기도 받는 것을 하나님이 원하시는 것으로 여겼다. 그런데 금요일 오후가 다 되었는데도 허벅지 투석관을 뽑아내는 시술을 받으러 내려오라는 연락이 없었다. 그래서 왜 연락이 없느냐고 했더니 시술을 받는 이들이 많아서 그런 것 같다고 기다려 달라고 했다. 결국 금요일 4시가 다 되어 가는데도 연락이 없었다.

'혹시 다음 날로 연기된다는 연락이 오면 어떻게 하나? 그럼 외출이 안 되는데….'라는 생각이 들면서 불안한 생각이 밀려왔다. 그래서 기도하기 시작했다.

"하나님! 내가 이번 주 토요일에 가서 한창현 목사님을 만나서 기도를 받으며 하나님 아버지의 뜻을 구하고 확인하고자 하는 것이 맞는 것이라면 어떤 상황에서도 병원 외출이 되고 일산에 가서 기도를 받고 올 수 있게 하소서."

이렇게 기도를 드렸더니 오후 4시가 지나서야 연락이 와서, 투석관을 뽑아내는 시술을 받으러 내려갔다. 응답이 이루어졌다고 생각하니 시술을 받으면서도 너무나도 감사의 기도가 흘러 나왔다.

고쳐
주리라

●   우리 교회 심현규 집사님이 차를 갖고 오셔서 아내와 같이 한창현 목사님을 만나러 일산으로 갔다. 가는 길에 멜론(melon)에서 흘러나오는 찬송과 CCM을 따라서 부르는데 갑자기 "내가 너를 도우리라" 찬양이 흘러 나왔다. 마치 가사 내용이 나를 위한 찬양 같았다. 하나님이 나에게 주신 노래라는 생각이 들어서 그때부터 지금까지 수백 번 넘도록 따라 부르는 찬양이 되었다. 내가 투석을 받은 이래로 가장 많이 불렀고 부를 때마다 힘과 용기를 얻은 CCM이 두 곡이 있다. 바로 "내가 도우리라"와 "반드시 내가 너를 축복하리라"이다. 이 곡들은 나를 위로해 주기 위해 만든 곡이라는 생각을 하고 있다.

이 찬양을 따라 부를 때면 마치 예수님이 나에게 말씀하시는 듯한 착각이 든다.

고쳐 주시겠다는 약속의 말씀

목사님께 기도를 받는데 하나님이 놀랍게도 내 신장을 고쳐 주시겠다고 하시는 것이었다. 나에게 믿음을 들고 서 있으라고 하셨다. 내가 있어야 기적을 베풀 수 있다고. 나를 통해서 하나님의 영광을 드러내 주시겠다는 약속의 말씀을 주셨다. 너무나도 기쁘고 감사했다. 심지어 하나님은 내가 나중에 목사님이 기도해 주신 것에 대해 의심할까 봐 아무도 모르게 나 혼자만 조용히 기도해 오던 내용을 갖고 증거로 말씀해 주셨다. 이 말씀을 들으면서 깜짝 놀랐다. 하나님이 내가 조용히 마음속으로 기도해 오고 있었던 것들을 다 듣고 계셨음을 알 수 있었다.

나는 지난 날, 단 한 번도 오래 살게 해 달라는 기도를 한 적이 없었다. 그저 하나님이 정한 수명만큼만 살다가 천국에서 오래 살고 싶다고 기도했었다. 그런데 하나님은 이것을 갖고 내게 말씀하셨다.

"너는 내게 오래 살게 해 달라고 기도하지 않았다. 내가 정한 수명만큼만 살다가 천국에 가겠다고 했다. 그러나 나는 네가 오래 살기를 원한다. 네가 생명을 포기하지 않는 한, 내가 네 생명을 거두지 않겠다."

나는 그날 이후로 지금까지 6년 1개월이 넘는 시간을 투석 받아오면서 단 한 번도 하나님이 내 신장을 고쳐 주시겠다는 약속의 말씀에 대해 의심해 본 적이 없다. 앞으로도 계속 그날이 속히 오게 되길 기대하면서 인내심을 갖고 기다릴 것이다. 악한 대적이 의심을 불어 넣으려 여러 번 시도하면서 애를 썼지만 그때마다 나는 이를 밀쳐내면서 믿음으로 한 걸음씩 걸어왔다. 나는 하나님이 분명 나의 신장을 고쳐 주실 것이라 믿는다.

나는 그때가 언제인지는 알 수 없지만 신실하신 하나님 아버지가 반드시 그 약속의 말씀을 이루어 주시리라 확신한다. 아브라함이 바랄 수 없는 중에도 하나님이 아들을 주시겠다고 한 약속을 믿었을 때에 100세에 아들을 얻었던 것처럼 하나님 아버지의 영광이 최고로 높이 드러나게 될 그 시점에 나를 반드시 고쳐 주시리라 나는 그렇게 믿는다.

퇴원하고서 한 달 후에 세 번째로 목사님을 만났던 날에 하나님은 우리 부부에게 멋진 말씀들을 들려주시며 아버지의 사랑을 다시 한번 확인해 주셨다.

"하나님! 이들을 재조정해 주시고 다시 창조하여 주시옵소서. 주님! 감사합니다. 주께서 내가 너를 새롭게 할 것이다. 네 인생이 새로워지게 될 것이다. 너의 삶이 새로워질 텐데 그전에 너의 가정이 새롭게 되어야 하기 때문에 내가 너에게 이런 일을 이루고 있음을 기억하라. 너의 가정이 새롭게 되어질 것이다. 너의 아이들이 새롭게 되어질 것이다. 너의 관계, 부부관계가 이전에 알지 못했던 새로움의 단계로 나아가게 될 것이다.

그리고 새로운 일을 행하는 자, 새 역사를 쓰는 자로 내가 너희를 사용할 것을 기억하라. 삶을 치료하는 사역이 되어질 것이다, 마음을 치료하고 삶을 치료하고 언어를 치료하고, 몸의 질병을 치료하는 그리고 가정의 사역이 너희들에게 일어나게 될 것이다. 너희들이 누구를 만나든지 그 가정을 치료하고 그 가정의 잘못된 구조를 또 바로잡게 될 것이다. 그 가정에 일어나는 자녀들의 문제들을 너희들이 아주 효과적인 처방을 통해서 그들을 세워 나가게 될 것이다. 너희들이 지나간 자리마다 가정이 회복될 것이며, 사막 같은 가정, 그 가정이 푸르름이 있는 초장으로 바뀌어지게 될 것이다.

주님! 감사합니다. 주님! 너희들이 언제나 내가 너희를 사랑하는 것을 항상 잊지 않기를 원하느니라. 그것을 빼앗으려고 대적이 항상 시도하고 있지만 내가 너희를 정말로 사랑하고 있음을 기억하라. 내 사랑이 너희에게 단절된 것처럼 느껴지는 때가 있을 것인데 두려워하지 말라, 내 사랑에서 끊을 수 있는 것은 아무것도 없음을 기억하라. 로마서 8장 31절 이하의 말씀을 묵상하라. 그 무엇도 그 누구도 내가 너희를 사랑하게 한 그 사랑에서 끊을 수가 없는 것을 기억하라. 너희들에게 많은 사랑의 축복이 있을 것이다. 사랑의 통로가 되어질 것이다. 너희를 통해서 많은 사람이 세워지게 될 것이고, 그 사랑에 감격하는 자들이 있게 될 것이고, 같이 밥을 먹다가도 내 사랑, 내가 그들을 향한 사랑을 알게 되어짐으로, 그들이 울며불며 통곡하며 나의 사랑에 감격하게 되는 일이 있게 될 것이다. 너희들이 그 사랑의 통로가 되어질 것이다.

주님! 감사합니다. 주님! 이 아들의 신장을 주님이 치료해 주시는 것을 감사합니다. 하나님! 치료해 주심을 감사합니다. 이 시간 예수의 이름으로 신장이 온전케 되어질지어다. 예수님의 보혈로 그 신장은 정결케 될지어다. 그 신장은 재생되어져서 온전해지고 그 신장은 온전케 될지어다. 그 신장이 온전하게 깨끗하게 되고 깨끗하게 될지어다. 감사합니다. 주님의 보혈로 다시 덧씌워질지어다. 우리 하나님은 없는 것을 있는 것 같이 부르시는 하나님이십니다. 이미 닳아 없어진 것들도 주께서 회복시키시는 하나님이십니다. 주님! 역사하옵소서. 주님! 이 시간 신장을 깨끗하게 하옵소서. 주님! 신장을 더 만져 주세요. 더 만져 주세요. 더 온전케 하시고 온전케 하옵소서. 주님! 역사하옵소서. 주님! 역사하세요. 아버지!

이 아들에게 아버지의 사랑을 부어 주시는 것을 감사합니다. 아버지의 사랑! 하나님 아버지의 사랑. 부어 주시옵소서. 주님 감사합니다. 그 사랑에 감격하게 하시고 그 사랑에 깊이 잠들게 하시고 그 사랑이 닿는 곳마다 다 살게 하시고 풍요가 있게 하시고, 아버지 그 사랑이 닿는 곳마다 기적이 있게 하시고 영혼의 살림이, 생명의 살림이 있게 하시고 가정의 회복들이 있게 하옵소서. 감사합니다.

오른쪽 왼쪽에 있는 신장을 다 만져 주시고 예수의 이름으로 모든 장기들이 생명으로 가득 채워질지어다. 예수 이름으로 모든 장기들에 생명이 채워지고 채워질지어다. 내가 곧 길이요, 생명이라고 예수님이 말씀하셨으니 이 시간 아들 가운데 충만하시고 충만하소서. 생명으로 모든 장기들이 충만해지고 신장이 생명으로 충만해질지어다. 신장에 역사했던 악한 것들은 호흡을 통해서 빠져나갈지어다. 예수의 이름으로 명하노니 신장에 역사했던 악한 것들은 이제 빠져나갈지어다. 성령의 불로 태워질지어다. 완전히 소멸될지어다. 예수의 이름으로 선포하노니 말씀이 이루어질지어다. 이루어지고 속히 이루어질지어다. 감사합니다. 하나님! 주님! 감사합니다. 이 아들을 더 축복하시고 세워 주시옵소서.

예수님 이름으로 기도합니다. 아멘!"

신기한
신장 투석관

●　　　　　　　오른쪽 허벅지에 박았던 투석관은 1주일 만에 빼내고 대신 오른쪽 가슴 쪽에 투석관을 넣는 시술을 해야 했다. 시술을 받으러 수술실로 내려갔다. 허벅지에 투석관을 넣는 시술은 간단한 것이어서 간호사실에서 의사 선생님이 30분 만에 끝냈는데, 가슴에 투석관을 넣는 것은 큰 시술이라고 수술실에서 해야 한다고 했다.

난생 처음으로 수술실에 들어가 보았다. 내려갈 때 옆의 환자들이 자기가 시술을 받을 때 무척이나 아팠다고 잔뜩 겁을 주어서 긴장을 하면서 내려갔었다.

'도무지 얼마나 아픈 걸까? 큰 시술이라 수술실에서 한다는데 많이 아프겠지?'라고 생각하면서 긴장한 상태로 침대에 누웠는데 갑자기 초록색 천을 얼굴부터 가슴까지 덮어씌우더니 부분 마취를 한다

고 했다. 그래서 의사 선생님에게 많이 아프냐고 물었더니 조금 아
플 수도 있을 거라고 말을 해 줘서 더욱 긴장이 되었다.

그러나 잠시 후에 조금 따끔하더니 몸에 뭔가를 끼우는 듯한 느
낌이 들었다. 그러나 그 뒤에 별 다른 증상이나 통증이 없어서 언제
부터 아프게 되나 긴장하고 있는데 초록색 천을 걷어 내더니 시술이
다 끝났다는 것이었다. 무척이나 아프다고 해서 긴장했는데 너무나
싱겁게 끝이 났다.

투석관을 넣는 시술을 받고 올라오니 의사 선생님은 시술 부위가
밤새 뻐근하거나 통증이 올 수 있다고 조심하라고 해서 언제 통증이
오려는지 걱정하면서 기다리다가 그냥 하룻밤을 지새웠다. 그러나
의사 선생님이 말씀하신 통증 같은 것이 느껴지지 않았다. 참으로
신기했다. 내가 아플까 봐 많이 염려하니 하나님이 나를 측은히 여
기셔서 아프지 않도록 미리 조치를 취해 주셨나 하는 생각이 들 정
도였다.

오른쪽 가슴에 넣어 둔 투석관은 오래 사용해야 1년도 사용하지
못하고, 영구적으로 투석하는 사람들은 팔뚝에 혈관을 만들어서 그
곳을 통해 투석을 한다고 했다. 의사 선생님은 내가 퇴원해서 외래
병원을 통해 투석을 받게 되거든 팔뚝에 영구 혈관을 빨리 만들고
그곳을 통해 투석을 하라고 말해 주었다.

흔들리지 않는 믿음으로

고대 안암병원에서 퇴원을 하고서 호평동의 학교 근처에 있는 일반 개인 병원을 이용해서 투석을 받기 시작했다. 당연히 병원에서는 언제 혈관을 만들 것이냐고 질문을 해 왔다. 그래서 의사 선생님에게 하나님이 고쳐 주실 줄 믿고 나갈 거라고 혈관은 안 만들겠다고 했더니 무척이나 난감하게 여기면서 계속 설득해 왔다. 오른쪽 가슴에 박힌 투석관은 심장과 가까워서 위험하고, 염증이 생기거나 감염이 될 가능성이 높다고 하루 빨리 팔뚝에 혈관을 만들어야 한다고 했다. 혈관을 심어도 자리 잡는데 3개월이 지나야 투석이 가능하다고 하면서 만약에 오른쪽 가슴에 넣은 투석관이 막히면 어떻게 하느냐고 난리였다. 만약을 대비해서라도 팔뚝에 혈관을 만들어 두자고 했다.

그러나 나는 하나님이 고쳐 주시겠다고 약속하셨는데 만약을 생각해서 팔뚝에 혈관을 따로 만드는 것은 믿음의 후퇴라는 생각이 들었다. 그래서 끝까지 우기면서 버텼다. 그랬더니 나중에는 이 병원에서도 나를 마치 정신병자를 대하는 듯한 반응을 보이기도 했었다. 하도 강요를 해서 나는 이렇게 말했다.

"오른쪽 투석관이 완전히 막히면 하나님이 투석관을 교체하라고 하시는 것인 줄 알고 투석관을 뽑고 다시 새롭게 투석관을 심는 것까지는 하겠습니다. 그러나 어떤 일이 있더라도 팔뚝에 혈관을 만드는 것은 하지 않겠습니다."

내가 워낙 단호하게 말하니 의사 선생님도 포기했는지 더는 이야기하지 않았다. 의사 선생님과 간호사님들끼리는 나를 두고 어리석고 고집이 세다고 얼마나 말을 많이 주고받았을까 싶다.

그런데 투석을 받기 시작한 지 1년 정도가 지났을 때부터 투석이 진행될수록 나를 보면서 간호사 선생님들이 신기하다는 말을 많이 해 주었다.

"어쩜, 투석관 관리가 이리도 깨끗하게 잘 되세요? 투석관 주변에 반창고를 많이 붙이니까 피부 트러블도 일어나고 많이 가려워하는 환자분들이 있는데 정기원님은 그런 증상도 없고 참으로 신기하네요."

하나님은 내가 투석 받는 것을 무척이나 안쓰럽게 여겨서 그런지는 몰라도 내가 투석 받을 때 전혀 힘들지 않게 해 주고 계신다. 솔직히 나는 투석 받으러 갈 때 쉬러 간다는 생각이 많이 든다. 4시간 동안 침대에 그냥 누웠다가 쉬고 돌아오는 느낌이니까. 투석 받고 바로 학교로 와서 근무를 하거나, 외국을 가야 할 때는 새벽에 투석을 받고, 곧장 인천공항으로 가서 비행기를 타기도 했다. 이런 나를 보고서 우리 학교 선생님들은 너무나 신기하다고 여기며, 하나님의 은혜에 감동을 받곤 했다. 나 역시 내 주변의 다른 환자들이 힘겹게 투석을 받는 것을 보면서 너무나도 편안하게 투석을 받게 하시는 하나님 아버지의 은혜가 감사하고 놀랍기만 하다.

1년도 채 사용하지 못한다는 투석관을 2017년 12월 현재, 6년 1개월이 넘도록 사용하고 있다. 병원에서는 다들 기적이라고 한다. 이렇게 투석관을 오래 사용한 것을 본적이 없다고 말한다. 언제 하나님이 이 투석관을 뽑아내고 하나님 아버지의 영광과 능력을 드러내실지 정확한 날짜는 모르지만 반드시 이루어지리라 믿고 그날을 기대하면서 하루하루 믿음으로 살아가고 있다.

"새롭게 하소서"에
출연하다

●   내가 간절히 구했던 기도 내용을 나는 잊어버려도 하나님은 잊지 않고 기억하셨다가 때가 되면 그 기도를 이루어 주신다는 것을 경험을 통해 깨닫게 된 적이 있다.

청년 시절에 했던 기도 제목이 많은 시간이 흐른 후에 현실로 이루어지리라고는 꿈에도 생각해 본 적이 없었다. 그 당시에는 그냥 막연히 꿈꾸어 본 꿈에 불과한 것이었으니까….

26년 만에 이루어진 기도 응답

그런데 지금으로부터 약 32년 전, 1985년 대학교 입시 전형에서 떨어진 나는 재수를 하고 있었다. 서울의 남영동에 있는 한 학원의 종합반에서 공부했다. 공부를 마치고 밤늦게 제기동 자취집으로 돌아올 때, 전철 안에서 CBS 라디오로 "새롭게 하소서"라는 간증 프로그램을 자주 듣게 되었다. 간증하러 나온 사람들의 이야기를 들으면서 참으로 그분들의 믿음이 부럽기도 하고, 어떻게 그렇게 힘든 상황인데도 흔들림 없는 믿음으로 극복해 냈을까 궁금하기도 했었다. 그러면서 나도 모르게 나도 언제일지는 모르지만 이 라디오 프로그램에 나와서 간증하면서, 하나님이 어떻게 나를 도우셨고, 어떤 선한 손길로 나를 인도해 주셨는지 간증할 수 있었으면 좋겠다는 생각을 가져 본 적이 있었다. 이 라디오 방송을 통해 수많은 간증을 들으면서 나의 소망은 자연스럽게 기도로 만들어졌다.

그런데, 다음 해에 대학에 입학하면서 라디오를 들을 기회가 별로 없어서 그냥 잊어버리고 말았다. 그로부터 딱 26년 만에 나의 소망이 현실로 이루어지는 놀라운 일을 경험하게 되었다.

2011년 11월 17일, 투석을 받으면서 고대 안암병원에 입원하고 있을 때였다. CBS TV 방송 "새롭게 하소서"의 작가라고 하면서 전화가 왔다. 그러면서 1시간 가까이 나에 대해서 질문을 해 왔다. 그래서 친절하게 질문에 답을 했더니 전화 통화를 마무리하면서 일단이 내용을 갖고 회의를 한 후에 승인이 나와야 녹화가 결정이 된다고 했다.

전화를 끊고서 병실로 들어왔더니 아내가 무슨 통화를 이리도 길게 하느냐고 물었다. 그래서 CBS TV 방송 "새롭게 하소서"의 작가가 전화를 해 왔다고 했더니 아내가 이렇게 말했다.

"자기처럼 성경도 제대로 안 읽는 사람이 간증 프로에 나가서 무슨 이야기를 하려고 그러지?"

마치 농담처럼 흘리면서 하는 말인데 나는 그 말이 그냥 농담으로만 들리지 않았다. 그래서 다음과 같이 말했다.

"응! 그런데 작가가 하는 말이 나랑 통화한 내용을 갖고 회의를 해서 녹화 승인을 받아야 한다네. 그래서 나도 들어오면서 기도를 했어. 내가 간증 프로에 나가서 간증하는 것이 하나님의 계획 안에 들어 있는 일이면 성사시켜 주시고 나의 믿음이나 신앙 상태로 간증하는 것이 아직 시기상조라면 회의에서 승인을 받지 않게 해 달라고 기도하고 왔어."

사실, 작가와 통화하고서 입원실로 들어오면서 제일 먼저 했던 것이 기도였다. 내가 생각해도 그렇게 간증할 수준은 아니라고 느껴졌었기 때문이었다.

그런데 3일이 지나서 연락이 왔다. 2011년 11월 24일, 방송 녹화가 결정되었다고 했다. 나는 그때 무지 기뻤다. 내가 방송에 나간다고 하는 것보다 하나님이 나의 믿음과 신앙의 수준을 인정해 주신 것으로 여겼기 때문이었다.

녹화하기로 한 날 약속 시간보다 2시간 먼저 방송국으로 달려갔다. 나보다 먼저 간증하는 분들이 있어서 녹화를 어떤 방식으로 하는지 궁금해서 구경하러 먼저 갔었던 것이다.

겸손의 의미를 알게 하신 하나님

앞 사람이 하는 간증을 보면서 하나 깨달은 것이 있다. 간증은 하나님이 어떻게 나를 사용하셔서 어떤 멋진 일을 이루었는지를 나눠야 하는데 자칫 잘못하면 자신을 드러내고 자랑하며 자기가 일을 이룬 것처럼 소개할 수가 있을 수 있다는 것을 알았다.

그래서 간증을 많이 하는 사람일수록 더욱 겸손해지고 낮아지려고 노력하지 않으면 자신도 모르게 하나님 앞에서 교만해질 수 있겠구나 하는 생각이 들었다. 종종 겸손을 말하면 겸양지덕(謙讓之德)으로 이해하는 이들이 있다. 그러나 겸손을 성경에서는 단순히 자신을 낮추는 겸양지덕으로만 해석하지 않는다. 한 단계 더 나아가 이 일은 내가 한 것이 아니라 하나님이 하셨고 그저 나는 도구로만 쓰임 받았다고 여기는 것이 겸손인 것이다. 그러니까 성경에서 말하는 교만은 하나님이 하신 것이 아니라 내가 했다고 여기는 것이다.

미리 2시간 일찍 나가서 다른 분의 간증 녹화를 지켜보면서 깨달았기에 나름대로는 하나님을 높이려고 무척 애를 썼고, 하나님이 나를 어떻게 쓰셔서 이 일들을 이루어 주셨는지를 전하려고 노력할 수 있었다.

2011년 12월 8일, 나의 간증이 방송을 탔다. 그 방송을 텔레비전으로 보다가 갑자기 생각이 났다. 내가 재수할 때 전철을 타고 오면서 간증을 듣다가 나도 언제일지 모르지만 먼 훗날 간증하는 사람이 되어서 이렇게 "새롭게 하소서"에 출연한다면 얼마나 좋을까 생각하면서 조용히 소망하던 모습이 생각났다.

'맞아! 내가 26년 전에 그렇게 바라며 소망을 했었지? 이야! 하나님은 나의 마음속의 바램까지 모두 다 알고 계시고 이를 또한 기억하고 계셨구나. 나는 그런 소망을 품었다가 잊어버리고 그런 소망을 마음에 품었다는 것 자체도 생각하지 못하고 있었는데 그것을 기억하셨다가 이렇게 연결시켜 주시다니. 우리 하나님! 정말 멋진 분이시구나.'

텔레비전으로 방송이 되는 것을 바라보면서 기쁨과 감사로 가득 찼던 그날을 나는 잊을 수가 없다.

하나님의
치료 광선

●   하나님의 치료 광선이라는 말이 구약 성
경의 말라기서에 나온다.

> 내 이름을 경외하는 너희에게는 공의로운 해가 떠올라서
> 치료하는 광선을 비추리니(말 4:2).

이 부분을 읽었을 때에 과거에는 솔직히 은유적인 표현이거나 시
적인 표현 정도로 가볍게 생각하면서 지나쳤었다. 그러나 내가 직접
이 일을 경험하고 난 후로 하나님의 치료 광선이 실제로 존재한다는
것을 믿게 되었다.

아내의 놀라운 제안

내가 신장 이식을 거부하고 아내와 같이 열심히 기도를 했었다. 1주일쯤 지났을까 아내가 갑자기 기도하고 나더니 기도가 이루어진 줄 믿고 감사를 먼저 하면, 기도가 빨리 응답된다고 예전에 들었던 말이 생각이 난다고 하면서 우리가 모아 둔 이식 수술비 1,100만 원을 감사헌금으로 드리자고 제안했다. 난 그 말에 깜짝 놀랐다. 그래서 이렇게 대답했다.

"나는 내가 가슴이 뜨거워졌다거나 내 몸이 나았다는 확신이 들지 않았어. 그러니 조금만 더 기다려 줘. 수술 비용을 다 헌금했다가 진짜 신장 이식을 해야 하는 상황이 생기면 어떻게 하려구?"

그만큼 내가 믿음이 약했던 것 같다. 나의 이 말에 아내는 쿨하게 받아 주었다. 그러더니 또 열심히 기도해 주었다. 다시 1주일쯤 지났을까 아내가 갑자기 기도하다가 나에게 또 감사의 이야기를 끄집어 냈다. 그때도 나의 대답은 동일했다. 그랬더니 역시 아내는 다시 알겠다고 대답을 하더니 기도에 임하였다.

그런데 병원에서 퇴원을 하고서 주일이 되어 교회에 가려고 준비하는데 아내가 또다시 나에게 말을 걸어왔다.

"이상하게 또 감사에 대한 마음이 드는데 감사를 먼저 하는 것을 어떻게 생각해?"

"당신에게 세 번씩이나 그런 생각이 드는 것을 보니 이것은 하나님의 뜻이 맞는 것 같아. 그냥 순종하자."

그래서 교회에 가는 길에 은행에 들러서 돈을 인출하기로 했다. 그런데, 1일 이체 한도 600만 원에 걸려서 더 이상 현금이 인출되지 않는 것이었다. 그래서 신이 나서(?) 얼른 아내에게 이렇게 이야기를 했다.

"하나님이 600만 원만 하라는 거야. 600만 원만 하자."

아내는 이번에도 역시 나의 뜻을 따라 주었다. 그렇게 우리는 감사헌금을 드리게 되었다. 그런데 2주 정도 지났을 때 우리 교회에서 몽골로 선교사님을 파송하는데 선교사님이 선교지 상황을 보기 위해 몽골로 답사를 가야 하는 일이 생겼다. 그 비용이 200만 원 정도 필요한데, 교회 예산에 잡혀져 있지 않으니 비용 마련을 위해 기도하자고 목사님이 광고 시간에 말씀하셨다. 그때, 내 머리에는 갑자기 우리가 남겨 둔 500만 원이 생각이 났다.

'아하, 하나님이 이것을 기억하고 계시는구나.'

이런 생각이 들어서 예배가 끝난 후, 아내에게 이야기를 했더니 흔쾌히 동의해 주었다. 그래서 선교사님을 위해 헌금하게 되었다.

한 달 정도 시간이 지났을 때 몽골 현지에서 돌아오신 선교사님이 몽골로 선교하러 가려고 하는데 현지 정착을 위한 자금이 300만 원이 필요하다고 하시면서, 역시 목사님께서 광고 시간에 다시 말씀하셨다.

'하나님이 남아 있는 300만 원까지 정확히 드리시길 원하시는 구나.'라는 생각이 들어서 이번에도 아내의 동의를 구한 후 다시 선교사님의 현지 정착 자금으로 사용하시라고 남아 있는 금액을 헌금하였다.

그런 후 며칠이 지나지 않았는데 우리 학교 신기원 대표 교목님이 오셔서 나에게 이렇게 말씀하셨다.

"교장 선생님! 혹시 치유의 은사를 지닌 사모님이 한 분 계시는데 그분께 기도 한번 받아 보실래요?"

나는 사실, 과거에는 치유의 은사가 있다거나 예언의 은사가 있다는 분들을 만나면 괜히 두렵고 그분이 나를 노려보면서 '네 죄를 네가 알렷다!' 그렇게 말씀하실 것 같기도 해서 무서웠다. 그리고 그런 분들을 쫓아다니는 것은 신비주의적 신앙인처럼 여겨지고, 이단에 빠지는 듯한 느낌이 들어서 사실 많이 꺼려해 온 것이 사실이다. 그런데 우리 학교 대표 교목님이 말씀하시니 괜찮겠거니 하면서 기도를 받겠다고 말씀드렸다.

하나님의 치료 광선

며칠 후에 목사님은 임경선 사모님이라는 분을 만날 수 있도록 주선해 주셨다. 임경선 사모님 댁으로 찾아가서 기도를 받았는데 이날 나는 너무나도 신기한 경험을 하게 되었다.

사모님이 내 몸에 머리부터 손을 얹고 방언 기도를 조용히 하면서 몸의 구석구석을 손가락으로 누르는데 그 손가락이 닿는 곳마다 불로 지지는 것 같기도 하고 날카로운 칼로 후벼 파는 것 같은 세상의 언어로는 말로 표현할 수 없는 아픔과 통증을 느꼈다. 기도를 2분 정도 하셨는데, 나는 어찌나 아팠는지 30분 이상처럼 길게 느껴졌다. 기도를 받은 후, 얼른 사모님의 손가락을 뒤져보았다. 분명 날카로운 칼 같은 것을 숨기고 있을 것 같았기 때문이다. 사모님이 웃으면서 말씀하셨다. 성령님이 마취하지 않고 수술을 해 주신 것이라고….

집에 돌아왔는데 특별히 배의 앞부분의 양쪽 두 곳이 너무나도 아팠다. 그래서 옷을 벗고 거울로 몸을 비춰 보았더니 배의 양쪽 부분에 손바닥 크기만큼의 시커먼 멍이 들어 있었다. 너무나 놀라웠다. 그래서 얼른 사진을 찍어 두었다. 일주일 정도 지났더니 멍이 서서히 사라지고 원래대로 돌아왔다.

다음에 기도를 받으러 갔더니 이번에는 특별히 왼쪽 가슴 부위에 엄청난 통증이 느껴졌었다. 역시 엄청나게 아팠다. 눈물이 다 나올 뻔했다. 너무나도 아프기에 기도를 받으면서 예수님이 십자가에 달리실 때 얼마나 아프셨을까 생각하며 겨우 견뎌 낼 수 있었다. 그 정도로 많이 아팠다.

집에 돌아왔더니 이번에도 왼쪽 가슴 부위에 손바닥 크기보다 더 큰 시커먼 멍이 만들어져 있었다. 병원에서 의사 선생님이 투석하려다가 이 멍을 발견하고 깜짝 놀라더니 조직 검사를 해 봐야겠다고 말했다. 내가 웃으면서 기도 받고 이런 것이라 말을 해도 잘 믿지 않았다. 의사 선생님은 얼마나 세게 때렸으면 이렇게 멍이 들었겠느냐고 걱정을 했다. 그래서 나는 손으로 절대 때린 것이 아니고 그냥 손을 얹고 조용히 기도만 한 것이라고 했는데도 의사 선생님은 끝내 믿지 않았다. 사실 직접 겪어 보지 않고서 과연 이런 현상을 쉽게 이해할 수가 있을까 생각해 보니 이런 반응을 보이는 것이 이해가 되기도 했다.

그러나 분명한 것은 도저히 믿기지 않는 일이지만 내 몸에서 분명히 일어난 일이고 내가 직접 경험하지 않았던가? 그리고 사진으로도 이를 직접 찍어 두고 있지 않은가? 나는 이 일 후로 분명히 믿는다. 하나님의 치료 광선은 은유적인 표현이나 시적 표현이 아니라 실제 존재하는 것이라는 것을….

내가 하나님 아버지는 나의 신장을 고쳐 주실 것이라고 믿고 가니까 흔들리지 않는 믿음을 들고 서 있으라고 나에게 더 분명한 증거를 보여 주신 것이라 나는 그렇게 믿는다.

그날 이후로 열심히 기도 받으러 갔더니 어느 날 사모님이 기도를 마치신 후에 나에게 이렇게 말씀하셨다.

"교장 선생님은 하나님이 두 번 살려 주셨네요. 투석을 받게 함으로써 생명을 한 번 연장시켜 주셨어요. 그런데 교장 선생님은 심장이 서서히 굳어 가고 있었어요. 이 심장 때문에 신장도 나빠지게 된거구요. 심장이 굳어 가고 있었기에 투석을 받다가 선생님은 조용히 하늘나라로 갔을 겁니다. 40대에 과로로 죽는 사람들이 교장 선생님 같은 분들이에요."

이 말을 듣는 순간 너무나도 기쁘고 감사했다. 그리고 이런 생각들이 들었다.

'하나님이 나를 살리시려고 목사님을 통해 사모님을 만나도록 하신 것이구나. 나는 40대에 과로사할 뻔 했는데 하나님 아버지의 은혜로 삶을 연장 받았구나. 그러고 보니 지금의 삶은 덤으로 사는 인생이구나.' 하는 생각이 강하게 밀려왔다.

그날 이후로 나는 하나님 아버지의 은혜로 덤으로 사는 인생이라고 여기며 살아가고 있다. 그러기에 하루하루 호흡하며 삶을 살아가는 것이 하나님 아버지의 은혜요, 은총이라 여기게 되었고 기쁨과 감사가 넘치는 삶을 살 수 있게 되었다.

인격적이신 하나님

나는 임경선 사모님이나 한창현 목사님과 같이 은사가 있는 분들을 만나면서 하나님은 참으로 인격적인 분이심을 알게 되었다.

사모님의 말씀에 의하면 사모님에게 기도를 받고 나면 몸의 연약한 부분이나 아픈 곳은 꼭 멍이 든다고 했다. 그런데 옷으로 가릴 수 있는 부분은 멍이 들지만, 옷으로 가려지지 않는 부분은 많이 아파도 멍이 들지 않는다고 했다. 사실 생각해 보면 목이나 얼굴에 시커먼 멍이 든다면 부끄러워서 얼굴을 들고 다닐 수 있겠는가, 이토록 하나님은 우리들의 마음과 생각을 잘 이해하시고 우리들의 인격을 존중해 주는 분이신 것이다.

한창현 목사님도 집회가 끝나고 나면 희망하는 사람들에게는 항상 기도해 주시는데, 나의 기도 순서를 기다리면서 앞의 사람들 기도를 잘 들어 보면 창피스럽거나 책망하는 내용의 이야기는 거의 없었다. 사랑으로 감싸 주고 위로하며 힘을 북돋아 주는 내용들이 대부분이었다. 처음엔 나도 예언 기도를 받을 때 하나님이 수많은 사람들 앞에서 나의 잘못을 들춰내면서 책망하시면 어떻게 하나 걱정을 했었는데 여러 번 기도 받으러 갔다가 알게 되었다. 하나님은 절대 그런 분이 아니시라는 것을….

그리고 우리가 예수님의 이름으로 잘못을 회개한 것은 기억조차 않으신다는 말씀이 정말 맞구나 하는 생각이 들었다. 3년이 넘도록 한창현 목사님을 찾아가서 기도를 받은 적이 있는데 그때마다 내가 지난 날 잘못을 뉘우치고 하나님 앞에서 회개한 것은 어떤 내용도 말씀하지 않으셨다.

이런 과정을 통해서 나는 깨달았다. 내가 믿는 우리 하나님은 정말 좋으신 아버지이시며, 인격적이고 신실하시며 사랑이 무척이나 많으신 분이라는 것을….

성경 일독과
부끄러운 구원

●   고대 안암병원에서 주치의 선생님이 1주일만 늦었어도 중환자실에서 만나게 되었을 것이라는 말과 임경선 사모님이 하나님이 나를 두 번이나 살려 주셨다고 하는 말씀을 듣고 나는 죽음에 대해 생각해 보게 되었다.

'내가 죽었다면 나는 어떻게 되었을까? 내 영혼은 천국과 지옥 중에 하나를 간다고 성경에서 말했는데 나는 어디로 갔을까? 진짜 천국과 지옥이 존재하는 것인가?'

이런 생각들이 꼬리에 꼬리를 물고 일어났다. 그러다가 나는 궁금해서 성경을 펼쳤다. 창세기부터 요한계시록까지 읽어 보기 시작했다. 3개월 정도 걸렸다. 마음잡고 읽으면 3개월이면 성경을 다 읽을 수 있다는 것을 처음으로 알게 되었다.

그런데 성경을 다 읽고 나서 내가 알게 된 것이, 부끄럽게도 내가 이 성경을 난생 처음으로 일독했다는 것이다. 물론 부분 부분을 읽었다거나 신약만 읽거나 구약만 읽은 경우는 여러 번 있었다. 그런데 내가 작정하고 창세기부터 요한계시록까지 읽은 것은 이번이 처음이었던 것이다. 모태 신앙인이라고 하면서 47세를 살아왔고, 기독 대안학교 교장이라고 하면서 성경을 겨우 일독했다는 것이 너무나도 부끄럽게만 여겨졌다.

성경 통독과 하나님의 사랑

성경을 읽어 내려가면서 나는 신기한 경험을 했다. 창세기부터 요한계시록까지의 내용이 다 믿어지고 하나의 연결된 이야기로 이해가 되었던 것이다. 너무나도 놀라운 경험이었다.

우리들을 죄와 영원한 사망 가운데서 건져 내시려고 독생자인 예수님을 이 땅에 내려 보내서 대신 십자가를 짊어지게 하신 하나님의 사랑과 예수님의 은혜가 저절로 이해가 되었다. 나는 이전까지는 십자가를 생각하면서 '예수님의 은혜'를 이야기하면 쉽게 이해가 되었고 가슴으로 다가왔지만, 이것이 '하나님 아버지의 사랑'으로는 잘 연결이 되지 않았었다. 그런데 성경을 읽다가 나와 아들과의 관계를 생각하면서 십자가의 사건이 왜 하나님 아버지의 사랑이 되는 것인지 알게 되었다.

나는 하나 밖에 없는 아들, 태현이를 무척이나 사랑한다. 그러기에 아들을 위해서 나의 목숨을 내어놓으라고 하면 내어놓을 수 있을만큼 나는 그렇게 아들을 사랑한다. 그러나 사랑하는 아들을 죽음의 자리에 나아가게는 할 수 없을 것 같다.

그런데, 우리 하나님은 그렇게 하셨다. 우리 인간을 영원한 사망과 죄 가운데서 건져내기 위해서 하나 밖에 없는 아들에게 대신 십자가를 짊어지도록 하면서까지 우리들을 사랑해 주신 것이었다. 독생자 예수님이 십자가에 달리시면서 "엘리엘리 라마 사박다니"라고 하면서 숨을 거둘 때 이를 묵묵히 지켜보셔야 했던 하나님 아버지의 마음이 얼마나 아프셨을지 느껴졌다. 그렇게 할만큼 우리들을 사랑해 주셨다고 생각하니 하나님 아버지의 사랑과 예수님의 은혜가 너무나도 크게 와 닿았다.

그렇게 3개월 만에 성경을 다 읽고 나니, 내가 믿음이 약했지만 입으로라도 시인을 했으니 구원은 받았겠는데 너무나도 '부끄러운 구원'을 얻을 것 같다는 생각이 들었다. 천국에 갔을 때 하나님 아버지가 나를 보고 농담조로 한마디 하시면 얼굴을 못 들 정도로 창피했을 것이라는 생각이 들었다.

"기원아! 너는 뭐하면서 인생을 살았기에 47세를 사는 동안 어찌 성경 한 번 제대로 안 읽어 보고 천국에 왔냐?"

이 생각이 들 때마다 나는 하나님 아버지의 은혜로 덤으로 사는 인생이니 이제부터라도 늘 말씀을 가까이 하면서 살겠다고 다짐했고, 그날 이후로 성경을 매일 읽고 있다.

하나님의 질문

내가 성경을 다 읽고 나니 하나님은 나에게 마음으로 질문을 걸어오셨다.

"기원아! 너는 너의 아이들이 이 땅에서 행복한 인생을 살도록 하려고 너의 인생을 걸고 있는데 좋구나. 그럼 질문을 한번 해 보자. 네가 지도한 아이가 좋은 학교 나오고, 좋은 직장을 구해서 이 땅에서는 행복하게 살았다고 치자. 그런데 이 아이가 예수를 몰라서 죽은 후 지옥에서 영원히 고통당하면서 살게 된다면 이 아이는 행복한 인생을 살았다고 할 수 있니? 성공한 인생이라 말할 수 있겠니? 반대로 네가 지도한 아이가 좋은 학교를 나오지 못하고 좋은 직장을 구하지 못해서 조금은 불편하게 살았다고 치자. 그러나 이 아이는 나를 아버지라 부르고 예수를 구세주로 고백해서 천국에서 영원한 생명을 누리면서 살게 된다면 이 아이가 성공한 인생이고, 행복한 인생을 살았다고 말할 수 있지 않겠니?"

나는 이 부분에서 머리를 한 대 얻어맞은 것 같았다. 사실 나는

2005년도 2월 28일에 화랑초등학교에 사직서를 제출하고 기독대안학교인 두레학교를 설립했지만, 이 땅에서 아이들이 어떻게 하면 행복하게 살도록 도울까 하는 생각만 했었지, 아이들의 영혼 구원에 대해서는 깊이 생각해 보지 않았다.

그날 이후로 나는 밀알두레학교의 교육철학을 대대적으로 수정하고 교육과정에 손질을 가하기 시작했다. 밀알두레학교는 다음 세대를 말씀과 기도로 양육하는 하나님의 학교임을 공고히 하고 이 학교를 졸업하는 아이들이 예수님을 구세주로 고백하게 하는 것을 가장 중요한 교육 목표로 삼게 되었다.

2017년 2월까지 우리 학교에서는 4회에 걸쳐 졸업생들이 배출되었다. 우리 학교는 졸업식 날에 졸업하는 학생들이 몇 명이든 간에 다 졸업하는 소감을 발표하도록 하고 있다. 그때 이 아이들이 무슨 말을 하는지 잘 들어 보고 있는데, 감사하게도 모두가 다 졸업하면서 하나님 아버지의 은혜를 이야기하고 자기가 만난 하나님을 후배들에게 전하는 모습들을 볼 수 있다. 이런 아이들을 볼 때마다 감사가 절로 나온다.

기도와 눈물로
세워지는 학교

●   학교 건축이 중단되고 2011년 8월부터 2012년 8월까지 거의 1년 가까운 시간을 지루하게 기다려야 했다. 우리 힘으로는 아무것도 할 수 없었다. 그냥 이대로 끝나는 것인가 하는 생각이 들기도 했다. 학교 건물을 짓다가 중단이 된 상태로 1년 간 서 있는 것을 볼 때마다 무척이나 답답했다.

학교 건물이 없을 때, 학교 임대할 장소를 알아보면서 가는 곳마다 손을 잡고 기도했고, 다른 교회를 빌리고 어린이집을 빌려 가면서 교육설명회를 할 때도 우리는 늘 기도를 먼저했다. 건축을 시작하면서도 기도했고, 나름대로 열심히 기도하면서 건축을 시작했는데 왜 이런 일이 생기는지 도무지 알 수 없었다. 마치 이 순간에는 하나님도 일하시지 않고 손을 딱 놓고 나 몰라라 하고 있는 것 같은 느낌이 들 정도였다.

그렇게 무의미하게 시간만 흘러가던 어느 날, 나의 생각 속에 갑자기 우리가 아무것도 할 수 없는 이때가 기도해야 할 때라는 생각이 들어왔다. 선생님들에게 수업하다가 여유가 있거나 하면 아이들을 데리고 건축 현장에 가서 다 같이 손잡고 기도하고 오도록 부탁했고, 선생님들은 퇴근하는 길에 6시에 건축 현장에 다 같이 가서 기도하고서 집으로 가자고 요청했다.

다시 시작한 기도

그날부터 우리는 다시 기도를 시작했다. 어린아이들도 건축 현장에 가서 고사리 같은 두 손을 부여잡고 기도했고, 선생님들도 매일마다 퇴근하는 길에 건축 현장을 찾아가서 같이 뜨겁게 기도했다.

그로부터 5~6년이 지난 시점에서 보니 하나님 아버지의 뜻이 무엇이었는지 이해가 된다. 우리가 아무것도 할 수 없다고 느껴지는 그런 절망적인 순간에 우리가 좌절하거나 낙망하면서 지내는 것이 아니라 기도하면서 하나님 아버지만을 바라보고 하나님께 매달리기를 원하신다는 것을 알았다.

앞으로 우리 학교에 어떤 어려움과 힘든 일들이 생겨도 우리 밀알두레 교육공동체는 좌절하거나 낙심하지 않을 것이다. 우리가 지난날 경험을 통해 배운 대로 우리는 모든 것을 하나님 아버지께 내어 맡기고 흔들리지 않는 굳건한 믿음을 들고 기도로 나아갈 것이다. 그리하여 우리는 또 다른 승리를 날마다 이루게 될 것이라고 그렇게 믿고 있다.

또 한 번의
학교 이사

●   설상가상이라는 말이 이런 때 쓰는 말이
아닐까? 학교는 건축이 중단되어 언제 다시 건축이 재개될지 모르
는 암담한 상황이고, 학교장인 나는 죽음 앞에 갔다가 투석을 받게
되었는데, 임시 학교로 사용되던 학원 건물마저 매각이 되면서 당장
교실을 비워 주어야 하는 상황이 벌어졌다.

2011년 12월의 어느 날, 우리들은 부랴부랴 정신을 차리고 다른
학원 건물이 나와 있는 곳은 없는지 수소문 하다가 구리시 수택동 6
층 빌딩건물 중에 5~6층에 학원 건물이 임대로 나와 있다는 소식을
접했다. 얼른 대책 위원들을 꾸린 후 접촉하도록 했다.

한 층만 월 임대료가 1천만 원이 넘었다. 두 개 층을 다 쓰면 좋겠
지만 월 임대료가 비싸서 한 층만 계약하기로 하고 이사해야 했다.

건축이 재개될 수 있기에 1년으로 계약서를 작성했다. 감사하게도 3층에서 학원을 시작한 지 얼마 안 된 학원 원장님이 문을 닫게 되었다고, 책걸상과 칠판 등을 아주 헐값에 사 달라고 제의가 와서 우리는 적은 비용으로 부족한 책걸상과 사무용 책상, 칠판 등을 구입할 수 있었다.

12월 추운 날에 우리 학교는 남양주시 호평동에서 구리시 수택동으로 이사했다. 학부모님들과 선생님들 100여 명이 나와서 이삿짐을 날랐다. 이사하는 모습은 그야말로 장관이었다. 학교 버스 35인승과 15인승, 하루 임대한 트럭에 학교의 모든 짐을 실어서 날랐다. 2~3일 걸릴 줄 알았는데 7시간 만에 이사를 다 끝낼 수 있었다. 정말 손들이 빨랐다. 자녀들의 학교가 이사한다고 이렇게 많은 부모님이 나와서 열심히 이삿짐을 날라주면서 힘들어 하지 않고 웃으면서 일해주는 모습이 참으로 감사했고 감동이 되었다.

사법기관으로
현장학습을 다녀오다

●　　　　　　CM을 맡았던 A학부모와 MK 건설회사, 그리고 설계사까지 전부 다 한통속이라고 판단한 건축위원회는 이들을 대상으로 민·형사 소송을 걸었다. 그리고 학교 건축을 중단하면서 이들을 내보내는데 거의 1년 가까운 시간이 걸렸다. 그리하여 2011년 8월부터 2012년 8월까지 학교 건축은 한발자국도 나아가지 못했다.

소송을 걸고 나니 경찰서에서 조사받으러 오라는 통지서가 나왔다. 그 당시 나는 경찰서나 의정부 지검, 법원 등에서 쪽지가 날라오면 간이 작은 탓에 가슴이 두근거렸다. 식욕도 사라지는 것을 경험했다.

이런 경험은 이번이 처음이 아니었다. 2007년, 두레학교 때 교회 땅이라고 해서 비닐하우스로 학교 식물원을 만들어 아이들을 위한 공간으로 활용한 적이 있었다. 그런데 교회에 대해 안 좋은 감정을 지닌 동네 주민이 민원을 넣었는지 우리가 사용하고 있는 식물원의 절반이 시유지 위에 놓여 있었다면서 시유지를 무단으로 점거하고 사용했다는 이유로 고발이 되어 있었다.

이 일 때문에 구리 경찰서에 4번, 의정부지검 검사에게 3번 불려 가서 조사를 받고 온 적이 있었다.

계속되는 사법기관 현장학습

내가 일반 학교에 교사로서 근무했었더라면 결코 경험하지 않아도 될 일들을 경험하면서 많이 두렵기도 하고 힘이 들었다. 이런 것으로 경찰서를 방문하거나 지검을 찾는 일이 더 이상 없을 것으로 여겼는데 또 이렇게 학교 건축 때문에 경찰서에 조사를 받으러 구리 경찰서와 인천 경찰서까지 다녀와야 했다.

인천 경찰서 담당 형사에게 조사받다가 시간이 부족해서 다음에 다시 오겠다고 하면서 건축사기에 해당하는 녹취록 증거도 내가 갖고 있다고 했었다. 그런데 담당 형사가 그만 혐의 없음으로 이 사건을 종결 짓고 말았다. 너무나도 어이가 없고 분하고 억울해서 학부모님과 의논한 후에 항고를 해 버렸다.

한참 시간이 흘러, 건축이 재개되고 준공을 몇 개월 앞두고 나니 부모님들 중에서 우리가 고소한 것을 취하해 주자는 의견들이 나오기 시작했다. 사실 계산을 해 보니 크게 손해 난 것도 아니고 건축도 재개되어 준공을 앞두고 있는데 괜히 이들을 처벌받게 하고 나면 나중에 이들이 우리 아이들에게 해코지할 수 있다는 염려에서 기인한 것 같았다.

이 생각들을 무시할 수 없어 논의한 끝에 항고한 것에 대하여 민·형사 모두 다 취하해 주기로 결정하고 항고 취하 신청을 했었다. 그렇게 하면 그냥 그것으로 끝인 줄 알았다.

얼마 지나지 않아서 서울의 고등검찰청 부장 검사가 나를 불렀다. 사무실 문을 열고 들어가서 신분을 밝혔더니 자리에 앉기도 전에 입에 담을 수 없는 거친 언어들을 내뱉으면서 나를 몰아 세웠다. 한참 어이가 없어 항변을 하다가 내가 이렇게 물었다.

"아니, 부장 검사님! 내가 항고를 취하하는 것은 불법인지요?"

"불법은 아니지만 사회 정의는 어떻게 하는 것입니까? 겨우 조사해서 집어넣으려고 하니까 항고를 취하하면 어떻게 하느냐구요?

"아니, 아까부터 이야기했지만 경찰서에서 혐의 없다는 것으로 결과가 나와서 억울하고 분해서 항고를 하긴 했지만 건축도 재개되고 준공을 앞둔 시점이고 또 부모님들은 이들이 나중에 아이들에게 해

코지할까 봐 걱정되어서 그런 마음들이 생긴 것인데 난들 어떻게 하겠습니까? 따라 줘야지요. 세상이 하도 무서우니까요."

내가 이렇게까지 말하니까 그제서야 부장검사가 실토를 했다. 일부러 나를 그렇게 대했던 것이라고 말이다. 조사를 하다 보면 막판에 범죄자들에게 협박 받아서 고소를 취하해 주는 경우가 있어 진정성을 확인해 보았다는 것이었다. 그러면서 심하게 해서 미안하다고 사과를 했다. 검찰에 불려가서 조사를 받다가 자살하는 사람들이 종종 뉴스에 나오는데 이들이 어떤 심정이었을지 조금은 이해가 되는 것을 경험한 날이었다.

피고가 되어 법정에 서다

나는 이제 진짜 더 이상은 사법기관들을 방문하는 일은 겪지 않을 줄 알았다. 그러나 웬 걸, 이것이 끝이 아니었다. 더 큰 일이 앞을 기다리고 있었다.

MK 건설회사에게서 돈을 받지 못한 하청업체 사장들 5~6명이 내 방에 밀고 들어왔다. 내 방이라고 할 것도 없었다. 호평동 학원 건물에 교실이 부족해서 6평짜리 입구의 방에서 나와 이호훈 목사님, 신기원 목사님 3명이 1년 동안 방을 같이 사용한 적이 있었다. 이 방을 6개월 가까이 이들이 찾아와서 욕을 하면서 돈을 달라고 떼를 썼었다. 우리가 MK 건설회사에 돈을 때맞춰 다 지급했었음을 이야기했지만 이들은 막무가내였다. 어떤 사람은 직원들 급여를 몇 개월 째 지급하지 못하고 있다고 하면서 사정사정하는 이도 있었고, 어떤 이는 욕을 하면서 거칠게 나오기도 했다. 참으로 신기한 것은 날씨가 좋거나 하면 이들이 오지 않고 비가 오거나 일이 없어 보이는 날만 찾아왔다. 하루 종일 교장실에서 욕을 하고 떼를 쓰다가 점심때가 되면 학교 급식을 당당히(?) 먹고 퇴근 시간이 되면 같이 퇴근을 하곤 했다.

6개월 가까이 이렇게 하다가 그래도 우리가 꿈쩍하지 않고 돈을 지급하지 않았더니 의정부 지방법원에 나를 상대로 민사 소송을 제기했던 것이다. 내가 피고가 되어 법원에 4번이나 재판을 받으러 가야 했다.

4번의 재판 끝에 우리들이 MK 건설회사에 지급한 증빙서류들을 제출하고 판사님이 하청업체에 돈을 지급하지 않아도 된다고 판결을 하니까 그날로 그 사람들은 단 하루도 오지 않았다.

이 일을 겪으면서 세상에서 가장 힘든 일이 빚쟁이들에게 돈을 독촉 받는 것이 아닐까 하는 생각이 들었다. 정말 지긋지긋했다. 하루는 외출하고 학교로 돌아오는데 목사님들에게서 문자가 왔다.

'교장 선생님! 들어오지 마세요. 하청 업체들이 와 있습니다.'

그러면 이날은 학교 건물 9층 커피숍에 가서 책을 읽거나 하면서 그 사람들이 돌아갔다는 문자가 올 때까지 기다려야 했다. 그렇게 한 적이 한 두 번이 아니었다.

시간이 많이 흐른 후 지금 생각해 보면 그것마저도 추억처럼 여겨진다. 그 당시는 너무나도 지긋지긋했었는데 사람이 참으로 간사하기만 한 것 같다. 괴로웠던 일도 시간이 지나면 추억으로 여겨지다니….

하나님의 훈련

이런 일들을 겪으면서 배운 게 있다. 처음에 경찰서에서 조사받으러 오라고 하거나 검사가 호출하면 나는 간이 콩알만해졌는데 어느 순간 마음이 강하고 담대하게 되어 있었다. 지금도 이에 못지않게 많은 문제들이 생기고 우리가 감당할 수 없는 문제들 앞에 여전히 서지만 나는 이제 눈 하나 깜짝하지 않는다. 하나님이 나를 그만큼 강하게 훈련시키신 것이다. 적어도 비인가로 기독대안학교를 하려면 마음이 강하고 담대해져야 하기에 하나님이 나를 그동안 훈련시킨 것이라고 생각한다.

뒤돌아보면 2010년부터 2013년 말까지가 내 인생에 있어서 가장 고단하고 외롭고 힘든 길을 걸었다. 남들과 같이 나란히 걸을 수 없는 험난하고 비탈진 길, 몸을 틀어서 혼자 겨우 건너야 하는 그런 길을 지나오기도 했다. 이 과정은 하나님이 나를 가장 강한 하나님의 군사로 키우시려고 훈련시킨 것으로 여기고 있다.

사실 우리들이 인생을 살다 보면 알 수 없는 어려움 앞에 서고 감당할 수 없는 문제들이 연속으로 밀려올 때가 있다. 그럴 때는 우선, 내가 하나님 앞에서 크게 잘못한 것이 있는지 돌아볼 필요가 있다. 있다고 여겨지면 얼른 회개하면 될 것이고, 특별히 잘못한 것도 없는 것 같은데 이런 일들이 밀려온다고 여겨지면, 두려워하거나 염려하지 말고 하나님이 나를 크게 쓰시기 위해, 영향력 있는 자리로 옮기기 위해 훈련하는 것으로 믿고 감사하며 임하면 된다고 생각한다. 왜냐하면, 우리가 훈련을 다 마치고 나면 강한 군사로 거듭나게 될 뿐 아니라 놀라운 하나님의 축복이 밀려오는 것을 경험하게 될 것이기 때문이다.

내가 성경을 읽다가 처음에는 이해가 안 되는 구절이 있었다.

> 항상 기뻐하라 쉬지 말고 기도하라 범사에 감사하라 이것이 그리스도 예수 안에서 너희를 향하신 하나님의 뜻이니라(살전 5:16-18).

'아니, 어떻게 항상 기뻐하고 범사에 감사가 나올 수 있는가? 하나님은 우리 보고 행복하게 살라고 말씀하시는데 사람이 살다가 보면 힘든 일도 만나고 슬프고 어려운 일 앞에 서게 될 때도 있는데 어떻게 늘 기뻐하고 감사하며 살 수 있다는 것인가?'

이런 의문을 가졌던 적이 많았다. 그러나 나는 이제 분명히 알게 되었다. 기쁘고 즐거운 일은 그 자체로 기쁘고 즐거우니까 당연히 기뻐하고 감사하게 되는 것이고, 어렵고 힘든 일을 만나거나 슬픈 일을 당하게 되면 하나님이 나를 축복하거나 강한 군사로 삼으려고 훈련하는 것이라 여기니까 기대가 되고 감사가 나오게 되는 것이다.

그리고 요즘 우리 학교를 방문하는 이들에게 우리들이 겪어 온 일들을 들려주면 감동받아서 울다가 가는 분들이 있다. 그런 분들은 분명히 우리가 걸어온 길의 어느 지점에 서 있는 분들이다. 그러기에 우리들의 이야기가 위로가 되고 힘이 되기도 하며, 이 고비만 넘기면 우리도 밀알두레학교처럼 되겠구나 하는 희망 때문에 감동의 눈물이 나오는 것이라 여긴다. 우리가 겪어 온 과정이 다른 이들에게 힘이 되고 용기가 된다는 것이 나는 너무나도 기쁘다. 그리고 또하나 감사한 것은 고난을 잘 극복하고 나면 누군가를 도울 수 있다는 것이다. 나는 지금도 기독대안학교 교장 선생님들을 많이 돕고 있다. 그 이유는 그분들이 겪는 고생들은 이미 우리 학교가 다 경험했고 헤쳐 나온 것이기 때문에 우리가 도움을 줄 수 있는 것이다.

그래서 요즘 나는 어려움이나 힘든 일을 경험하게 되면 피하려 하기보다는 기대가 먼저 생긴다. 하나님이 나와 우리 학교를 어떻게 더 영향력 있는 자리로 옮기시려고 이런 훈련을 하시나 은근히 기대가 되면서 감사한 마음을 품게 된다.

용서를 구하고
용서를 실천하다

● 　　　　　　하나님은 우리가 어떤 것을 할 때 가장 기뻐하실까? 나는 종종 이런 질문을 가져보았다. 그러다가 최근에 와서 분명히 깨달은 것은 우리들이 용서를 삶 속에서 실천하며 살게 되는 경우라고 생각한다.

용서의 중요성

예수님이 제자들에게 주기도문을 가르쳐 주는 장면을 봐도 이를 분명히 알 수 있다. 예수님이 제자들에게 주기도문을 가르치면서 다음과 같이 말씀하신다.

우리가 우리에게 죄 지은 자를 사하여 준 것 같이 우리 죄를 사하여 주시옵고(마 6:12).

이 말씀으로 우리들이 우리에게 잘못한 사람들의 잘못을 용서해 준 것처럼 우리들의 죄를 사하여 달라고 기도하라고 가르치셨다. 그러면서 예수님은 주기도문을 가르친 다음에 한 번 더 이 부분을 강조하셨다. 마치 앞의 내용을 잘못 이해했을까 봐 그러시는 것인지 아님 너무나도 중요하기에 강조하려고 그러신 것인지 똑 같은 내용을 연속해서 두 번 말씀하셨다.

> 너희가 사람의 잘못을 용서하면 너희 하늘 아버지께서도 너희 잘못을 용서하시려니와 너희가 사람의 잘못을 용서하지 아니하면 너희 아버지께서도 너희 잘못을 용서하지 아니하시리라(마 6:14-15).

이번에는 더 자세하게 설명해 주셨다. 우리가 다른 사람의 잘못을 용서하면 하나님도 우리의 잘못을 용서해 주시고 우리가 다른 사람의 잘못을 용서해 주지 않고 있으면 하나님도 우리들의 죄를 결코 용서하지 않으신다는 것을 분명하게 확인시켜 주신 것이다.

나와 우리 밀알두레 교육공동체가 어렵게 이 용서를 실천한 일이 세 가지 있다. 두 건은 용서해 준 것이고 다른 한 건은 용서를 구한 것이다.

용서를 실천하다

지금 한참 시간이 지나서 생각해 보면 그때 그 용서의 실천은 분명히 하나님을 기쁘시게 해 드렸던 것으로 믿어진다. 어렵고 힘든 가운데에서도 용서를 실천할 수 있도록 그런 마음을 넣어 주신 하나님께 감사를 올려 드린다.

첫째, 우리 공동체가 용서해 준 사건은 앞에서 언급했던 것처럼 우리에게 사기를 치려고 접근해 와서 우리에게 재산상의 피해를 입히고 우리를 완전히 망하게 만들려고 했던 사람들, 사실 그 당시에는 너무나도 억울하고 분해서 건축 사기범으로 감옥에서 벌을 받게 하고 싶은 마음으로 민·형사 고소를 걸었던 것이다.

2012년 2월 학교 건물 준공 시점이 가까워지면서 우리 공동체가 그런 마음을 내려놓고 저들의 행위는 괘씸하고 화가 치밀어 오르기도 하지만 사실 우리 입장에서는 크게 손해를 본 것 같지도 않고 또한 아이들의 안전을 위한 마음에서라도 이들의 민·형사 고소를 취하해 주는 일이 여러 모로 좋겠다는 마음이 생기면서 고소 취하를 어렵게 결정하고 실행에 옮긴 것이다. 우리 공동체에 잘못한 저들의 잘못에 대해 고소를 취하함으로써 용서해 준 것이다.

둘째, 반대로 우리 공동체가 한 개인에게 잘못한 일을 뉘우치며 용서를 구해야 하는 일이 생겼다. 다름 아닌 우리가 CM을 맡은 A 학부모가 데려온 설계사도 한통속일거라고 믿고 제대로 확인해 보지도 않은 채 같이 민·형사 고소를 해 버렸던 것이다. 우리 공동체의 치명적인 실수였다. 이 일로 인하여 이분이 검사 조사를 받게 되었고, 이 과정에서 수많은 수모도 겪었으며, 지난 날 탈세했던 모든 것이 드러나면서 많은 금액의 벌금도 납부해야 했다고 한다. 게다가 새해 첫 날부터 검사에게 조사받느라 고초를 당했다니 너무나 미안하기만 했다.

사실, 이 설계사는 학교 건축 사기와 아무런 관련이 없던 분이었다. 그냥 CM인 A학부모와 친분이 있어서 작업하러 온 것뿐이었다. 이분은 나름대로는 심혈을 기울여 설계 작업을 했는데 난데없이 우리 학교로부터 고소를 당해 이런 고초를 겪고 범법자가 되어 벌금까지 물게 되었으니 그 원망과 분노가 얼마나 컸겠는가?

2월 건축 준공이 다가오면서 아주 큰 문제가 우리 앞에 놓여 있음을 알게 되었다. 바로 준공을 받으려면 감리사의 확인 도장이 필요한데 이 감리사의 친한 친구가 설계사였던 것이다. 준공 직전에 전화했더니 확인 도장을 찍어 줄 수 없다는 이야기를 했다. 자세히 이야기를 들은 즉, 친구인 설계사가 우리 때문에 마음 고생을 너무나도 많이 한 것을 잘 알고 있는데 어찌 도장을 찍어 줄 수 있느냐는 것이었다.

뒤늦게 이 내용을 간파하고 설계사에게 미안한 마음으로 전화를 걸었더니 나에게 입에 담을 수 없는 욕과 저주를 1시간 가까이 쉬지도 않고 퍼 붓더니 일방적으로 전화를 끊어 버렸다. 정말 큰일이다 싶었다. 도저히 방법이 없을 듯 했다. 두 번 세 번 전화했다. 그때마다 욕과 저주와 비난이 쏟아졌다. 그러면서 설계사는 어떻게 전화 한 번 확인해 보지 않고 사람을 그렇게 고소할 수 있느냐고 나를 막 나무랬다. 그 점에 대해서는 정말 미안하다고 손이 발이 되도록 빌 수밖에 없었다. 그러면서도 한편으로는 화가 나기도 했다. 내가 욕을 듣는 게 너무나도 기분이 나빴기 때문이었다. 내가 건축주라는 이유만으로 나보다 나이가 어린 이 사람에게 내가 이렇게 비난당하고 욕을 먹어야 하는 것이 자존심도 상하고 그래서 성질대로 말하면서 마음대로 하라고 말해 주고 전화를 끊고 싶었다. 그러나 그렇게 하면 영영 준공의 기회가 없을 것이 뻔하니 억지로 참아 가면서 비위를 맞춰 줄 수밖에 없었다. 설계사를 CM이 데리고 왔으니까 CM과 당연히 같은 편인 줄 알고 그렇게 할 수 밖에 없었다고 내가 말을 했지만 들으려고도 하지 않았다. 정말 막무가내였다.

그래서 세 번 시도를 하고 난 후에 다른 방법이 없어 보여서 하나님께 기도할 수 밖에 없었다. 이분의 마음을 돌이켜 주시고 이분이 우리를 용서하게 해 달라고 기도했었다.

그때였다. 하나님 아버지가 내 마음에 찾아오셔서 아주 조용하게 내 생각 속에서 말씀해 주셨다.

'아들아! 그냥 단순히 이 문제가 해결되기를 바라면서 용서를 형식적으로 먼저 구하지 말고 이 사람의 마음이 어떠했는지 네가 먼저 제대로 느껴보렴. 이 사람이 나름대로는 정성을 다하고 최선을 다해서 설계를 해 주었는데, 그 학교가 고마워하기는커녕 오히려 자기를 고소해서 새해 정초부터 검사에게 불려가서 고초를 겪게 되고 벌금까지 내도록 했을 때, 이 사람의 마음은 어떠했을지 네가 먼저 그의 마음을 헤아려 보는 것이 중요하단다. 네가 그 설계사라고 생각해 보면서 그의 마음을 헤아려 보면 네가 어떻게 용서를 구해야 하며, 그의 분하고 억울한 마음을 풀어 줄 수 있는 방법이 보일 거야.'

하나님 아버지의 생각을 들으면서 너무 내 위주로 생각했고 그 사람의 상하고 아픈 마음을 제대로 이해하거나 알지 못한 채 그저 상황을 모면하려는 이유로 그냥 형식적인 사과를 했기에 이 사람의 마음을 돌이키기보다 오히려 더 화나게 만들었다는 것이 느껴졌다. 그래서 나의 이 마음을 담아서 장문의 문자를 보냈다. 전화하면 또 내 말을 끝까지 들어 보지도 않고 화를 낼 것이 분명했기 때문이다. 대신 글로써 우리 공동체가 한 사람의 인생을 억울하게 만들어 놓은 것에 대해 너무나도 미안해하고 있다는 것을 전하려고 애를 썼다. 그러면서 한 번만 시간을 내어 주면 그간의 자초지종을 이야기하고 우리가 잘못한 것에 대해 진심으로 용서를 구하겠노라고 문자를 보냈다.

그런 후에 하루가 지나서 전화를 했더니 여전히 화는 내고 있었지만 그래도 표현이 많이 누그러져 있었다. 그리고 전화했을 때 받아 주었다는 것만으로도 기뻤다. 뭔가 해결이 될 것 같은 생각이 들었다. 그래서 한 번만 만나 달라고 간절히 부탁했더니 지금 만날 필요는 없고 요구 사항을 말할 테니 들어주겠다고 한다면 만나겠다고 했다. 너무나도 기뻤다. 무슨 요구이든지 우리가 들어줄 수 있는 내용이라면 다 들어주겠다고 약속했다. 그러자 설계사는 다음과 같은 요구를 해 왔다.

첫째, 학교장이 전체 학부모들이 있는 앞에서 자신에게 사과를 할 것과 둘째, 학교 홈페이지에 이 내용을 자세히 기록하고 6개월간 걸어 둘 것 그리고 셋째, 학교 건축이 완공되어 준공 비석을 세우게 되거든 반드시 설계자를 자신의 이름으로 하여 자신의 작품임을 밝히고 절대 다른 설계자 이름을 새기면 안 된다는 것이다.

나는 이 세 가지 요구 사항에 대해 그렇게 이행하겠다고 약속했다. 내가 전체 학부모들 있는 자리에서 정식으로 사과할 것이고, 학교 홈페이지에 우리가 엉뚱한 사람을 고소해서 마음의 상처를 입힌 잘못이 있었다는 내용의 글을 6개월이 아니라 아예 평생 홈페이지에서 삭제하지 않고 걸어 두겠다고 했다. 돈이 없어서 준공 비석을 세울 계획이 없지만 만약이라도 준공 비석을 세우게 된다면 꼭 그렇게 하겠다고 했다.

그랬더니 이 설계사는 학교를 오겠다고 하면서 학부모들을 자기가 원하는 날짜와 시각에 불러 달라고 했다. 약속을 하고 나니 앞이 하나도 보이지 않을 만큼 깜깜했던 절망적인 상황이었는데 뭔가 길이 열리는 듯한 느낌이 들기 시작했다.

이 내용을 우리 건축위원들과 운영 위원들에게 전했더니 일부 위원들은 반대하기 시작했다. 학교장은 우리 학교의 얼굴인데 어찌 함부로 고개를 숙이고 사과를 하느냐고 그냥 정면돌파를 하자는 분도 있었다.

그러나 나는 다음과 같이 이야기를 해 주었다.

"아닙니다. 나는 우리 공동체가 세밀히 살피지 않은 상태에서 지레짐작으로 설계사가 같은 편일 것이라고 단정하고 고소를 했기 때문에 설계사가 고초를 당한 것입니다. 이것은 우리 공동체의 잘못이 분명합니다. 나는 한 사람의 상한 마음을 회복하기 위해서는 공개 석상에서 무릎을 꿇는 사과라도 해야 한다면 그렇게 하는 것이 옳다고 생각합니다."

그랬더니 부모님들도 더 이상의 반대는 하지 않았다. 모두들 안타까운 마음으로 잘 해결되기를 바라는 눈치들이었다.

약속한 날 전체 학부모님들이 있는 자리에서 설계사를 불러서 우리 공동체의 잘못에 대해 깊이 인정하고 용서를 빈다고 하면서 내가 머리를 숙이며 정중하게 사과하였다. 그랬더니 설계사는 우리 공동체에 대해 서운했던 점을 장황하게 말하고는 그때의 힘든 기억이 되살아나서 속이 많이 상했는지 아무 말도 하지 않고 그냥 집으로 돌아가 버렸다. 그 일이 있고 난 후에 감리사가 도장을 찍어 주어 우리는 건축 준공의 과정에서 크나큰 고비를 하나 넘을 수 있게 되었다.

세 번째 사건은 내가 개인적으로 용서해 준 것이었다. 나는 두레학교에서 아버지처럼 믿고 따랐던 목사님이 나를 버리셨다는 점과 나와 생사고락을 함께했던 부모님들이 학교가 분리될 때 따라 오지 않고 남아서 나에 대해 음해하고 없는 말들을 만들어 중상모략해 왔던 것이 너무나도 화가 났었다. 두레학교나 목사님의 이름을 듣기라도 하면 그냥 화가 나고 분한 마음이 목까지 치밀어 오르기 일쑤였다. 길을 지나가다가 두레학교 버스만 보게 되어도 화를 누를 수 없을 정도였다. 그러면서 두레학교가 잘 되나 우리 밀알두레학교가 잘 되나 어디 두고 보자는 마음으로 잔뜩 벼르고 있었다.

1년 정도의 시간이 흐른 후, 내가 성경을 읽던 중에 마태복음 6장에서 용서라는 말씀을 읽어 내려가는데 갑자기 내가 용서하지 않으면 하나님도 내 잘못에 대해 용서하지 않을 것이라고 하는 말씀이 눈에 확 들어왔다. 나는 절대 용서 안 해 줄려고 다짐하고 다짐해 왔는데 이 말씀을 보는 순간 큰일 날 뻔했다는 생각이 들었다. 하나님은 내가 영원히 죽을 수밖에 없는 잘못도 용서해 주려고 하나 밖에 없는 아들까지 죽음의 자리에 내어 주셨는데 나는 나에게 잘못한 사람들의 실수나 잘못에 대해 절대 용서 안 해 주겠다고 다짐하고 있었으니 하나님 아버지가 얼마나 서운하게 생각했을까 하는 마음이 들었다. 하나님은 내가 사람들의 실수나 잘못에 대해 당연히 용서해 주길 원하고 계신다는 것을 알게 되었다.

그래서 1년여 만에 김진홍 목사님에게 안부 인사를 전화로 먼저 드리고, 방문 날짜를 잡아서 찾아뵌 후에 인사를 드렸다. 목사님이 아주 기쁘게 맞이해 주었다.

그리고 두레학교에 남은 선생님들과 학교장을 맡고 있는 선생님은 그동안 한국기독교대안학교연맹이나 기독교학교교육연구소 모임에서 나와 마주치면 어색해하는 것이 느껴졌다. 그래서 내가 먼저 아무 일 없었던 것처럼 편하게 인사해 주었다. 내가 2015~2016년 2년 동안 회장으로 있었던 경기도대안학교연합회 모임에 두레학교

교장은 참석하지 않았다. 내가 회장으로 있으니 마음이 불편해서 그러나 싶었다. 그래서 한 번은 전화해서 다음과 같이 말해 주었다.

"선생님! 나는 지난 날 일은 다 잊었어요. 하나님 아버지가 새 일을 행하려고 하신 일로 여기고 감사하고 있어요. 마음 놓고 모임에 나오세요. 나는 내가 인생을 걸고 시작했던 두레학교도 잘 되고 하나님의 학교로 잘 운영되어지길 원합니다. 경기도대안학교연합회에도 잘 참석하세요. 교육부나 경기도교육청을 통한 대안교육 관련 정책이나 정보들이 빨리 현장 학교에 공유가 되어야 하는데 모임에 참석하지 않으면 이런 정보를 늦게 받아볼 수 있으니 마음 편하게 나왔으면 좋겠어요"

얼마 지나지 않아서 두레학교장은 경기도대안학교연합회에 회원 가입을 신청하였고, 전체 교장단 모임에도 참석하면서 나와는 아주 편하게 대화를 나누는 사이가 되었다.

이 일이 있고서 한참 시간이 지나서 한창현 목사님이 용서에 대해 하시는 말씀을 들은 적이 있었다. 용서는 내가 용서해 주고 싶은 마음이 들어서 용서해 주는 것이 아니라고 했다. 하나님께 먼저 용서 받은 자들에게 용서는 의무이며 우리가 하나님 아버지의 자녀라고 한다면 무조건 다른 이들의 실수나 잘못은 흔쾌히 용서해야 한다고 하셨다. 나는 그 말이 무엇을 의미하는지 분명히 이해하게 되었다.

용서에 대한 하나님의 은혜와 축복

이러한 용서를 구하고 용서해 주면서 나와 우리 공동체는 아주 놀라운 하나님의 은혜와 축복을 경험하게 되었다.

나는 이 일을 겪은 후에, 누군가의 잘못을 떠올리며 분하게 여기고 서운한 감정을 갖고 있는 이들을 만나게 될 경우 용서해 주고 싶은 마음이 생길 때까지 기다리지 말고 먼저 용서하라고 권유한다. 하나님 앞에서 상대방의 잘못이나 실수에 대해 용서를 한다고 선포하게 되면 서운하고 힘든 마음이 정리가 되는 것을 경험하게 될 것이고, 마음속에 참 평안이 찾아오는 놀라운 일을 경험할 수 있을 것이라고 말해 준다.

하나님은 당신의 자녀들이 말씀대로 살려고 노력할 때 그냥 내버려 두지 않는다. 반드시 그에 합당한 상과 칭찬을 해 주신다. 우리가 용서할 때 하나님이 주시는 상이 있는데, 그것이 바로 마음의 평안을 경험하는 것이다.

하나님 아버지는 나에게 우리가 용서해 주어야 하는 이유는 상대방을 위한 것이 아니다. 바로 나 자신을 위한 것임을 깨닫게 하셨다. 내가 상대방을 용서하지 못하고 분을 품고 화를 내면서 지내게 되면 먼저 상대방에게 해로운 것이 아니라 내 마음의 안정이나 평화가 깨지고 상대방이 힘들게 되는 것보다 내 마음이 먼저 괴롭고 힘들게 되는 것이다, 용서를 해줌으로 내 마음에 평안이 유지되고 마음속에서 한없는 기쁨이 샘솟게 된다는 것을 알려 주셨다.

이 땅에 거하는 모든 주의 자녀들이 용서의 삶을 직접 실천해 보면서 하늘에서 주어지는 마음의 참 평안과 기쁨을 누리게 되길 기도해 본다.

하나님이
이루신다는 약속

●   2011년 8월부터 2012년 8월까지 건축이 중단되고 거의 1년이라는 시간을 지루하게 법정 소송을 하면서 기다려야 했던 시기가 있었다. 어쩌면 대안학교 경력 12년을 통틀어 가장 힘든 시기를 이야기하라면 바로 이 시점이 아닐까 그런 생각이 든다. 너무나도 힘이 들었던 시기였다.

2012년 10월 8일, 일산의 나눔교회 한창현 목사님을 학교로 초청해서 집회 시간을 가진 적이 있었다. 목사님은 말씀을 전하신 후 기도받기를 원하는 분들에게는 한 사람씩 기도해 주셨다. 그때 목사님을 통해 하나님 아버지가 나에게 해 주셨던 말씀은 결코 잊을 수가 없다. 얼마나 기쁘고 감사했는지 모른다. 그날 이후로 나는 학교 건축 문제나 학교 경영에 있어서 어려움이 생길지라도 전혀 걱정하거나 염려하지 않게 되었다.

1년 가까이 중단되었던 학교 건축이 8월이 되면서 다시 건축을 시작하게 되었다. 건설 회사를 다시 선정하고 계약을 맺었다. 2013년 학사 일정에 맞춰서 준공 일정을 잡았다. 그러나 이때부터는 돈이 부족해서 어려움을 겪어야 했다. 건축위원회는 계속 기도하면서 돈을 마련하기 위해 드림콘서트를 기획하고 바자회도 하였고, 금반지 모으기 운동도 전개했다. 어린아이들은 저금통까지 학교로 가져왔고 교사들은 급여를 30% 이상 줄이는 등 마지막까지 건축을 위해 모두가 헌신적인 노력을 기울였다. 이 과정은 정말 눈물 겨울 정도로 감동적인 사건들의 연속이었다.

하나님의 약속

집회가 열리던 날 오전에 학교 건축 현장을 둘러보았다. 우리 학교가 건축을 시작할 때만 해도 학교 주변은 텅 빈 벌판이었는데 어느 새 6~8개월 만에 조립식으로 지은 물류형 창고 건물들이 여기저기 들어선 것을 보았다. 그러면서 나도 모르게 마음속으로 후회를 하고 있었다.

'내가 괜한 욕심을 낸 것인가? 옆의 물류 창고 건물들처럼 10억 원 정도 들여서 조립식으로 지었더라면 벌써 우리 학교도 건축이 완공

되었을 것이 아닌가? 입을 크게 벌리라는 말씀만 믿고 그렇게 했었는데 내가 너무 과한 욕심을 부려서 나와 우리 공동체가 이 고생을 하고 있는 것인가?'

그러나 아무에게도 나의 이런 심정을 토로하지 않았다. 모두가 어려운 시기에 나의 입과 얼굴만 쳐다보고 있는데 교장이 수심에 가득 차 있거나 후회나 걱정하는 말을 하면 자세히 알지 못하는 선생님들이나 부모님들은 괜히 걱정을 더 하게 된다고 생각했기 때문에 그저 혼자서 마음속으로만 고민하고 걱정하였다. 나의 속마음이나 걱정을 나눌 대상이 없어서 무척이나 외로웠던 시간들이었다. 집에서도 아내에게도 이런 속사정이나 나의 힘든 마음을 나누지 않았다. 아내가 도와줄 수도 없는데 괜히 걱정만 하게 하는 것이 너무나도 미안했기 때문이었다. 되돌아보면 이 시간들은 철저하게 혼자서 지내야 했던 시간들이었다.

그랬던 그날 저녁에 이를 안타깝게 여기신 하나님이 한창현 목사님의 입술을 통해 나와 우리 공동체에게 힘이 되어 주는 귀한 말씀을 해 주셨다.

"하나님 아버지! 임하시옵소서. 주님의 이름으로 축복합니다. 주님! 감사합니다. 주님이 말씀하십니다. 모든 것이 예비되어졌도다. 모든 것을 내가 하게 될 것이다. 너의 인생을 내가 시작했고, 너의 가정을 내가 시작했고, 이 학교도 내가 시작한 것처럼 내가 모든 것을 하게 될 것이다.

네가 잠시 후회했었느니라. 이렇게 어려울 거 같았으면 안 할 걸. 내가 했느니라. 네가 한 게 아니니라. 그리고 내가 끝낼 것이다. 너는 믿음을 계속 들고 있어라. 네가 믿음을 계속 들고 있어야 내가 너를 통해서 일할 수 있느니라. 너를 통해서 기적을 베풀 것이다. 나는 나에게 있는 기적이 너에게 일어나길 원하느니라. 네가 없으면 나는 기적을 베풀 수 없느니라. 너는 계속 믿음을 들고 나아가라. 너의 몸에도 기적이 나타날 것이다. 이 학교에도 기적이 일어날 것이다.

주님! 감사합니다. 네가 미래를 보고 있는 그 그림이 그대로 나타나게 될 것이다. 네가 말한 것들을 이 학교에서 이루게 될 것이다. 누구의 예언이 필요한 것이 아니라 네가 말할 때 이루게 될 것이다. 그것은 이 학교를 향한 예언이 되어질 것이다. 감사합니다. 하나님!

주님! 새 것을 부어 주심을 감사합니다. 이 귀한 종을 더 치료하시고 온전케 하옵소서. 예수 이름으로 완전히 치유되고 깨끗하게 되고 또 치유하는 자가 될지어다. 이 아들에게 제게 부었던 치유의 기름 부음을 그대로 부어 주셔서 그대로 치유하게 하시옵소서. 사람들을 치유하는 자가 되게 하시고, 하나님! 목사는 아니지만 치유하는 사역자가 되게 하시고, 하나님! 계속 부어 주심을 감사합니다. 우리 선생님을 통해서 많은 치유들이 일어나게 될 것입니다. 아주 탁월한 치유 사역을 하게 될 것입니다. 치유 사역하는 집회에도 초청받아 가게 될 것입니다.

감사합니다. 주님이 말씀들을 다 이루시는 것을 감사합니다. 이곳에 있는 모든 예언의 말씀들을 그대로 이루어지길 예수 이름으로 선포하며 기도합니다. 아멘!"

걱정과 염려에서 벗어나다

나는 이 기도를 듣고서 너무나도 기뻤다. 사실 학교를 새롭게 시작하면서 우리의 능력을 훨씬 넘어서는 건축비와 학교 부지 대금, 부모님들의 대여금으로 큰 심리적인 압박을 받고 있었고 게다가 건축 사기를 당할 뻔했다가 가까스로 이를 막을 수 있었기에 놀란 마음을 달랠 시간이 필요했었다.

특히 다시 학교 건축을 재개했건만 이제는 필요한 건축 자금을 마련하는 것이 여간 힘든 게 아니었다. 그래서 후회가 많이 되었던 것이다. 이 기간 동안에는 내가 일을 너무 크게 벌렸나 하는 생각이 자주 들었다. 이 학교 건물을 아이들에게 보여 주며 하나님이 우리에게 주신 것이라고 가르치겠다면서 화려하지는 않아도 튼튼하게 잘 지어야 한다고 말을 했던 것이 후회로 다가왔었다.

그런데 이 기도 내용을 들어 보니 내가 굳이 고민 안 해도 되는 것이 아닌가? 하나님이 하셨고, 하나님이 이것을 다 이루시겠다고 말씀하시는데 내가 걱정하고 염려할 필요가 있는가? 또 이 일을 내가 한 것이 아니라 하나님이 시작하신 것이라고 하지 않는가?

기도를 듣고 나서도 현실적으로는 해결된 것이 하나도 없었지만 나의 걱정과 염려는 온데간데없이 사라져 버렸다. 하나님이 이루시겠다고 하셨으니까 어떻게 이루시는지 지켜보자는 생각만이 강하게 들기 시작했다.

나는 그날 이후로 지금까지 학교에 여러 가지 어려운 문제나 큰 일이 많이 생겼지만 눈 하나 깜짝하지 않고 있다. 이 학교는 하나님의 학교이고 내가 한 것이 아니라 하나님이 하신 것이고 하나님이 이루시겠다고 분명하게 약속해 주시는데 내가 무슨 걱정할 필요가 있겠는가?

악한 대적이 나의 생각과 마음에 걱정과 염려를 집어넣으면서 마음의 평강을 깨트리려고 수없이 시도했지만 그럴 때마다 녹음해 두었던 목사님의 기도를 수업이 반복해서 들으면서 믿음을 잃지 않으려고 노력했다.

나는 지금도 2012년 10월 8일, 이날의 일들을 결코 잊을 수가 없다. 너무나도 기쁘고 감사가 넘치는 날이었다.

후원의 손길인가?
사기의 손길인가?

●　　　　　　학교 건축을 진행하다가 크게 사기를 당할 뻔했다가 하나님 아버지의 은혜로 이를 알아차리고 막아낼 수 있었다. 우리 학교 건축이 1년 가까이 중단되었을 때, 나는 세 번의 또 다른 사기를 당할 뻔했던 일이 있다. 그러나 우리가 하나님 아버지를 전적으로 믿고 의지하며 나아갔기에 우리 하나님이 이러한 나쁜 사람들이 파 놓은 함정이나 사기에 빠지지 않도록 우리들의 발걸음을 지켜 주셨다.

하나님의 도우심

2012년 9월의 어느 날, 건축이 재개되었지만 건축 자금이 부족해서 어려움을 겪고 있는데 커피밀에서 일하고 계시는 송영미 집사님으로부터 나를 급히 찾는 전화가 왔다.

"교장 선생님! 급히 커피밀로 와 보세요. 학교 건축을 후원하시겠다는 분이 나타나서요. 교장 선생님을 만나보고 싶어 하십니다."

깜짝 놀랐다. 하나님이 우리가 건축 자금 때문에 어려움을 겪는 것을 아시고 후원자를 보내 주셨나 하는 생각이 들어서 하던 일을 멈추고 총알 같이 커피밀로 달려갔다. 사실 이 시기에는 건축 자금이 부족해서 자다가도 "돈!"이라는 말을 들으면 금방 잠을 깰 정도였다. 나도 교장으로서 월급을 받는 입장이면서도 어떻게 교직원들 월급 주는 날이 이리도 빨리 돌아오던지. 게다가 건설업체로부터 건축 자금 독촉을 받게 되니까 모든 것을 다 내려놓고 그냥 도망갈까 하는 생각이 들 때가 얼마나 많았는지 모른다. 그랬던 시기였는데 후원하겠다는 사람이 나타났다니 어찌나 감사했는지 모른다.

커피밀에는 40대 후반으로 보이는 여성 한 분이 커피를 마시면서 앉아 계셨다. 내가 CBS 기독교 방송 "새롭게 하소서"에서 간증했던 영상을 함께 보고 계셨다. 커피밀의 송 집사님이 보라고 켜 주었던 것이다.

그는 나를 보자마자 반갑게 인사하면서 우연히 커피를 마시러 들어왔는데 분위기가 다른 커피숍이랑 달라서 이곳은 어떤 곳인가 싶어 물어보다가 교장 선생님이 귀한 사역을 하고 있음을 알고 만나

보고 싶다고 말했다는 것이다.

간단히 인사를 나눈 후, 나에 대해 짧게 소개했다. 그가 자기를 소개하기를, 작은 기업을 운영하고 있으며, 현재 10군데 단체에 후원해 왔는데, 그곳들이 다 잘 되어 이제는 후원을 하지 않아도 된다고 해서 새롭게 후원해 줄 기관이나 단체를 찾고 있는 중이었다고 했다. 새로이 건축하고 있는 현장도 가 보고 싶다고 해서 같이 일어섰다가 호평동에 있는 학교까지 둘러보기도 했었다.

이 사람이 하는 말을 곧이곧대로 믿는다면 이 사람은 정말 대단한 사람이다. 정계, 재계에도 펼쳐져 있는 인맥이 대단했다. 정재계 인사들과 찍은 사진이라고 하면서 보여 주는데 닮은 것 같기도 하고 젊은 시절 모습이라 하는데 잘 구분이 되지 않았다. 그리고 이야기를 들어 보니 자산도 엄청났다. 이 사람이 사기를 치려고 접근한 것이 아니라면 대단한 사람이라는 생각이 들었다. 그런데 간간이 이야기하는 것을 들으면 진실성이 조금 결여된 것 같고 앞뒤가 잘 안 맞는 부분이 있었다. 밝히지 않으려는 것들도 몇 가지 있었다. 약간은 의심도 되었다. 그러면서 내 마음속에 드는 생각이 하나 있었다.

'과연 이 사람이 하는 말 그대로가 다 사실이라고 할지라도 이 사람과의 만남이 하나님의 계획 속에 들어 있는 것일까를 먼저 생각하자. 하나님의 계획 속에 들어가 있는 이가 아니라면 우리가 돈을 받는 것이 해가 될 수도 있을 것이다. 오직 하나님 아버지의 뜻만 바라보면서 가자. 만약 하나님이 이 사람을 우리에게 보내 주신 것이라면 하나님이 이 사람을 통해 엄청나게 부어 주실 것이고, 그런 것이 아니라면 우리들은 이 사람에게서 그 어떤 도움이나 후원을 받아서는 안 된다. 우리가 물질이 가장 필요한 시점인 지금 하나님의 이름을 가장하여 사탄이 우리들을 시험할 수도 있는 것이다. 내가 특히 정신을 바짝 차리고 있어야겠다.'

지금 생각해 봐도 너무나 감사한 것이 있다. 내가 후원자가 나타났을 때 덥석 감사히 여기며 손을 붙잡지 않고 이분이 하나님의 계획 속에 들어가 있는 분인지 아닌지 먼저 기도해 보아야겠다고 했던 것이다. 그런 생각을 넣어 주신 것이 너무나도 감사하기만 했다.

그러던 차에 세 번째 만났을 때, 이 사람이 땅을 하나 보여 주겠다면서 나보고 같이 가자고 했다. 곧 경매에 넘어갈 땅인데 이곳을 매입해서 학교를 하면 좋을 것 같다고 했다. 경매에 나오면 이 땅을 사서 학교에 넘겨주겠다고 하면서 나에게 큰 그림을 그리라고 하는 것이다.

그런데, 송영미 집사님에 의하면 이 사람이 시간이 날 때마다 수시로 커피밀에 오고 있다는 것이었다. 기업을 운영한다는 사람이 이렇게 한가할 수 있나 싶은 느낌이 들 정도였다. 만날 때마다 학교를 어떻게 후원하려고 하는지 계획을 아주 장황하게 늘어놓았다. 돈이 너무나도 절실했는데 이 사람의 이야기를 듣고 있으면 우리 학교는 이제 고생이 다 끝난 것 같은 느낌이었다.

강남금식기도원에서의 기도

하루는 이분을 계속 만나려면 먼저 하나님의 뜻을 확인해야겠다는 생각이 들었다. 그래서 모든 것을 접고 1주일 동안 강남금식기도원에 가서 기도를 해 보고 와야겠다는 생각에 무작정 기도원으로 가서 1주일 동안 기도하였다. 4일째가 되도록 하나님은 이에 대해 아무런 말씀도 없으셨다. 4일째 되는 밤에 기도를 마치고 나오는데 갑자기 머릿속에서 일단 이 사람이 사기를 치러 온 것인지 아닌지 만이라도 확인해 보면 좋겠다는 생각이 들었다. 그때 학부모님 중에 대검찰청 수사관을 하고 있는 아버님이 떠올랐다.

5일째 되는 날, 이른 아침에 학부모님께 전화를 드려서 자초지종을 말씀드렸다.

"선생님! 일반인은 신원조회해 볼 수 없구요, 함부로 일반인에 대해 신원조회했다가는 큰일이 나구요. 혹시 그분의 이름과 나이, 사는 곳, 핸드폰 번호 등을 알 수 있는지요? 범죄자나 전과자들 명단에 들어 있는지는 확인해 볼 수 있으니까요. 1시간만 기다려 주세요."

그러더니 1시간 지난 후에 연락이 왔다.

"교장 선생님! 그 사람을 만나면 안 될 것 같습니다. 그 사람의 이름과 사는 동네, 나이가 일치하는 이가 사기 전과자 명단에 들어 있네요."

그 말을 듣는 순간 감사의 기도가 흘러나왔다.

"하나님! 이렇게 분명하게 알려주시니 감사합니다. 사기 치려고 접근한 사람에게 속아서 또 한 번 크게 당할 뻔 했습니다. 이를 미리 알 수 있도록 해 주시니 정말 감사합니다."

내가 또다시 사기를 당할 뻔했구나 하는 생각이 드니 정신이 번쩍 들었다. 기도를 마쳤을 때 수사관인 아버님께 확인해 보고 싶은 마음을 하나님이 넣어 주신 거였구나 싶어 감사가 나왔다. 비록 아무런 후원은 받지 못하고 해프닝으로 끝났지만 사기꾼인 줄 확인했기에 홀가분한 마음으로 기도원에서 내려올 수 있었다.

그 뒤로도 두 번이나 비슷한 사람들이 후원해 주겠다고 하면서 사기를 치려고 접근해 온 적이 있었다. 그때마다 하나님은 이들에게 말려들지 않도록 나를 잘 도와 주셨고, 사기임을 미리 알아차릴 수 있게 하셨다.

나는 이런 일을 겪으면서 누군가가 후원해 주겠다고 다가오면 감사한 마음을 갖기보다는 이 사람의 후원이 하나님의 계획 속에 들어가 있는 것인지, 아니면 사기를 치려고 접근한 자들인지를 먼저 확인해 보게 되었다. 내가 그들에게 고마워하면서 그들의 손을 덥석 잡아주지 않고 하나님 아버지의 계획 속에 들어가 있는지를 먼저 확인하려고 노력하게 되니 하나님 아버지는 그들이 사기 치려고 온 것임을 알 수 있도록 내 눈을 열어 보여 주셨다. 그래서 세 번이나 이러한 함정에 빠지지 않을 수 있게 되었다.

광야와 같은
학교

●   우리 학교는 2010년 12월 18일부터 2013년 3월 4일, 새로 지은 학교 건물로 이사하기까지 수없이 이사를 반복하면서 마치 이스라엘 백성이 출애굽한 후에 가나안을 향해 가던 중 40년 동안 광야에서 살았던 것과 같은 삶을 살았다.

덕소의 6평 임시 사무실에서 교무실을 운영하면서 학교 개교를 준비하였고, 2011년 3월 1일 개교하면서 호평동으로 학교 이사를 하게 되었다. 1년 만에 호평동 학원 건물이 매각되면서 2011년 12월 27일, 어쩔 수 없이 수택동 학원 건물로 이사해야 했고, 1년이면 새 건물로 입주가 될 것으로 믿고 1년만 계약했는데, 건축 자금 부족으로 공사 기간이 길어지면서 건축이 완공이 안 되어 2012년 12월 26일에 계약 만료가 되었다. 그렇게 되고 보니 우리는 12월 25일 성탄절 오후에 또다시 이사해야만 했다.

반복되는 이사

이제는 이사할 장소도 없고 곧 몇 개월 후, 준공이 되어 새 학교로 들어가야 하기에 학교의 모든 비품과 책걸상들은 우선 학부모님들의 창고로 나눠서 옮겨 두기로 했다. 그런 후 교사들은 또다시 덕소에서 임시 사무실을 얻어서 교무실로 삼고 개학을 준비해야 했다. 정말 광야와 같은 떠돌이 삶의 연속이었다. 학교의 준공이 2013년 3월로 연기되면서 2개월 정도는 임시 교무실에서 지내야만 했다.

이번 임시 사무실 역시 난방이 제대로 되지 않는 곳이었다. 냉기가 가득 찬 사무실에 석유난로를 하나 갖다 두고서 손을 호호 부비면서 컴퓨터 작업을 해야 했다. 어떤 때는 하루 종일 교무실에서 작업하고 있으면 석유 냄새 때문에 머리가 다 아플 지경이었다. 그렇다고 석유난로를 끄면 너무나도 춥기 때문에 이러지도 저러지도 못하는 상황이었다.

2013년 3월 4일 입학 감사 예배를 드리기 1시간 전에 극적으로 준공 허가서가 발부됨으로 우리들은 또다시 이사해야 했다. 학부모님들 창고로 분산해서 넣어 두었던 학교의 짐들을 다시 옮기는 이사였다. 모두들 정말 고생을 많이 했다. 그 당시 우리들은 농담으로 이렇게들 말을 했다.

"또, 이사를 하네요. 우리 학교 운영하다가 망해도 이삿짐 센터하면 우리들은 굶지는 않을 거 같아요."

사실, 학부모님들과 선생님들이 한 마음 한 뜻이 되어 이삿짐을 나르는 것을 보면 정말 대단하다는 말밖에는 안 나왔다. 그래도 마지막 이사하는 날에는 이번이 끝이라는 생각에 더욱 기쁘고 감사한 마음으로 날랐던 것 같다.

출애굽기를 읽어 내려가면서 우리의 처지가 출애굽했던 이스라엘 백성과 어쩜 이리도 비슷할까 하는 생각이 들었다. 그래서 이때부터 우리들은 "교육의 가나안을 향하여!"라는 슬로건을 자주 되뇌이면서 우리들의 마음을 하나로 모으게 되었다.

2005년 3월, 두레학교를 설립하고 2010년 12월 18일, 두레학교로부터 분리되어 나와, 밀알두레학교를 설립하여 지금까지 오는 동안 우리들은 그때그때 상황에 맞는 슬로건을 만들어서 사용하였고, 학부모님과 선생님들의 마음을 하나로 모으려고 애를 썼었다.

가슴을 뜨겁게 하는 슬로건들

지금에 와서 이 말들을 읽으면 그때의 상황들이 회상되면서 감사와 감동이 함께 묻어 나온다.

2005년 한 사람이 꿈꾸면 꿈에 불과하지만
         열 사람이 꿈꾸면 현실이 된다.
2010년 함께 가면 길이 됩니다.
2011년~2012년 교육의 가나안을 향하여!
2013년 잃어버린 한 마리 양을 찾는 목자의 심정으로
2014년 하나님의 마음으로!
2015년 예수님이라면 어떻게 하셨을까?
2016년 한 마음 한 뜻으로!
2017년 예수를 깊이 생각하라!

나는 목마른 자에게 물을 주며
마른 땅에 시내가 흐르게 하며
나의 영을 네 자손에게, 나의 복을
네 후손에게 부어 주리니
그들이 풀 가운데에서 솟아나기를
시냇가의 버들 같이 할 것이라
_사 44:3-4

이스라엘의 왕인 여호와,
이스라엘의 구원자인 만군의 여호와가
이같이 말하노라
나는 처음이요 나는 마지막이라
나 외에 다른 신이 없느니라
_사 44:6

여호와가 너를 항상 인도하여
메마른 곳에서도 네 영혼을 만족하게 하며
네 뼈를 견고하게 하리니
너는 물 댄 동산 같겠고
물이 끊어지지 아니하는 샘 같을 것이라
네게서 날 자들이
오래 황폐된 곳들을 다시 세울 것이며
너는 역대의 파괴된 기초를 쌓으리니
너를 일컬어
무너진 데를 보수하는 자라 할 것이며
길을 수축하여
거할 곳이 되게 하는 자라 하리라
_사 58:11-12

2부

교육의 가나안 입성

교육의 푸른 초장을
경험하게 하신 하나님

드라마틱한
하나님

●　　　　　　　　내가 만난 우리 하나님은 무척이나 연극
을 좋아하시는 아주 드라마틱하신 분이라고 여겨진다. 사람의 애간
장을 다 녹이실 정도로 극적인 장면을 좋아하시는 분이다.

2012년 11월부터는 내가 학교 건축 문제를 해결하기 위해서 전면
에 나서게 되었다. 그런데 건축의 비전문가인 내가 봐도 이 건축이
준공 허가가 날 수 있을까 하는 생각이 들 정도로 심각했다. MK 건
설회사와의 정산 문제도 남아 있고, 준공을 하려면 감리 도장이 절
실히 필요한데 감리의 절친인 설계사를 사기꾼들과 같은 편인 줄 알
고 민·형사 소송을 같이 걸어서 이 설계사가 검사로부터 고초를 겪
었고, 탈세했던 내용들까지 밝혀지면서 막대한 피해를 입었으니 감

리가 도장을 제대로 찍어줄 리가 없어 보였다.

차를 타고 다니다가 건축은 다 했어도 준공 허가를 받지 못하고 서 있는 건물들이 그때부터 내 눈에 들어오기 시작했었다. 이것을 보는 순간 남의 일 같지 않았다. 그런데 분명히 하나님이 이 학교는 내가 한 것이 아니고 하나님이 하셨으며, 하나님이 이루시겠다고 분명히 말씀하셨다. 이 학교에도 기적을 보이시겠다고 하셨으니 어떻게 이 난제를 해결하시나 지켜보자는 생각이 들었다.

그런데 참으로 놀라웠던 것은 그렇게 꼬이고 꼬여서 도저히 풀리지 않을 것 같았던 문제들이 2012년 12월부터 2013년 2월까지 오는 동안 하나씩 문제가 풀려 나갔다.

아주 힘든 상황에서 우리에게 용서를 실천하게 하면서 감리의 도장을 받아내게 해 주셨기에, 나는 모든 문제가 다 해결이 된 줄 알았다. 그러나 더 큰 문제가 놓여 있었다.

극적인 준공 허가

2013년 2월 27일, 건축과에 준공 허가서를 받으러 갔더니 가장 중요한 장애인시설협회의 도장이 또 필요하다고 했다. 그래서 협회에 확인을 요청했더니 그분들이 오셔서 실사를 했는데 우리 학교 2층 복도에 2층 건물과 3층 건물 사이를 연결한 부분의 경사진 면을 완만하게 만들어야 한다는 것이었다. 그럴 경우 복도뿐 아니라 3층 건물 쪽의 교실까지 차고 들어가는 공사를 해야 하는데 이런 경우 건물이 다 망가질뿐 아니라 실제로 있을 수 없는 형태의 교실이 만들어지는 것이었다. 상황을 이야기하며 부탁해 보았지만 담당자는 규정대로 해야 한다고 하면서 요지부동이었다. 그래서 지인들을 총 동원해서 협조를 당부했었다.

그러다가 하루가 지나서 겨우 2월 28일, 두 군데 정도 다른 곳에 보강 공사를 하고, 복도마다 장애인 시설을 더 보완하는 것으로 합의를 하고 나서야 겨우 도장을 받아낼 수 있었다. 그때가 2월 28일 오후 5시 45분이었다. 오후 6시면 시청 직원들이 퇴근할 시간인데, 퇴근하기 전에 뛰어가서 접수를 해야 준공 허가를 받고, 3월 2일 오전 10시에 차질없이 입학 감사 예배를 드리는데 큰일이다 싶어 총알같이 차를 타고 시청으로 달려갔다. 달려가면서도 하나님이 분명히 준공 허가를 나도록 해 주실 텐데 15분 남은 시간으로 어떻게 하시려나 기대하면서 일단 건축과로 뛰어 올라가 보았다. 오후 5시 58분에 도착을 했는데 직원들이 퇴근하느라 내려오고 있었다. 너무나도 숨 가쁜 순간이었다. 계단을 두 세 칸씩 한꺼번에 건너뛰어서 올라갔더니 감사하게도 준공 담당 공무원은 야근이라면서 책상에 앉아서 일을 하고 있었다.

'야호! 역시 하나님이 일하고 계시는구나!'

휘파람이 절로 나왔다. 그러나 그 기쁨도 잠시 뿐, 담당 공무원은 다른 과 직원들이 다 퇴근했기에 지금 준공 허가서를 줄 수 없다는 것이었다. 그래서 내가 3월 2일 오전 10시가 입학 감사 예배가 있는 날인데 이를 어떻게 하느냐고 애타는 다급한 목소리로 말했더니 담당자가 이렇게 이야기해 주었다.

"네, 약속대로 장애인시설협회의 도장을 받아왔으니 준공 허가서는 내어 주겠습니다. 그런데 지금은 어려우니까 3월 2일 아침에 오시면 제가 꼭 발급하겠습니다. 혹시 입학 감사 예배를 3월 2일에 꼭 해야 한다면 시간을 오후로 연기할 수 있으면 더욱 좋겠는데 가능하신지요? 오전에 다른 과 직원들이 다 출근하고 도장 받으러 다니려면 시간이 좀 필요합니다."

그래서 일단 입학 감사 예배는 오후 2시로 연기하겠다고 하고 시청 건물을 나서는데, 하루 종일 정신없이 뛰어다녀서 온몸이 땀으로 범벅이 되어 있었지만, 그것보다는 준공 허가서를 받아낼 수 있게 되었다는 안도의 한숨 때문인지, 긴장이 풀려서 그랬는지 시청 계단을 내려오는데 다리에 힘이 풀려서 춤추듯 흐느적거렸다.

3월 2일, 오전 10시쯤 약속한대로 건축과로 갔다. 그러나 약속한 건축 허가서는 주지 않았다. 뭔가 더 검토할 게 있다는 말만 하면서 건축과 담당 직원이 여기저기 전화하고 문의하는 것 같은데 도무지 기다려도 건축 허가서가 나오지 않는 것이었다. 또 무슨 문제가 생겼나 걱정이 되었지만 하나님이 분명히 일하시리라는 생각이 들었기에 그냥 앉아서 마냥 기다리기만 했다. 그러다가 12시가 되어서 입학 감사 예배 준비 상황을 점검하려고 나는 그냥 나와 버렸다. 혹시 준공 허가가 안 나오면 어떻게 하나 걱정이 되기 시작했다. 준공 허가가 안 나온 건물에서 입학식을 하면 불법인데, 그렇다고 다른 장소를 구할 수도 없고 난감한 상황이었다. 어쩔 수 없이 건설회사 사장님만 건축과에서 대기하게 하고서 나는 학교로 돌아오고 있었다. 그때 건설회사 사장님에게서 전화가 왔다. 건축허가서가 나왔다고 했다. 그때 시계를 보니 1시를 가리키고 있었다.

'이야! 우리 하나님은 참 대단하신 분이구나. 입학 감사 예배가 2시인데 바로 1시간 전에 준공 허가서를 받도록 해 주시다니 사람 애간장은 다 녹게 하시는구나!'

이렇게 해서 우리 학교는 입학 감사 예배를 드리기 1시간 전에 준공 허가서가 발급되는 드라마틱한 상황을 경험하게 되었던 것이다. 우리 하나님은 이렇듯 아주 극적인 상황에서 상황을 반전시키는 일들을 너무나도 좋아하시는 분이다.

이 일을 이야기로 전해 들을 경우에는 너무나도 극적이고 스릴이 있는 것처럼 여겨지지만, 당사자가 되어 그 일의 중심에 서 있을 때는 어찌나 긴장이 되고 불안한 생각이 밀려오는지 모른다.

우리 하나님은 정말 대단한 분이다.

감격의
준공

●   2013년 4월 27일은 우리 밀알두레학교가
왕자궁 마을에 건축을 시작하고서 2년 만에 입주한 것에 대해 하나
님께 감사하면서 학교 준공 감사 예배로 드린 날로 너무나 감격적이
고 감사했던 날이다.

평소 사랑하는 가족과 친지, 동역자들, 밀알두레학교 학부모님들
을 초청해서 2년 동안 구름기둥과 불기둥으로 우리를 인도해 주시고
정확하게 약속을 지켜 주셨던 하나님께 진심으로 감사를 표현하는
예배를 드렸다.

준공 감사 예배를 드리기 2일 전에 순서지에 들어갈 인사말을 작
성하면서 마음에서 솟아나는 기쁨과 감사로 가슴이 뜨거워지는 것
을 경험하였다. 이 기쁨과 감격을 영원히 잊지 않기 위하여 그 당시
순서지에 넣었던 감사의 인사말을 그대로 옮겨와 본다.

***

하나님의 말씀과 기도로 다음 세대를 양육하는, 아이들이 행복한 학교, 하나님의 학교를 만들어 나가고 싶다고 서원 기도했을 때, 하나님은 새로운 학교를 설립하러 나아가도록 길을 열어 주셨습니다.

아무것도 가지지 않고 빈손으로 나온 우리들에게 하나님은 17억 원짜리 땅도 매입하게 하시고, 30억 원을 들여 건축도 하게 하셨습니다. 아이들이 행복한 학교교육 운동을 열망하며 집을 담보로 대출을 받아 가면서까지 학교를 세우기 위해 수고하고 애써 준 우리 학부모님들과 선생님들의 열정을 미쁘게 보신 하나님이 꿈만 같던 일들을 우리에게 이루어 주셨습니다. 기적을 경험하게 해 주셨습니다. 구름기둥과 불기둥으로 인도하시는 하나님을 직접 경험하는 은혜를 주셨습니다. 우리에게 큰 은혜와 사랑을 부어주신 하나님께 감사와 영광을 올려 드립니다.

지난 2년 동안 정말 힘들고 어려운 순간들이 많았습니다. 10억 원 대출을 신청했다가 대출이 이루어지지 않아 너무나도 안타까워했던 적이 있었습니다. 뒤늦게 알게 되었지만 만약 그 당시 우리에게 대출이 이루어졌더라면 학교가 문을 닫아야 하는 상황까지 갈 수 있는 어려움이 놓여 있었던 것입니다. 하나님이 우리를 위해 대출을 막으신 것입니다. 얼마나 감사했는지 모릅니다. 1년 동안 건축이 중단되었을 때에는 참으로 암담하기도 했었습니다. 우리가 나아가야 할 길이 어딘지 보이지 않는 길 앞에 서 있는 듯 했었습니다.

건축이 다시 재개되었지만 자금 사정으로 힘들어 했던 2012년 10월 8일, 하나님이 저에게 이런 말씀을 주셨습니다. "이 학교는 네가 시작한 것이 아니라 내가 시작한 학교다. 내가 시작했기에 내가 이룰 것이다. 너는 끝까지 믿음을 들고 서 있으라. 내가 이 학교와 네 몸에 기적을 보여 줄 것이다." 이 말씀이 저에게 임하면서 저는 하나님으로부터 큰 위로를 받았고, 새로운 힘을 얻게 되었습니다. 어떤 어려움과 힘든 상황 속에서도 걱정하거나 염려하지 않고 하나님을 믿으며 올 수가 있었습니다. 되돌아보면 이때가 참으로 감사한 순간이었습니다.

건축이 완공되고 난 후에 준공허가가 나오지 않아서 2개월 정도 뛰어다니면서 산적한 문제를 바라보며, 과연 이 건물 준공이 나오기는 할까 싶을 정도로 답답했었습니다. 그러나 하나님이 하신다고 했으니 믿고 나아가 보자는 마음으로 문제를 마주하며 나아갔는데 하나님은 놀라운 계획을 갖고 계셨던 것입니다.

우리가 교육의 가나안 땅 왕자궁 마을에 입성하기 전에, 건축을 하면서 가졌던 속상하고 서운했던 마음들을 모두 내려놓고, 용서할 사람들은 용서하고 우리가 실수하고 잘못했던 것은 다 용서받고 깨끗한 마음으로 입성하길 바라신다는 것을 깨닫게 되었습니다. 그러한 깨달음들을 확인하고 나서 1주일도 채 되기 전에 복잡하게 얽혀 있던 산적한 문제들이 순식간에 해결이 되었습니다. 이 또한 얼마나 기쁘고 감사했었는지 모릅니다.

우리 아이들이 입학 예배를 드리는 3월 4일 이른 아침부터 조마조마한 마음으로 남양주시청을 찾아가서 준공 허가서를 받으려고 기다렸는데, 오후 2시 입학 예배드리기 1시간 전인 오후 1시에 드디어 준공 허가가 나왔습니다.

정말 드라마틱한 순간이었습니다. 가슴 조마조마했지만 어김없이 약속을 지켜주시고 기적을 만들어 주신 하나님께 정성을 다하여 예배하고 찬양을 올려 드립니다.

오늘날 우리나라 교육이 위기에 처해 있습니다. 교실 붕괴 현상들이 사회적인 문제가 된 것이 오래전 일입니다. 학교 가기 싫어하고 집단 따돌림, 학교 폭력 등으로 갈길 몰라 힘들어하는 청소년들과 학생들이 증가하고 있습니다. 우리가 아직은 미약하고 부족한 점이 많지만 아이들이 행복한 학교, 부모님들이 믿고 맡길 수 있는 학교, 선생님들이 보람 있어 인생을 걸만한 학교를 만들어서 공교육에 새로운 대안을 만들어 주고자 합니다. 우리나라 교육을 새롭게 하는 새로운 교육 운동을 전개하고자 합니다. 앞으로 기회가 주어지면 새로운 밀알두레학교들을 더 세워서 네트워크하고 교육 운동으로 이어지도록 할 예정입니다.

이 일을 하나님이 기뻐하시고 우리들에게 길을 열어 주셔서 새로운 학교를 만들게 하신 것으로 생각합니다. 예수님이 죽으면서까지 제자들을 사랑하셨던 그 마음을 생각하며 잃어버린 한 마리 양을 찾는 목자의 심정으로 아이들을 사랑하도록 하겠습니다.

집을 담보로 대출을 받으면서 학교 건축 자금을 대여해 주신 학부모님들과 기도로 늘 함께해 주셨던 사랑하는 밀알두레 가족 모두에게 이 자리를 빌어 진심으로 감사한 마음을 전하고자 합니다. 아울러 바쁘신 중에도 오늘 준공 예배를 기억하고 함께 참석하셔서 축하해 주시고 격려해 주시는 모든 밀알두레 가족들과 내빈들께 진심으로 감사를 드립니다. 늘 하나님의 은혜와 사랑이 함께하시길 간절히 기도합니다. 감사합니다.

2013년 4월 27일
사단법인 밀알두레 교육공동체
밀알두레학교장 정기원 드립니다.

기도 밴드와
기도 동역자

●   나는 2013년 6월 23일부터 매일 "정기원의 기도 동역자 밴드"를 만들어서 나의 건강과 우리 밀알두레학교를 위한 기도 제목들을 작성해서 올리고 있다. 이 기도 밴드에는 우리 밀알두레학교 학부모님들을 비롯하여 밀알두레학교 선생님들과 기독대안학교 교장 선생님들, 다른 학교 선생님들, 옛날 초, 중, 고등학교 시절 친구들, 공교육 현장의 선생님들, 밀알두레학교 졸업생들, 기도 밴드 동역자들이 초대한 지인들 등 다양한 분들이 들어와 있다.

중보자들을 세워라

내가 '정기원 기도 동역자 밴드'를 만들게 된 이유가 있다. 2013년

6월 20일, 하나님은 기도할 때, 나에게 기도 밴드를 만들도록 말씀을 주셨다.

"내가 너의 건강을 책임질 것이다. 너의 건강을 위해 계속 기도하고 또 기도하라. 너의 건강을 위해 기도하는 사람들을 많이 만들고 그들에게 기도 부탁을 하라. 너의 육신을 지켜줄 것이다. 기도하는 그룹을 계속 만들고 또 만들어라. 너의 건강을 위해 기도하는 자들이 너의 사역을 위해서 기도하게 될 것이다. 너의 사역은 많은 사람들의 기도가 필요하다. 지금까지는 너의 노력으로, 너의 의지로 나왔으나 이제는 기도 중보자들이 필요하다. 중보자들을 세워라. 너를 위해서 기도하는 중보자들을 세워라."

이 말씀을 들은 후, 기도하는 동역자들을 어떻게 세워야 할지, 어떤 이들에게 기도를 요청해야 할지 생각해 보았다. 6월 23일 주일 아침에, 교회를 다녀오는 길에 갑자기 밴드가 생각났다. 기도 밴드를 만들어 기도해 주실 분들을 초대해 매일 기도 제목을 공유하면 좋을 것 같았다. 그래서 얼른 밴드를 만들고, 가족과 친척, 학부모님들, 선생님들, 친구들 등 나를 위해 기도해 줄 것 같은 분들을 생각나는 대로 초대하였다.

밀알두레학교의 설립정신과
다니엘 기도

●   하나님 아버지는 두레학교로부터 분리되어 나와서 밀알두레학교를 시작하려고 할 때, 다음의 중요한 정신들을 기초로 하여 학교를 설립하게 하셨다.

우리의 사명

이스라엘아 들으라 우리 하나님 여호와는 오직 유일한 여호와이시니 너는 마음을 다하고 뜻을 다하고 힘을 다하여 네 하나님 여호와를 사랑하라 오늘 내가 네게 명하는 이 말씀을 너는 마음에 새기고 네 자녀에게 부지런히 가르치며 집에 앉았을 때에든지 길을 갈 때에든지 누워 있을 때에든지 일어날 때에든지 이 말씀을 강론할 것이며 너는 또 그것을 네 손목에 매어 기호를 삼으며 네 미간에 붙여 표로 삼고 또 네 집 문설주와 바깥 문에 기록할지니라(신 6:4-9).

하나님이 우리에게 주신 사명은 크게 두 가지로 나눠서 생각해 볼 수 있다.

첫째, 우리에게 해당하는 말씀으로 "마음을 다하고 뜻을 다하고 힘을 다해 네 하나님 여호와를 사랑하라."는 것이다. 우리들이 진정 열과 성을 다해 하나님 아버지를 사랑하면서 살아가라고 당부하고 계신다.

둘째, 우리들이 이렇게 하나님 아버지를 사랑하며 살아가는 것처럼 우리 자손들을 그렇게 가르치라고 명령하신다. 자녀가 집에 앉았거나 길을 가거나 누웠거나 일어나거나 항상 말씀을 가르치라는 것이다. 다음 세대를 말씀과 기도로 잘 양육하라는 말씀인 것이다.

우리 밀알두레학교는 하나님의 학교로서, 다음 세대를 말씀과 기도로 양육하는 것이 가장 중요한 목표이며 사명이다. 이를 위해서 하나님은 우리를 불러내셨고 이스라엘 백성에게 하신 것처럼 광야와 같은 삶을 살게 하시며 우리들을 훈련시키신 것이다. 훈련이 끝나자 하나님은 우리들을 왕자궁 마을로 인도하시면서 이곳을 교육의 가나안으로 만들도록 당부하신 것이다.

우리는 이 일에 부름 받은 평신도 사역자들임을 잊지 말아야 한다고 선생님들에게 자주 강조하고 있다.

우리의 비전

> 네게서 날 자들이 오래 황폐된 곳들을 다시 세울 것이며
> 너는 역대의 파괴된 기초를 쌓으리니 너를 일컬어 무너진
> 데를 보수하는 자라 할 것이며 길을 수축하여 거할 곳이
> 되게 하는 자라 하리라(사 58:12).

이 말씀은 우리 학교를 세우게 된 근거가 되는 말씀으로 우리의 비전이다. 이 말씀 중 "네게서 날 자들이"는 "우리 밀알두레학교에서 길러낸 아이들이" 또는 "우리 가정(교회)에서 길러낸 자녀가"라고 바꿔서 읽도록 요청하고 있다. 우리가 길러낸 아이들이 이사야서 58장 12절에 나오는 일들을 성취할 것이라고 믿으며 우리는 그렇게 교육한다. 이 비전의 말씀은 우리 모두의 꿈이자 소망이다.

우리가 길러낸 아이들이 두 가지를 크게 이룰 것이라고 기대하고 있다.

첫째, 오래 황폐된 곳들을 다시 세우는 것이다. 오늘날 우리 시대에 있어서 오래 황폐된 곳들은 어디일까? 사랑이 없이 삭막하게 살아가는 가정과 직장이 될 수도 있고, 교사로부터 비인격적인 대우를 받고 있는 학생들, 친구들로부터 집단 폭력으로 괴롭힘을 당하고 따돌림받으며 무시당하는 아이들이 서 있는 곳일 수도 있고, 상사에게 구박받고 수모를 겪고 있는 부하 직원이 서 있는 곳일 수도 있다. 즉, 사람다움을 잃어버리고 정이 사라진 채 메마른 상태로 살아가고 있는 곳들을 의미하는 것이 아닐까?

둘째, 역대의 파괴된 기초를 쌓는 것이다. 역대의 파괴된 기초는 무엇을 말하는 것일까? 대대로 내려오면서 잘못된 관행들, 부정부패, 정의롭지 못한 것, 하나님 아버지가 만드신 원형에서 훼손되거나 파괴된 것들을 의미한다고 생각하고 있다.

우리가 길러낸 아이들이 오래 황폐된 곳들을 다시 세우고 역대의 파괴된 기초를 쌓게 되니까 세상으로부터 두 가지의 별명이 붙여지게 되는데, 바로 무너진 데를 보수하는 자, 길을 수축하여 거할 곳이 되게 하는 자라고 불리우게 된다는 것이다.

우리들은 무너진 곳을 보수하고 길을 수축하여 거할 곳이 되게 한다는 말을 쉽게 해석해서 '사람 살만한 세상', '하나님의 나라'라고 생각한다. 우리 학교에서 길러낸 아이들이 이 땅을 하나님의 나라, 살만한 세상으로 만들어 나갈 것을 기대하게 되는 것이다.

학부모님들이 이 말씀 속에 자기 자녀들 이름을 넣어서 기도하는 마음으로 매일 읽으면서 밥을 하고, 선생님들이 이 말씀에 자기 학급 아이들 이름을 넣고 기도하는 마음으로 매일 읽으면서 가르치는데 하나님 아버지가 어찌 이 아이들을 그냥 모른 척 내버려 두시겠는가?

우리의 교육 목표

> 예수는 지혜와 키가 자라가며 하나님과 사람에게 더욱 사랑스러워 가시더라(눅 2:52).

위의 말씀이 우리 밀알두레학교의 교육 목표이다. 이사야서 58장 12절의 비전의 말씀을 이루게 하려면 어떻게 아이들을 교육해야 할까? 고민하다가 예수님처럼 교육하면 되지 않을까 생각을 하게 되었다. 그러다가 예수님의 어린 시절 모습에서 어떤 성장이 이루어졌는지 살펴보면 되겠다고 여기면서 이 말씀을 교육의 목표로 삼게 되었다.

이 말씀에서 예수님은 4가지 영역에서 고르게 성장이 이뤄졌다는 것을 발견했다. 예수님이 지혜가 자랐다는 데서 지적 성장(智)을, 키가 자랐다는 데서 신체적 성장(體)을, 하나님께 사랑스러워 가셨다는 데서 영적 성장(靈)을, 사람에게 사랑스러워 가셨다는 데서 사회적 성장(德)을 찾아낸 것이다. 즉, 예수님이 어린 시절부터 4가지 모든 영역에서 균형 있게 성장이 이뤄졌다는 것을 엿볼 수 있는 것이다.

우리의 교훈

> 내가 진실로 진실로 너희에게 이르노니 한 알의 밀이 땅에 떨어져 죽지 아니하면 한 알 그대로 있고 죽으면 많은 열매를 맺느니라(요 12:24).

교훈을 사전에서 찾아보면 '앞으로의 행동이나 생활에 도움이 되거나 참고할 만한 경험적 사실'이라고 나온다. 즉, 학급에서 가장 중요한 것으로 여기며 아이들에게 강조하고 있는 말이나 가르침을 의미한다고 볼 수 있다.

우리 학교의 교훈은 요한복음 12장 24절 말씀이다. 우리가 이사야서 58장 비전의 말씀을 꿈꾸며 우리 아이들을 이 말씀을 이룰 주인

공으로 키우려면 어린 시절 예수님처럼 양육하면 되겠다고 해서 누가복음 2장 52절의 말씀으로 교육 목표를 삼았다. 그러기 위해서는 예수님은 어떤 분이신가를 먼저 살펴보아야 한다. 그 점에서 교훈은 예수님께 집중했다. 예수님이 과연 누구신가? 예수님을 바로 알고 그 예수님의 뒤를 따라 걷는 작은 예수로 우리 아이들이 자라나도록 가르침을 주어야겠다는 생각에서 교훈을 삼은 것이다.

예수님은 한 알의 밀알로 이 땅에 오신 것이다. 죽으러 오셨다. 예수님이 죽지 않으시면 예수님은 그대로 있지만, 예수님이 십자가에 매달려 돌아가시게 됨으로 수많은 영혼들이 구원함을 받는 놀라운 일들이 일어났던 것이다.

우리들은 예수님으로 인해 구원받은 자들이다. 예수님이 우리를 대신해서 십자가를 짊어지고 죄를 대속해 주셨기에 우리들에게 구원의 길이 열리게 된 것이다. 그러므로 우리들은 예수님께 사랑의 빚진 자들이 된 것이다. 그러므로 예수님으로 인해 구원 받고 하나님 아버지의 자녀가 된 우리들은 하나님 아버지의 사랑과 예수님의 은혜를 알지 못하고 힘겹게 살아가고 있는 자들에게 이 사랑과 은혜를 전하고 증거자가 되어야 하는 것이다. 우리 아이들을 바로 작은 예수로 키워서 예수님이 걸어가신 길을 따라 걷는 밀알로 자라나도록 가르치는 것이다.

예수님이 자신의 생명을 흔쾌히 내어 주신 모습에서 '희생'과 '헌신'의 가르침을 찾아낼 수 있었다. 그러므로 밀알의 삶은 대접받는 자리가 아닌 섬기는 자리이며 다른 사람을 위해 헌신하고 희생하는 것이라고 가르쳐야 한다.

작은 밀알들의 4가지 성품

예수님이 걸어가신 길을 따라서 걷는 작은 밀알로 아이들을 키우기 위해서 네 가지를 강조해 오고 있다.

첫째, 겸손이다. 여기서 겸손은 바로 내가 한 것이 아니라 하나님이 하셨고 나는 도구에 불과한 것, 겸양지덕에 머물지 않고 자신이 도구라고 여기는 것이 진정한 하나님 앞에서의 겸손이다.

둘째, 항상 기뻐하고 쉬지 말고 기도하며 모든 일에 감사하는 삶이다. 예수님의 길을 따라 걷는다는 것은 하나님 아버지의 뜻을 따라 사는 것을 의미한다. 성경에 우리를 향한 하나님의 뜻이 무엇인지 설명해 주고 있다. "항상 기뻐하라 쉬지말고 기도하라 범사에 감사하라 이것이 그리스도 예수 안에서 너희를 향하신 하나님의 뜻이니라(살전 5:16-18)."고 하신 것처럼 항상 어떤 일에나 기뻐하고 쉬지 않고 기도하며 모든 일에 감사하는 삶을 살도록 가르치는 것이다.

셋째, 용서이다. 예수님이 이 땅에 오셔서 천국 복음을 전하시며 강조하신 말씀 중에 하나가 '용서'이다. 우리가 먼저 용서를 받았기 때문에 용서를 실천해야 한다고 가르쳐야 한다. 용서는 감정이 아니라 용서 받은 자로서 당연히 실천해야 할 의무라고 가르치길 원하신다. 예수님이 주기도문을 가르치면서 용서를 말씀하셨다. 그런 후에도 한 번 더 용서를 말씀하셨다. 우리가 다른 사람의 잘못이나 실수를 용서하지 않으면 하나님도 우리들의 잘못을 용서하지 않으신다고. 아이들에게 예수님의 마음과 가르침을 잘 가르치려고 애를 쓴다.

넷째, 권위자에 대한 순종이다. 예수님은 이 땅에 오셔서 삶을 사실 때 하나님의 말씀에 최선을 다해 순종했고, 하나님이 부여한 권위자들의 권위를 존중하려고 애썼다. 세례 요한보다 훨씬 더 크신 분이 세례 요한에게 세례를 받으셨다. 권위자들을 존중하면 자신이나 자신들의 자녀를 권위자의 자리에 앉게 하시는 것이 하나님의 원리이다. 우리 아이들이 이런 예수님의 삶을 따라서 살도록 가르치려고 노력한다.

다니엘 기도

우리 밀알두레학교는 하루에 세 번씩 기도하는데 이를 "다니엘 기도"라고 부른다. 다니엘이 하루에 세 번씩 시간을 정해 두고 기도했던 것을 이어가자는 의미에서 시작했다.

어떤 활동을 하고 있다가도 이 시각이 되면 하던 것을 멈추고 다같이 한 목소리로 지정된 말씀을 암송한 후, 찬양이 끝날 때까지 자신과 가정, 학교, 나라를 위해 기도하는 시간을 갖고 있다.

아침 8시 50분에는 비전의 말씀인 이사야서 58장 12절의 말씀을 암송한다. 오후 1시 45에는 학교 교훈이 되는 요한복음 12장 24절 말씀, 하교할 시점인 오후 3시 30분에는 교훈의 말씀인 누가복음 2장 52절의 말씀을 암송한다.

앞마당에서 놀거나 복도를 지나가다가 "다니엘 기도 시간입니다. 하던 것을 멈추고 제 자리에서 일어서 주십시오."라는 방송이 나오면 전교생과 전교직원들은 자리에서 일어서서 다니엘 기도를 할 준비를 한다. 그런 후에 방송에 따라서 성경 말씀을 다같이 한 목소리로 암송한 후에 기도하게 되는 것이다.

한 번은 우리 학교를 졸업한 학생이 학교를 찾아왔다. 대학생이 된 소감을 이야기하더니 자기 학교는 기독대학인데도 다니엘 기도 시간이 없어서 자신 스스로 기도 시간을 정해 두고 알람이 울리도록 설정하여 다니엘 기도를 하고 있다는 것이었다. 얼마나 기특하고 대견한가!

다니엘 기도를 하는 우리 아이들과 선생님들의 모습을 하나님 아버지가 무척이나 기뻐하시고 좋아하실 것이라는 생각이 든다. 다니엘 기도를 밀알두레학교의 좋은 전통으로 이어가고 싶다.

우정과 신의를 만들어 가는
진정한 친구들

●   우리 학교는 2005년 10월, 두레학교 때부터 중국 항주 녹성육화소학교와 자매결연을 맺었고, 2006년 3월에는 일본 동경 와코소학교와 자매결연을 맺고 교류해 왔다. 그러다가 2006년 12월 두 자매학교 교장 선생님을 초청하여 서로 인사를 나누게 한 후에 3개국 학교가 동시에 자매결연을 맺고 교류하자고 제안했다. 두 학교 교장님이 동의해 주어 2007년도부터 1년에 한 번씩 3개 나라가 서로 돌아가면서 3개국 자매학교의 문화교류를 진행해 오게 되었다.

한 · 중 · 일 3개국 학교간의 문화교류

2007년 10월 말에 오키나와에서 한 · 중 · 일 3개국 학교 학생들이 모여서 처음으로 문화교류를 해 보았다. 주제를 "평화교육"으로 잡고 여행을 함께하면서 서로를 이해하기 위한 문화교류에 중점을 두었다.

이 일이 있고 난 후 한 달 정도 지났을 무렵, 한·중·일 3개국 정상이 오키나와에서 정상회담을 했는데 이렇게 같이 만나는 것은 처음이라는 뉴스를 보았다. 우리 3개국 학교가 먼저 물꼬를 텄기에 3개국 정상회담이 가능한 것이었다고 우리들끼리는 그렇게 이야기를 주고받곤 했었다.

그 후로 3개국 학교간의 문화교류는 지속되었고, 2017년 3월, 제 11회 3개국 문화교류를 중국 항주 녹성육화소학교에서 진행하였다. 이 행사에 우리 학교 4, 5학년 아이들이 참가하였는데 내가 인솔 대표를 맡았다. 3박 4일 동안 우리 아이들이 중국 친구와 일본 친구들이랑 서로 친하게 지내는 모습을 보니 어느새 큰 감동이 밀려왔다.

비록 말과 음식이 다르고 얼굴 생김새가 조금씩 달라도 동심은 국제적인 언어가 되어 서로 통하게 만들어 주는 것 같았다. 손짓, 발짓을 해 가면서 함께 공부하고 놀다 보니 한·중·일 3개국 아이들은 어느새 다정한 친구가 되어 있었다.

게다가 이 문화교류는 아이들만 친구가 되는 것이 아니라 3개국 자매학교의 교장과 교사들도 친구로 엮어 준다. 아이들을 인솔하고 온 선생님들도 여러 번 만나게 되면서 아주 반가운 친구가 될 수 있었다.

의리를 보여 준 자매학교 교장 선생님들

2010년 11월 30일 두레학교에서 분리되어 나올 때 각각 1박 2일 일정으로 중국 자매학교와 일본 자매학교를 방문해서 우리 학교가 나누어지게 되었다고 말을 했더니, 두 학교 교장 선생님은 이구동성으로 물었다.

"그렇군요. 그럼 정기원 교장 선생님은 두 학교 중 어느 학교로 갑니까? 우리 학교는 무조건 정기원 선생님이 가는 학교와 교류를 하겠습니다."라고 말해 준 정말 고마운 친구들이다. 비록 나이와 국적은 달라도 이미 절친으로 바뀌어 있었다.

내가 가장 힘든 순간이었고 믿었던 사람들에게 등 돌림을 당하는 상황이었는데, 외국의 친구들은 끝까지 함께해 주면서 의리를 지켜 주었다. 그리고 그 친구들은 우리가 밀알두레학교를 시작함에 있어 응원과 지지를 힘껏 보내 주면서 힘을 보태 주려고 애를 썼었다. 그리고 개교 예배를 드릴 때 학교의 중요한 일정들을 미루면서까지 입학 감사 예배에 참석해 주었다. 너무나도 고마운 이 일들을 평생 동안 나는 잊을 수가 없을 것이다.

1억 원을 선뜻 빌려준 일본 친구들의 우정

우리 학교가 건축하고 준공을 하려고 하는데 잔금이 2억 원 가량

이 부족했었다. 그래서 학부모님들에게 대여를 받아보려고 했었지만 부모님들도 대여를 많이 하신 상황이라 더 이상은 대여가 어려웠다. 어쩔 수 없이 등록금을 거둔 학교 운영비에서 잔금을 지급하고 준공을 받았는데 문제는 2013년 3월부터 학교 운영비가 부족해지기 시작했었다.

그래서 다시 돈을 대여 받으려고 30여 곳 이상 전화를 해 보았지만 이상하게도 천 원도 모을 수가 없었다. 참으로 신기하다 싶었다. 어떻게 천 원도 모으지 못하나 생각하다가 이 일을 하나님이 원하지 않으시는 것은 아닌가 하는 생각이 들면서 다른 방법을 모색하게 되었다. 그래서 가정통신문을 통해 학교의 어려운 형편을 이야기하면서, 등록금을 2개월 치 선납해 줄 수 있는 가정들이 있다면 신청해 달라고 부탁을 했더니 감사하게도 40~50여 가정에서 신청해 주었다. 그 덕분에 아주 힘겹기는 했지만 3월부터 학교를 운영해 나갈 수 있었다. 그러나 12월이 되자 더 이상 선납을 받을 수도 없게 되면서 재정적으로 무척 어려운 상황 앞에 놓이게 되었다. 참으로 막막했었다. 그때 일본에서 선생님 한 분이 메일을 보내왔다.

2003년 8월, 대안학교 설립을 준비하면서 교육기행을 떠났을 때, 알게 된 일본의 이와나베 선생님이었다. 이분은 일본 초등학교 교사로 정년퇴임을 하고 대학에서 학생들을 가르치고 있었다. 이 선생님하고는 인터넷 번역기를 이용하여 편지를 주고받아 오면서 자연스레 국적과 나이를 초월한 친구로 맺어지게 되었다. 1년에 한 두 번씩은 일본과 한국을 오가며 만나왔다.

이 선생님이 학교를 세웠다는데 혹시 어려움은 없느냐고 물어 왔다. 그래서 얼른 "돈이 없어 죽겠다. 지금 정신이 하나도 없다. 아주 많이 어렵다."고 솔직한 심정을 적어 보냈다. 그랬더니 "얼마가 필요하냐?"고 물어왔다.

그래서 "2억 원 정도만 있으면 좋겠고 아니면 1억 원이라도 있으면 숨통이 트일 것 같다."고 답장을 했더니 1주일 뒤에 회신이 오기를 "일본에 잠시 들어올 수 있겠느냐?"고 했다.

그래서 2014년 1월 중순에 총알 같이 달려갔더니 선생님 세 분이 1억 원을 준비해 놓고 있었다.

이와나베 선생님은 5백만 엔, 오타니 선생님은 3백만 엔, 카마쿠라 선생님은 2백만 엔 이렇게 준비해 놓고 있었다. 이와나베 선생님과 오타니 선생님은 정년 퇴직금을 모아 두신 거라고 했다. 돈을 전해 주시면서 다음과 같이 이야기해 주었다.

"우리가 힘을 합쳤는데도 1천만 엔(1억 원)밖에 못 모았습니다. 우리 2명의 것은 퇴직금의 일부입니다. 혹시 이것으로라도 어려움을 이겨냈으면 좋겠습니다. 돈은 이자 없이 빌려 주겠습니다. 학교가 형편이 될 때 천천히 원금만 갚아 주십시오."

얼마나 감사했는지 모른다. 눈물이 쏟아지는 걸 억지로 참았다.

한국의 친척들도 쉽게 빌려주지 않는 돈을 이렇게 선뜻 빌려 주면서 형편이 될 때 이자 없이 원금만 갚아 달라니….

내가 너무나 감사하다고 인사하면서 차용증은 한국에 가서 잘 만들어 보내 주겠다고 하니까 그럴 필요가 없다고 하더니, 수첩을 꺼낸 후 종이를 한 장 찢고서는 그곳에 금액과 이름 하나만 적은 후 서명만 하면 된다고 하였다.

그래서 내가 "선생님! 이게 무슨 차용증이 됩니까? 한국에 가서 근사하게 만들어 우편으로 보내 드리겠습니다."라고 했는데 선생님들은 "우리는 친구인데 굳이 번거롭게 그렇게 안 해도 됩니다."라면서 한사코 사양했다.

이 말에 더욱 감동이 밀려왔다. 나이와 국경을 초월한 깊은 우정을 경험하였던 것이다. 한국에 들어왔더니 선생님들이나 학부모님들이 다들 놀라워했다. 한국에서 친척들이나 지인들을 통해서도 1억 원 빌리기가 쉽지 않은데 일본 선생님들에게서 돈을 빌려 왔다고 모두들 한마디씩 했다.

며칠 있다가 정식으로 차용증을 만들어서 세 분의 선생님께 전해 주었다. 나도 그동안 교류를 통해서 만났던 일본 선생님들이나 중국 선생님들이 마음의 친구라고 여길 정도로 친하게 지냈지만 이렇게 내가 가장 어려운 때에 지지해 주거나 응원해 주면서, 선뜻 1억 원이라는 큰 돈을 빌려 주리라고는 생각해 보지도 못한 일이었다.

그로부터 3년 9개월이 지난 지금 현재, 아직 1억 원 중에 3천만 원 밖에 상환을 못해 주었지만, 빠른 시일 안으로 상환해 드릴 수 있게 해 달라고 기도하고 있다.

지금의 친구가 진정한 친구인지 아닌지는 어려움에 처해 보면 알 수 있다. 어려움에 처했을 때 외면하지 않고 그 어려움에 조금이나마 힘이 되어 주고자 노력하는 친구가 진정한 친구인 것이다.

그러고 보면 하나님께서는 나에게 진정한 친구들을 많이 붙여 주셨다. 언어도 다르고 생김새도 다르고 국적도 다르며 나이도 차이가 많이 나지만, 어려움에 처했을 때 선뜻 나서서 도움을 주는 외국의 친구들을 붙여 주시면서 나를 위로하고 새 힘을 얻게끔 하시는 것 같다. 우리 밀알두레학교 아이들도 나와 같은 경험들을 하면서 일본과 중국의 좋은 친구들을 많이 만나게 되고 우정을 만들게 되길 소망해 본다.

투석관이
막히다

● 　　　　　　　　투석을 받은 지 만 3년이 되는 2014년 11
월, 오른쪽 가슴에 넣어둔 투석관이 막힌 적이 있었다. 그래서 2시간
밖에 투석을 할 수 없었다. 그러자 의사 선생님은 신이 났다.

"이 정도면 다음에 오게 될 때쯤 완전히 막혀 있을 거에요. 약속한
대로 투석관이 막히면 기존의 투석관을 빼내고 새 투석관을 집어넣
던지 아니면 팔뚝에 혈관을 새로 만드는 것을 진지하게 생각해 보세
요."

의사 선생님은 이미 확신에 차서 이야기를 하고 있었다. 그래서
나는 이렇게 대답해 주었다.

"네. 완전히 막히게 되었다면 그리하겠습니다. 새로 투석관을 교
체하겠지만 팔뚝에는 절대로 만들지 않을 겁니다. 그러나 단 1%라
도 투석이 될 때는 저는 그냥 버티겠습니다."

의사 선생님이 속으로 고집이 무척 세다고 여겼을 것이다. 그런데 이것이 나는 믿음을 들고 있는 것이라는 생각이 들었다. 하나님이 고쳐 주실 것을 믿고 기다리는 것이 중요하다고 생각했기 때문이다.

3일 후, 다시 투석 받으러 가기 전에 평소에 나를 위해 기도해 주셨던 사모님을 찾아뵙고 기도를 받은 후, 투석하러 갔다. 병원에서는 의사 선생님이나 간호사님들이 투석관이 완전히 막혀서 기존 투석관을 뽑아내고 새로이 투석관을 심거나 아니면 팔뚝에 혈관을 만들 수술을 하게 될 것으로 확신하고 있었다. 그러나 놀랍게도 투석을 시작하는데 투석관이 언제 막히기라도 했느냐는 듯이 투석이 잘되기 시작했다. 의사 선생님과 간호사들이 놀래서 나에게 물었다.

"도대체 어디서 기름칠이라도 하고 온 거에요?"

"네. 기도받고 왔는데 투석관이 막힐리가 있겠습니까?"

이 말에 의사 선생님은 아무런 반응을 하지 않고 다른 환자를 살피러 갔다.

그 후로도 투석관이 조금이라도 막힐 것 같다 싶으면 간호사님들은 나에게 이렇게 말했다.

"투석관이 뻑뻑해지는 것 보니 곧 막힐 것 같은 느낌이 듭니다. 얼른 가서 기도 받고 오세요."

하나님의 교육 원리,
행복한 가정

●   하나님은 고난의 시기를 거치게 하면서
나를 변화시키고 우리 가정을 변화시키며 나중에는 학교까지 변화
시키는 놀라운 일을 추진하셨다. 이 과정을 지나면서 하나님 아버지
가 나에게 확실하게 가르쳐 주신 것이 있었다. 이것이 바로 '하나님
의 교육 원리는 행복한 가정에 있다.', '행복한 가정이 교육의 기본이
다.'라는 것이었다.

나는 2005년도 3월, 두레학교를 설립할 때부터 학교 기초를 빨리
다지기 위해서는 누군가 학교를 위해 헌신해야 한다고 생각을 했고
그 헌신자가 나여야 한다고 생각했다. 그래서 학교를 위해 아침 일
찍 출근하고 밤늦게까지 아주 열심히 일하였다. 토요일과 주일에도
학교를 지키려고 애썼다.

두레학교에서의 6년 동안은 그렇게 살았다. 이 기간 동안에는 가족들과 저녁 식사를 같이 한 날이 1년에 7일이 안 될 정도였다. 가족 생일, 명절 정도만 가족들과 함께 지냈고, 나머지는 가정을 떠나 밖에서 지냈던 것이다.

하나님에 대한 오해

나는 이 당시에는 하나님을 무척이나 오해하고 있었다. 하나님이 일을 열심히 하면 좋아하실 줄로만 알았다. 그래서 6개월 정도의 일이면 나는 목표를 우선 3개월로 단축해서 잡았고 이를 이루기 위해 최선을 다했다. 선생님들에게 그만큼 압력도 많이 가하기도 했다. 나는 일 중심의 삶을 살았다. 그렇게 하면 하나님이 기뻐하실 줄 알았던 것이다. 그때 아내가 나에게 종종 일중독자라는 표현을 쓰기도 했을 정도이니 내가 어떤 삶을 살았는지 이해가 될 것이다. 나는 그렇게 열심히 살았다.

그러다가 투석을 받게 되면서 하나님의 사랑을 머리가 아닌 가슴으로 이해하게 되었고, 성경을 읽으면서 내가 하나님을 많이 오해하고 있었다는 것을 알게 되었다. 그리고 내가 크게 잘못된 인생을 살았다는 것을 깨닫게 되었다.

하나님은 우리가 일 중심이 아니라 사람 중심으로 살기를 원하신

다. 그리고 우리가 열심히 살기를 원하시는 것이 아니라 행복하게
살기를 원하신다. 성경 말씀에 이 부분이 정확하게 나온다.

> 항상 기뻐하라 쉬지 말고 기도하라 범사에 감사하라 이것
> 이 그리스도 예수 안에서 너희를 향하신 하나님의 뜻이니
> 라(살전 5:16-18).

항상 기뻐하고 감사하면서 행복하게 사는 것이 하나님이 우리에
게 바라시는 바인 것이다. 나는 그런 하나님을 오해했고, 하나님을
내 마음대로 생각하면서 가족들과 여러 선생님들의 마음을 아프게
했던 사람이다.

일 중심의 삶

일 중심으로 살고 열심히 살게 되면 크게 두 가지 면에서 문제가
생기는 것을 경험했다.

첫째, 열심히 살면 몸에 질병이 생기게 되는 것이다. 내가 몸을 돌
보지 않으면서 열심히 살았던 결과 신장이 망가지면서 투석을 받아
야만 살아가는 신세가 되었다. 하나님이 고쳐 주시지 않으면 의학적

지식과 상식으로는 절대 고쳐지지 않는다는 말을 들어야 하는 상황까지 이르게 된 것이다.

둘째, 일 중심으로 살게 되면 가족 간의 관계가 깨지게 된다는 것이다. 내가 그렇게 살기 시작한 첫 해부터 우리 집에는 문제가 생기기 시작했다.

아들의 아픔

먼저 아들이 초등 2학년 때부터 두레학교를 시작했는데, 이상하게 거칠고 난폭해지면서 욕을 그렇게도 잘하는 것이었다. 게다가 화가 나면 아이들과 싸움도 잘하고, 나의 어린 시절과는 너무나도 다른 모습이었다. 그럴 때마다 교장실로 불러서 잘 타일러 주었건만 나아지기는커녕 점점 더 심해져 가기만 했다. 나중에는 이런 아들의 모습을 보면서 '정말 내 아들이 맞나? 어쩜 이리도 안 닮았지? 혹시 처갓집 쪽에 이런 아이가 있었나?' 하면서 찾아볼 정도였다. 학교장의 아들이 툭하면 아이들을 때리고 욕하고 거친 행동을 하니까 학부모님들과 선생님들의 스트레스가 얼마나 컸을까 싶어 지금도 그 시절만 생각하면 미안하고 송구스럽다.

이 아들이 6학년이 되니까 박지성 선수처럼 축구 선수가 되겠다면서 일반 학교로 옮겨달라고 떼를 썼다. 그래서 왜 하필이면 축구를 하고 싶어 하느냐고 달래 보았지만 막무가내였다. 그러면서 아들이 하는 말이, "아빠! 다른 것은 다 부모님께 양보해도 내 꿈만은 내가 결정하고 싶어요."

이 말에 감동을 받아서 축구부가 있는 일반학교로 가도록 아들을 전학 보내 주었다. 그러면서 축구를 혹여 그만 두게 되면 다시 두레학교로 들어오라고 당부하였다. 그러나 아들이 축구를 제대로 해 보기도 전에, 키가 너무 빨리 성장하면서 무릎에 성장통이 와서 공을 제대로 차보지도 못한 채, 무릎 치료하러 6개월 동안 병원에 다녀야만 했다.

그러다가 중1이 된 어느 날, 아들이 새로운 꿈을 찾았다면서 말을 걸어왔다. 그 꿈 이야기를 듣고 더욱 암담하고 답답해짐을 느꼈다.

"아빠. 새로운 꿈이 생겼어요."

"그래, 무슨 꿈이 생겼냐?"

"스타크래프트 프로게이머가 될래요"

"왜? 하필이면 많고 많은 꿈들 중에 프로게이머냐?"

"네. 어느 날 치료 받으러 가서 스타크래프트 경기를 보는데 우승자가 우승하고서 '이 영광을 하나님께 돌립니다.'라고 하는 것을 보았습니다. 저도 그렇게 하고 싶어졌습니다."

"하나님께 영광을 돌리는 것은 그 길 아니어도 방법이 많단다."

"아빠! 지난 번 허락해 주셨잖아요. 내 꿈은 내가 결정하게 해 주신다고요."

"……."

나는 이 말에 아무 말도 하지 못한 채 또다시 밀어주게 되었다. 당시 내가 아주 감동적으로 읽었던 것 중의 하나가 "부모의 역할"이라는 내용의 책이었는데, 이 책에서 아버지는 자녀가 비록 잘못된 선택을 하더라도 절대적인 지지자가 되어야 한다고 적혀 있었다. 이 말에 내가 크게 감동을 받은 상태였다. 그래서 게임을 하라고 허락해 주었지만, 새벽 3시 반까지 자지 않고 게임만 하고 다음 날 낮 11시가 넘어서 겨우 일어나는 아들의 모습을 보면서 여러 가지 복잡한 생각이 들었다.

'나는 과연 잘한 것인가? 이 아들의 뇌는 정말 괜찮은 것일까? 이렇게 아들을 살게 해도 되는 것인가?'

온갖 걱정과 염려가 생기기 시작했다. 나는 솔직히 6개월이면 멈출 줄 알았다. 그런데 아들이 중3이 되니까 학교를 아예 안 가겠다고 했다. 지금 전국에서 300등 안에 들어서 이제는 프로에 올인해야 할 때라고 하면서 학교를 오가는 시간이 아깝다는 것이었다. 그래서 혹시 도중에 꿈이 바뀌어서 공부해야 하는 꿈을 갖게 되면, 암기 과목은 그날부터라도 열심히 하면 따라갈 수 있지만, 영어와 수학은 쉽게 따라갈 수 없으니 학교에서 영어, 수학 수업만 참여하자고 제안했고, 이에 동의한 아들은 자기가 무슨 대학생이라도 된 듯이 영어와 수학만 공부하고 집에 가버렸다.

이런 아들의 모습을 우리 선생님들이 보면서 속으로 얼마나 걱정하고 염려를 했을까 참으로 미안하다는 생각이 든다.

아내의 아픔

이렇게 아들이 모든 이들의 걱정의 대상이 되어 살아가는 동안 집에 들어오면 아내에게서도 문제가 보이기 시작했다. 내가 집에만 들어오면 아내는 내게 자기를 사랑하느냐고 물어보았다. 처음에는 깜짝 놀라서 내가 얼마나 사랑하고 있는지, 사랑하니까 결혼했고, 지금 이렇게 사는 것이라고, 두 시간 넘게 찬찬히 설명했건만 아내는 가슴으로 느껴지지 않는다는 말만 되풀이 했다. 참으로 답답했다.

이런 시간을 10일 넘게 계속 보내다 보니 나는 집에 들어가는 것이 너무나도 싫었다. 집에 들어가면 아내가 또 듣기 힘든 말을 늘어놓으면서 사랑하느냐고 물을 거라 여겨지니까 일부러 일을 만들어서 늦게 들어가려고 애를 썼다.

이렇게 살기를 6년째, 아내가 도저히 못 참겠다고 이혼을 요구해왔다. 나도 더 이상 다른 방법이 없어서 이혼해 주겠다고 했다. 아마 하나님이 우리 부부를 그냥 내버려 두셨다면 아마 지금쯤 이혼하고

서 각자 불행하게 살고 있었을 것이다.

하나님은 이 시점에 우리 부부와 우리 가정의 모습을 보고서 극약 처방을 하신 것 같았다. 바로 나에게 투석을 받도록 하면서 죽음 앞에 서게 하셨고, 무엇이 문제이며, 어디에서 잘못되었는지를 깨닫게 해 주었다. 특히 이 시기에 한창현 목사님을 계속 만나도록 이끌어 주시면서 아들이나 아내의 문제들이 바로 나에게서 비롯된 것들이었다는 것을 알게 해 주셨다.

나는 그때까지만 해도 내가 이렇게 불행하게 살게 된 것이 아들과 아내의 문제라고만 느꼈다. 아버지의 뜻을 전혀 모르고 자기 멋대로 삶을 살면서 친구들을 때리고 욕하는 아들이 달라지고 바뀌면 된다고 생각했고, 남편이 사랑하고 있음에도 불구하고 사랑이 느껴지지 않는다고 하면서 힘들게 하는 아내가 변화되면 된다고 여기고 있었다. 그러면서 나는 흠잡을 데 없는 지극히 모범 아빠이며, 좋은 남편이라 여겼었다.

하나님의 깨우치심

그러나 하나님은 아들과 아내의 문제가 아니라 바로 나의 문제라는 것을 깨닫게 해 주셨다. 아들이 그렇게 힘들었던 것은 아들에게 아버지가 없었던 탓이라는 것을 알려 주셨다. 내가 학교나 집에서 교장으로서만 아들을 대했고, 아들은 자신을 절대적으로 지지해 주고 사랑해 주는 아빠가 없어 마음이 힘들어서 그렇게 행동한 것으로, 전적으로 아빠인 나의 잘못이요, 나의 책임이라는 것을 깨우쳐 주셨다.

아내가 외로워하고 힘들어 했던 것도 아내의 잘못이 아니라 남편인 나의 잘못임을 알게 해 주셨다. 아내가 나를 사랑하느냐고 물은 것은 자신을 이 세상에서 첫 번째로 가장 사랑하느냐고 물었던 것이었다. 그런데 나는 그 당시에 아내를 최고 우선순위에 두지 않았다.

내가 경상도에서 자라나다 보니 어렸을 적부터 어른들에게 자주 들었던 말이 있었다.

"부모는 한 분 뿐이지만 계집(여자)은 골짜기마다 있다."

그러므로 어렸을 때부터 부모에게 잘해야 한다고 말씀을 듣다 보니 내가 가장 우선순위에 두고 살아온 것이 부모님이었다. 그다음으로 어린 아들이고 아내는 세 번째 정도 되었던 것이다. 그러니까 아내는 너무나도 외롭다고 느낄 수밖에 없었다.

아내가 자신을 사랑하느냐고 물었던 것은, 자신을 이 세상에서 가장 사랑하느냐고 물었던 말인데 나는 아내를 세 번째로 사랑하면서 사랑하고 있다고 계속 말하니 아내 입장에서는 자신을 첫 번째로 사랑하는 것으로 여겨지지 않는다고 말했던 것이다. 아내 입장에서는 맞는 말이었다. 내가 답답했던 것은 비록 세 번째이더라도 내가 사랑하지 않았던 것은 아니니까 사랑하고 있다고 아무리 설명해도 가슴에 와 닿지 않는다고 말하는 아내가 그 당시에는 이해가 되지 않았던 것이었다. 이런 이유로 우리 부부가 행복하지 않았음을 하나님은 나에게 알려 주셨다.

그러고 보니 모든 것이 내 잘못이라는 것을 알았다. 나 때문에 아들이 6년 가까운 시간을 방황하며 힘들어 했고, 아내는 아내대로 외로운 시절을 보내야 했었던 것이다. 너무나 미안했다. 그래서 시간을 내어서 아들에게 우선 미안한 마음을 토로하였다.

"태현아! 미안하다. 아빠가 아빠 역할을 잘 못해서 네가 그동안 고생이 많았구나. 모든 것이 아빠의 잘못이며 네 잘못은 아무것도 없었단다. 이제는 아빠가 네 편이 되어 줄 게 어떤 잘못이나 실수가 있어도 아빠가 너를 지지해 주고 너의 편에서 바라봐 줄 게."

그날 이후로 아들이 조금씩 달라지기 시작했다. 그리고 아내를 제일로 하고 두 번째로 아들, 세 번째 부모님을 우선순위로 하면서 우리 가정은 행복한 가정으로 변화되기 시작했다.

행복한 가정으로의 변화

요즘 아내는 결혼한 이래로 이렇게 행복한 적이 없다고 하면서 너무나도 행복해 한다. 나도 가정이 이렇게 행복한 것임을 깨달으며 날마다 기쁨과 감사가 넘치는 것을 경험하고 있다.

우리 가정이 이렇게 행복해지면서 놀라운 변화가 나타났다. 아들이 너무나도 달라졌다. 프로게이머가 된다고 하던 아들이 정치인이 되겠다는 꿈을 갖게 되면서 열심히 공부하고 있고, 언어가 달라지고 생활태도가 확 달라졌다.

더욱 놀라운 것은 우리 부부가 사랑으로 하나가 되고 아들이 변화되면서 우리 가정은 점점 행복한 가정이 되었다. 우리 가정의 변화로 나타난 것이 학교의 변화이다. 학교도 분위기가 눈에 띄게 달라졌다. 선생님들의 얼굴에 웃음꽃이 활짝 피었고, 두 세 가지로 마음이 나뉜 듯 했던 선생님들이 하나로 마음이 모아지는 게 느껴졌다.

하나님은 나를 변화시키고 우리 가정을 변화시키며 그로 인하여 학교가 변화되도록 하는 놀라운 계획을 갖고 계셨다는 것을 시간이 한참 흐른 뒤에야 알 수 있었다.

아들이 중학교 1학년이 되면서부터 이런 말도 했었다.

"아빠! 나는 하나님이 안 믿어지니까 나에게 믿음을 강조하지 마세요. 그 대신 아빠의 사회적 체면을 생각해서 교회는 다녀 줄게요."

나는 사실 이 말이 너무나도 가슴이 아팠다. 남의 자녀들은 잘 전도해서 예수님을 믿게 하는데 내 아들은 안 믿어진다고 하니 이를 어쩌나 하는 생각에 많이 힘들었다. 그런데 아빠와 아들의 사이가 좋아지니까 하나님과의 관계도 좋아지는 것이었다. 이를 통해 육신의 아버지의 이미지가 영적인 아버지의 이미지랑 연결이 된다는 것을 알게 되었다. 아들이 하나님을 안 믿으려고 하고 거부하려고 했던 것은 육신의 아버지가 사랑이 없고 너무나도 무서우며, 두려우니까 그 이미지 그대로 하나님 아버지를 생각한 것이었다.

하나님 아버지는 나에게 이런 과정을 경험하게 하면서 중요한 것들을 알게 하셨다. 하나님의 교육 원리는 행복한 가정에 있으며, 행복한 가정이 교육의 기본임을 알게 해 주셨다. 그리고 아들 태현이를 비롯해서 사춘기 시절에 힘들게 지내는 아이들의 모습을 잘 이해할 수 있도록 도와 주셨다.

나는 자녀들 중에 게임이나 스마트폰에 빠지는 등, 중독 현상을 보이는 경우, 이를 강제로 못하게 하면 안 된다고 생각한다. 자녀가 게임이나 스마트폰에 빠져든 것은 부모의 사랑과 관심, 인정이 부족해서 스스로 찾아 들어간 것이므로, 자녀가 스스로 그만 두고 나오도록 해야지 강압적으로 이를 막는 것은 자녀를 더 힘들게 하는 것이라고 여긴다.

사랑의 힘

자녀가 욕설이 심하고 거칠게 행동하거나 반항기 있는 행동을 하는 것은 부모의 사랑과 관심이 필요하다는 것을 특별히 말로 하지 않고 몸으로 말하고 있다는 것을 알아야 한다.

사람은 사랑이 부족해지면 거칠어지고, 사랑이 들어가면 부드러워지게 되어 있다. 사랑과 관심, 인정이 부족해서 이런 현상을 보이는 아이들에게 사랑과 관심을 주면 이런 행동이 사라지는데 학교나 가정에서는 이런 아이들에게 사랑해 주기보다는 꾸중을 가하고 질책을 가하니 좋아지지 않고 더욱 심해지는 것이다.

사실 부부가 하나님으로부터 사랑을 공급받아서 그 사랑을 서로 나누면 그 사랑이 자녀들에게 그대로 흘러가서 자녀들이 몸과 마음, 영혼이 맑고 건강한 아이로 자라나고 가정이 행복해진다. 가정이 행복하게 되었을 때 그 모습으로 부모님을 정성을 다해 섬기는 것이 하나님이 정한 원리임을 지난 날의 안타까운 실수와 경험을 통해 깨닫도록 이끌어 주셨다.

가정이 행복해지려면 먼저, 남편이 가정의 제사장으로서 중심 역할을 감당해야 하며, 부부가 서로를 가장 우선순위에 두고 사랑해야 한다. 부부간에는 한 몸이기에 어떤 이유로든 논쟁을 하지 않아야 하며, 같은 생각을 하면서 하나가 되도록 노력해야 한다. 특히 자녀 보는 곳에서 싸움이나 논쟁은 하지 않아야 하며, 항상 서로 사랑하고 있는 모습을 자주 보여야 자녀가 안정적인 삶을 살게 된다.

이런 하나님의 원리를 깨달은 후, 나는 요즘 우리 학교 선생님들이나 학부모님들에게 가정이 행복해야 하며, 그것이 교육의 가장 중요한 기본이라고 자주 강조해 오고 있다.

마음을
비우라

●　　　우리 학교는 매년마다 1월 첫 주, 토요일 오전에는 예수길벗교회 운영 위원들과 신년 하례회로 모인다. 밀알두레학교 연합학교로 동역하는 남양주 밀알두레학교, 중국 동관밀알두레학교, 광주 밀알두레학교의 모든 동역자들과 사단법인 밀알두레 교육공동체 이사들, 예수길벗교회 운영 위원들, 목사님들과 함께 예배드리고 친교 시간을 갖는다.

점심 식사 후에는 연합학교 식구들끼리 따로 만난다. 내가 새해의 교육 표어(슬로건)를 발표하면서 하나님이 기뻐하실 교육을 위해 마음을 모으는 시간을 갖는다.

나는 새해 1월을 앞두고 2013년 12월 한 달 동안 어떤 슬로건을 발표하면 좋을지 고민하면서 보내게 되었다. 그러던 어느 날, 내가 지나온 날의 모습을 되돌아보게 되었다. 그러면서 마음 한 쪽에서는 하나님께 질문이 쏟아지기 시작했다.

'하나님! 왜 내가 지나온 날의 모습 속에는 늘 만족함이 없는지요? 모든 일에 최선을 다하고 열심을 다했는데 왜 만족함이 70~80% 정도 밖에 안 되고 항상 20% 정도는 부족해 보이는지요? 어떻게 살아야 만족한 삶을 살 수가 있는지요?

나는 어떤 일이든지 주어지기만 하면 최선을 다해서 임했던 것 같다. 그런데 항상 뒤돌아보면 그 결과가 썩 내 마음에 들지 않았다. 이런 의문을 갖고 하나님께 질문을 쏟아 내었더니 하나님은 나에게 조용히 속삭이듯 말씀해 주셨다.

"그건, 네가 네 힘으로 열심히 일하다가 지치고 힘들면 그때마다 나에게 도움을 청했기 때문이란다. 네 힘으로 일하다가 지치거나 힘들어서 나에게 도움을 청하니까 그 정도의 결과를 얻었던 것이지."

"그럼, 제 힘으로 일하지 않는다면 어떻게 했어야 했는지요?"

"너를 통해 내가 일하도록 했어야 한단다."

"저를 통해 하나님이 일하시도록 해야 한다구요? 그걸 어떻게 해야 하는지요?"

"우선, 네 마음을 다 비워 보렴. 네가 갖고 있는 모든 것을 내어놓아 보렴. 너의 교육 이념이나 철학, 가치관, 지난 날 잘 가르쳤던 좋은 경험들, 자존심, 심지어 감정까지 다 비워 보는 거야. 그리고 너의 빈 마음에 나를 청하면 그 마음에 내가 들어가서 너의 마음을 다스리며 너를 통해 일할 수 있게 된단다."

이런 대화를 나누면서 하나님이 우리를 통해 직접 일하실 수 있도록 우리의 마음을 내려놓는 것이 너무나도 중요하다는 것을 알게 되었고, 그동안 내가 내 마음의 주인이 되어서 일을 했기에 만족스런 결과를 얻지 못했다는 것을 이해하게 되었다.

예수님이 이사장이자 교장인 학교

그 일 이후부터 나는 내 마음의 주인은 내가 아니라 예수님이심을 날마다 선포하면서 내 마음의 중심을 우리 예수님께 내어 드리려고 노력한다. 그래서 우리 선생님들에게 이렇게 이야기했다.

"선생님들! 새해를 맞이하면서 하나님 아버지는 우리들이 우리 마음의 주인이 되어 일하다가 지치거나 힘들면 예수님께 도움을 청하지 말고 우리 마음을 비우고 예수님을 마음의 주인으로 모시길 원하십니다. 그렇게 하면 예수님이 우리 마음을 다스리고 우리를 통하여 직접 일하실 수가 있게 된다고 합니다. 우리를 통해 일하시는 하나님과 예수님을 경험하는 해로 만들어 가 봅시다."

나는 이후부터 몇 가지를 노력해 오고 있다.

하나님 아버지가 우리 아이들 한 명 한 명을 바라보고 계시는 것처럼 나도 하나님 아버지의 마음으로 아이들을 바라보려고 노력한다. 그리고 항상 어떤 것을 결정하려고 할 때에는 '예수님이 우리 학교의 이사장이시라면 어떻게 결정하셨을까?', '예수님이 우리 학교의 교장이시라면 어떻게 결정하셨을까?'를 날마다 되뇌이면서 떠오른 생각대로 하려고 애를 쓴다. 내가 그렇게 하면서 결정할 때, 비록 하나님 아버지의 뜻과 다른 결정을 하거나 실수를 하게 되어도 모든 것을 합력해서 선을 이루시는 하나님이 반드시 선으로 만들어 주실 것이라 믿는다.

말씀과 기도로 다음 세대를 키우는 하나님의 학교

●　　　　　　2014년 1월이 끝나갈 무렵 어느 날, 나는 우리 밀알두레학교의 교육과정 중에 중요하지 않은 것들을 하나씩 지워 나가면서 가장 중요한 것이 무엇인가를 찾아보는 작업을 했었다.

밀알두레마을 직업활동, 우리 땅 즈려밟고, 다니엘 기도, 학년별 여행, 컴패션 데이, 해외 이동배움 등 학교 교육과정 중에서 상대적으로 덜 중요하다고 여겨지는 것들을 하나씩 지워나갔다. 그러다가 제일 마지막에 남는 것이 '말씀과 기도로 다음 세대를 양육하는 하나님의 학교'였다.

겉 포장지의 중요성

이 작업을 통해서 '기독대안학교는 하나님의 말씀과 기도로 다음 세대를 양육하기 위한 하나님의 학교'이며, 이것이 가장 중요한 본질이라는 것을 깨닫게 되었다. 학교마다 중요하게 여기는 이념과 철학이 있다. 우리 밀알두레학교도 가장 중요하게 여기는 이념이 "밀알 정신"과 "두레 정신"이다. 그러나 어느 기독대안학교이든지 학교의 여러 가지 철학이나 이념, 교육과정 중에서 덜 중요한 것들부터 하나씩 빼어 내다 보면 끝까지 남는 것이 하나님의 말씀과 기도로 다음 세대를 양육하는 것이다. 나머지 내용들은 이 핵심적인 내용을 포장하기 위한 겉 포장지에 해당하는 것들이다.

겉 포장지의 역할도 물론 중요하다. 대부분의 학부모나 학생들은 겉 포장지를 보고서 학교를 선택하게 되는 경우가 많다. 겉 포장지가 좋아서 학교에 찾아온 학생들이 교육을 받다가 자신들도 모르게 자연스럽게 하나님의 자녀로 변화되어 가길 우리들은 기대하고 있는 것이다.

연합의 필요성을 깨닫다

내가 이런 생각을 하면서 전국에 세워진 기독대안학교들이 모두가 다 하나님의 학교라는 것을 알게 되었다. 사실 이전까지는 우리 학교만 중요하다고 생각하고, 전국의 기독대안학교들의 문제나 상황에 대해서는 관심을 가져보지도 않았다. 어떻게 하면, 우리 학교가 잘 성장하고 좋은 학교가 될 것인가에만 골몰했었다.

이 생각에 이르자 우리 학교에만 관심을 가지고 있던 나에게 큰 변화가 일어나기 시작했다. 다른 학교들의 문제에 관심이 생긴 것이다. 다른 학교의 문제는 다른 학교의 것이 아닌 하나님의 학교이며, 하나님의 문제라고 여기게 된 것이다.

그래서 이때부터 '한국기독교대안학교연맹'의 교장단 모임이나 컨퍼런스에도 열심히 참석하기 시작했다. 2014년 8월, 교육부가 시행한 대안학교 실태 조사 이후에 기독대안학교들 중에서 4개의 학교가 "학생 모집 금지, 등록금 부과 금지, 학교 이름 사용 금지" 등의 공문을 지역의 교육지원청으로부터 받아서 학교 업무가 마비되는 듯한 일을 겪게 되었을 때에 그 학교들이 대책회의에 참석해 달라고 요청하지도 않았는데도 그 학교들을 찾아가서 함께 대응 방안을 모색하고, 교육부의 학생복지정책과 담당 사무관에게 전화해서 항의도 하면서 이 학교들의 문제가 잘 해결되도록 노력하였다.

아버지의 교육 철학이
옳았다는 것을 보여 주자!

●   하나님은 부부가 서로 사랑을 나누면서 행복한 삶을 살게 된다면 그 사랑이 자녀들에게 그대로 흘러가서 자녀들의 삶을 회복시키고 자녀들 또한 몸과 마음이 건강한 아이들로 자라게 한다는 것을 나로 직접 경험하게 하면서 이것이 하나님이 정하신 교육 원리임을 깨닫게 해 주셨다.

아들 태현이가 아버지를 잘못 만나서 초등 2학년부터 중등과정 3학년 때까지 그 누구보다도 힘들게 보내야 했기에 태현이를 생각하면 지금도 미안함과 부끄러움이 일어난다. 나는 아들에게 학교에서도 교장, 집에서도 교장으로서 대하면서 아빠 없이 지내야 하는 아들의 아픔을 제대로 이해하지도 못하면서 나는 그 어떤 아빠들보다도 아들을 잘 교육하고 있고, 모범적인 아빠인 것으로 착각하면서 지냈다.

감사하게도 하나님 아버지가 이런 상황을 긍휼히 여기시고, 아들 태현이가 힘들게 지내게 된 것은 아들의 문제가 아닌 아빠인 나 자신의 문제라는 것을 깊이 깨닫게 해 주셨고, 아들과 나의 관계를 바로 회복시켜 주셔서 지금은 아주 친밀한 관계로 사랑하면서 지내고 있다.

아들과의 관계 회복으로 인한 놀라운 변화들

아들이 아빠와의 관계가 회복되자 아들은 놀라운 속도로 바뀌기 시작했다. 게임에만 몰두하면서 프로게이머가 되려고 했던 생각을 접고, 안 하던 공부를 시작했다. 그리고 중학교 1학년 때부터 하나님이 살아 계신다는 것이 안 믿어진다고 했었는데, 하나님의 살아 계심을 자연스럽게 인정하더니 고등과정 2학년 때는 자청해서 입교 교육을 받고, 성탄절 날 입교를 하게 되었던 것이다. 아들을 향한 나의 가장 간절한 소원이 이루어진 날이었다. 너무나도 놀라운 변화들이었다.

더욱 더 감동적인 일이 일어났다. 아들 태현이가 우여곡절 끝에 마음을 잡고 공부다운 공부를 시작한 것은 고등과정 2학년 때부터 였다. 고등과정 3학년이 되면서부터는 더욱 열심히 공부하였는데,

2015년 7월 20일 아침에 아들 방에 우연히 들어갔다가 정말 깜짝 놀랐다.

아들이 공부하는 책상의 위쪽 벽면에 큰 글씨로 써서 붙여 놓은 것이 눈에 들어왔다. 그 글귀를 읽는 순간, 내 마음 속에는 뜨거운 감사의 눈물이 흐르고 있었다.

"아버지의 교육철학이 옳았다는 것을 보여 주자!"

아들이 이런 생각을 하면서 공부를 하고 있다는 것이 너무나도 기특하고 대견했으며, 감사했다. 하나님이 아들을 이렇게 멋지게 변화시켜 주신 것에 대해 깊이 감사를 올려 드렸다. 더구나 이날은 나의 생일이었다.

아들과 하나님으로부터 최고로 좋은 생일 선물을 받은 특별한 날이었다.

교회와 학교의
아름다운 연합

●   2011년 3월 1일, 우리들은 같은 날 예수
길벗교회와 밀알두레학교를 시작했다. 하나님이 기뻐하시는 교회다
운 교회, 학교다운 학교를 꿈꾸며 밀알두레학교 개교 예배는 오전
10시, 예수길벗교회 창립 예배는 오후 2시에 각각 드렸다.

교회에서 설립한 두레학교를 운영해 본 경험을 바탕으로 담임 목
사님이 바뀌게 될 경우 자칫, 학교 설립 정신이 훼손될 수 있고, 학
교가 분리될 수도 있다는 것을 경험한 우리들은 교회가 학교를 설립
하거나, 학교가 교회를 설립하지 않고 서로 독립하되, 연합을 하는
새로운 모델을 만들어 보기로 했었다.

3명의 최고 리더 그룹

예수길벗교회는 이호훈 목사님이 담임 목사를 맡으면서 학교에서는 교목을 하고, 또 함께한 신기원 대표 교목님은 학교 대표 교목을 맡되 예수길벗교회 부목사를 겸하고, 나는 밀알두레학교 교장을 맡으면서 예수길벗교회 안수 집사로서 교회에서는 운영 위원을 담당하여, 세 사람이 서로 최고 리더 그룹이 되어 하나님이 기뻐하시도록 교회와 학교를 운영해 보자고 합의를 하였던 것이다.

호평동에서 학교를 시작했을 때는 공간이 부족해서 6평 남짓한 공간에서 목사님 두 분과 내가 사무실을 같이 사용했었다. 늘 같이 이야기 나누고 식사도 같이 하면서, 의견들을 나눌 수가 있었다. 어쩌면 참으로 많이 불편할 수도 있었을텐데, 전혀 불편함을 느끼지 않은 채 아주 즐겁고 행복한 시간을 보낼 수가 있었다.

마치 성부, 성자, 성령 하나님이 삼위일체로 사역하시는 것과 같이 나와 이호훈 목사님, 신기원 목사님이 최고 리더 그룹으로서 서로 연합하면서 교회와 학교의 기초를 닦아 나갈 수가 있었던 것이다.

6여년이 지난 지금 우리 밀알두레학교는 기독대안학교에서 새로운 모델로 인정받고 있어 너무나도 감사하기만 하다. 많은 분들이 학교와 교회를 찾아올 때마다 나는 강조한다. 앞으로 교회와 학교가 함께 연합하며 하나님 아버지의 사역을 감당하는 아주 새로운 모델이 될 것이라고.

학교 건축이 완공되어 왕자궁 마을로 들어와서는 목사님들과 내게 작지만 각자의 방이 제공되어 그때만큼의 밀착된 만남의 기회는 사라졌지만, 동역자로서 서로 신뢰하고 존중하면서 멋진 사역을 감당해 나가고 있다.

2017년 10월 현재, 교회에는 목사님이 한 분 더 들어오셨고, 협동 목사님도 한 분 계시고, 곧 안수를 받게 되실 두 분의 전임 전도사님까지 총 5명의 교목과 협동 목사님이 사역하고 계신다. 이분들은 평일에는 학교에서 교목으로 사역하기도 하는데, 이때 목사님들의 사례는 교회에서 부담해 주고 있다. 수요일과 토요일, 주일에는 교회에서 학교 건물을 예배장소 및 교회학교 공과 장소로 각 교실을 사용하고 있으며, 교회에서는 월마다 학교에 재정 후원도 해 주고 있다.

많은 교회들이 큰 비용을 들여 건축하고서 수요일과 금요 철야 예배, 주일 예배 등의 한정된 시간에만 사용하고 주중에는 텅 빈 상태로 두는 경우가 많다. 만약, 교회와 학교가 연합하고 학교를 고려하여 교회를 건축하게 되면, 강당과 세미나실, 교실, 특별실 등은 평일에는 학교가 그대로 다 사용하고, 수요일이나 주일에 성인 예배를 강당에서 드리고, 세미나실과 교실, 특별실은 과정별 예배나 소그룹 모임, 공과공부 장소로 활용할 수 있기에 공간 활용의 효과를 최대로 높일 수 있다고 생각한다. 게다가 학교 운동장은 주일에는 주차장으로도 활용할 수 있으니 교회마다 주차장 확보가 고민거리인 요즘, 좋은 대안이 되지 않을까 생각한다.

교회와 기독대안학교 간의 아름다운 연합과 그 운영 방법을 알고 싶은 분들에게 우리 밀알두레학교와 예수길벗교회가 이상적인 모델이 되어 줄 수 있을 것이다.

아들의
졸업 소감문

●   우리 밀알두레학교는 졸업식 때, 졸업하
는 학생들 전원이 연단에 올라서 졸업하는 소감과 후배들에게 당부
하는 인사를 하는 것이 전통으로 이어지고 있다.

나는 이 시간이 제일 긴장되면서 기대가 된다. 우리 밀알두레학교
의 12년 동안의 모든 교육과정을 이수하고 졸업하는 아이들의 입에
서 나오는 말을 들어 보면, 우리 학교교육이 제대로 이루어졌는지를
알 수 있다고 생각하고 있기 때문이다.

지금까지 4기의 졸업생들을 배출했는데, 아이들 모두 나를 실망
시키지 않았고, 모든 아이들이 감사와 감동, 기쁨을 선물로 전해 주
고 떠났다. 아이들이 한결같이 선생님들과 학교에 대한 감사를 표하
고, 자신이 경험했던 하나님의 은혜를 이야기하면서 후배들에게 믿
음을 권면하기도 했다. 너무나 감동이 되었다.

2016년 2월 3일, 아빠의 교육철학이 옳았다는 것을 보여 주겠다는 일념으로 1년 동안 열심히 공부했던 아들은 명지대학교 정치외교학과에 입학하면서 밀알두레학교 3기로 졸업하였다.

아들이 졸업식 날에 어떤 말을 하게 될지 무척이나 궁금했었다. 졸업하기 전날 밤에는 학교를 졸업하는 것을 무척이나 아쉬워하더니 자기 방에 들어가서 밤늦게까지 무엇인가를 작성하고 있었다. 어떤 내용인지 보여 달라고 했더니, 내일 아침에 듣는 것이 더 좋을 것 같다면서 끝내 보여 주지 않았다.

졸업식 날 아들이 연단에 서서 졸업식 소감을 발표하는데. 아들이 "제가 세상에서 가장 존경하는 교장 선생님! 아니 오늘만큼은 교장 선생님이 아닌 아버지라고 부르고 싶습니다. 12년 동안 속 많이 썩힌 아들을 끝까지 믿어 주시고 기다려 주시고 지지해 주신 아버지 감사하고 사랑합니다."라고 말할 때 나도 모르게 가슴 속에서 뜨겁게 눈물이 흘러내렸다. 아들이 이렇게 멋지고 훌륭하게 성장하다니…. 아들의 소감을 들으면서 아들의 입을 통해 이렇게 훌륭한 명연설을 듣게 하시는 하나님 아버지께 감사 기도를 올려 드리지 않을 수가 없었다.

아들의 놀라운 변화와 도전

아들은 명지대학교를 다니면서 열심히 공부하였고, 장학생으로 선발이 되기도 하였는데, 더 큰 꿈과 비전을 이루기 위해서는 새로운 도전을 해야겠다고 결심하고 휴학한 후에 다시 수능을 열심히 준비하고 있다. 자신이 선택한 이 길이 힘든 길임에도 불구하고 힘들어하지 않고, 하나님 아버지에 대해 흔들리지 않는 믿음을 갖고 자신의 꿈과 비전을 찾아나가는 아들이 너무나도 대견하고 자랑스럽다. 하나님 아버지가 우리 아들 태현이를 얼마나 크게 사용해 주실지 자못 기대가 된다.

＊＊＊

아들 태현이의 졸업 소감문

안녕하세요. 12학년 정태현입니다.

어느덧 졸업이라니 감회가 새롭습니다. 솔직히 졸업이라는 것이 아직 실감이 나지 않습니다. 마음속에서는 앞으로 대학 생활에 대한 기대와 성인이 되었다는 설렘과 함께 사회에 첫발을 내딛는다는 것에 대한 두려움이 공존합니다. 그리고 이제 더 이상 밀알두레학교의 학생으로서 생활할 수 없다는 것이 속상하기도 합니다.

지난 10여 년을 돌이켜 보면 밀알두레학교에 다니면서 참 감사한 점이 많았습니다. 항상 인격적으로 대해 주시던 선생님들, 까다로운 선배 밑에서 잘 따라 주던 후배들, 그리고 그런 후배를 잘 이해해 주던 선배, 친구들이 참 고맙습니다. 특히 그중에서도 고민이 있을 때 마다 상담해 주시고 또 편하게 토론할 수 있었던 선생님들이 계신 이 학교를 떠나야 하는 것이 많이 속상합니다.

모든 선생님들이 다 감사한 분들이지만 그중에서도 특히 감사한 분들이 계십니다. 그분들이 해 주신 말씀이 힘든 시기에 큰 힘이 되었습니다. 고2 8월에 검정고시를 준비하던 기간 중에 구동회 선생님이 해 주신 "너, 이렇게 살다가는 수능은 말할 것도 없고 검정고시도 재수야, 인마! 똑바로 해."라는 말씀이 저를 정신 차리게 했고 공부에 몰입할 수 있는 계기를 만들어 주셨습니다. 구동회 선생님은 대한민국 최고의 학생 조련사이십니다. 선생님의 탁월한 조련 덕분에 제가 정신 차릴 수 있었던 것 같습니다. 감사합니다.

또 신기원 목사님이 제가 중학생 때 해 주신 "넌 네가 원하는 모든 일을 할 수 있을 거야. 난 그렇게 될 것이라고 믿는다."라는 말씀이 아직도 기억에 남습니다. 5년 전에 해 주신 말씀이지만 그 말씀이 아직까지 제 머릿속에서 생생하게 기억납니다. 이 말씀 덕분에 제가 자신감만큼은 세계 최고가 될 수 있었던 것 같습니다. 힘든 시기에 큰 힘이 되었습니다. 감사합니다.

그리고 김병철 선생님이 해 주신 "목표를 생각하면 너무 멀고 험해서 시작도 하기 전에 힘이 빠지고 자신감이 사라지지만 묵묵히 최선을 다하다 보면 어느 순간 그 목표에 도달해 있을 거야! 그러니 힘내렴."이라고 해 주신 이 말씀이 정말 힘들었던 고3 기간을 견뎌낼 수 있는 격려가 되었습니다. 감사합니다.

그리고 최은미 선생님. 5년 전 선생님이 멘토링을 해 주셨을 때 서로 가치관 차이로 논쟁을 하다가 선생님이 눈물을 흘리셨던 날이 생각납니다. 그날 얼마나 죄송했는지 모릅니다. 그날 이후 선생님이 저를 위해 많은 기도를 해 주신 것을 전 알고 있습니다. 선생님의 기도로 인해 신앙의 회의가 들었던 과거의 제가 바뀌고 돌아올 수 있었던 것 같습니다. 저를 많이 아껴 주시고 기도해 주셔서 감사합니다.

그리고 제가 세상에서 가장 존경하는 교장 선생님! 아니 오늘만큼은 교장 선생님이 아닌 아버지라고 부르고 싶습니다. 12년 동안 속 많이 썩힌 아들을 끝까지 믿어 주시고 기다려 주시고 지지해 주신 아버지 감사하고 사랑합니다.

고3, 1년 동안 많이 힘들었습니다. 고3이 되기까지 열심을 다하지 않았던 공부를 처음 시작했을 때 두려움과 첫 3월 모의고사를 봤을 때 절망감은 말로 표현할 수 없을 정도였습니다. 그래도 좌절만 하고 있을 수 없었고, 힘들다고 공부를 포기할 수도 없었습니다.

첫 번째 이유는 제 자신의 꿈을 이루기 위해서였고, 두 번째 이유는 우리 학교를 바라보고 있는 수많은 사람에게 보여 주고 싶었기 때문입니다. 과거 많은 분들이 대학 입시에 대한 염려로 우리 학교를 신뢰하지 못하고 자녀들을 다른 학교에 보낸 것을 전 알고 있었습니다. 또 대안학교와 우리 학교를 바라보며 틀렸다고 말하는 사람들이 있다는 것을 알고 있었습니다. 그래서 전 우리 학교에 있다고 하여 절대 실력에서 밀리지 않는다는 것을 그들이 그렇게 관심 갖는 입시를 통해서 보여 주고 싶었습니다. 12학년 중 다른 친구들과 달리 학창 시절의 처음과 끝을 우리 학교에서 보낸 저로서는 특히 더 좋은 결과를 내야 한다는 부담이 있었습니다.

또 우리 학교 내부에 저의 결과를 눈여겨보시는 분들이 많으시다는 것을 알고 있었기에 그 부담감은 더욱 커져만 갔습니다. 그리하여 그런 부담감 때문에 좌절과 절망의 순간에도 포기할 수 없었고 그것은 더욱 강한 채찍이 되어 저를 다그쳤습니다. 그렇게 힘든 1년이 정신없이 지나가고 하나님이 제가 노력한 것보다 좋은 결과를 선물로 주셨을 때 정말 기뻤고 하나님께 감사했습니다.

그리고 12년 동안 입시에만 몰두하여 공부하는 것이 아니라 다양한 꿈을 꾸고 도전할 수 있게 해 준 학교에 다니고 있는 것과 그 꿈을 응원해 주시고 지지해 주셨던 많은 선생님을 만나게 해 주신 것이 더욱 감사했습니다. 우리 학교에 다니면서 확실한 꿈과 목표를 가지게 되었고 또 공부해야 하는 이유를 알게 되었습니다. 그렇기에 짧은 1년 동안 지치지 않고 노력할 수 있었고 또 좋은 결과를 낼 수 있었다고 생각합니다. 이런 점들을 생각하면 밀알두레학교로 저를 인도해 주신 하나님께 감사하지 않을 수 없다는 것을 느낍니다.

마지막으로 후배들에게 해 주고 싶은 말이 있습니다. 우리는 대안학교를 선택했습니다. 대안은 '어떤 안을 대신하는 안'이라는 뜻입니다. 학교에 다니면서 그 대안이라는 것이 무엇일까? 고민을 거듭하던 중 그 해답은 우리가 다니엘 기도 시간마다 외우던 말씀 중에 하나인 이사야서 58장 12절 말씀에서 찾을 수 있었습니다. 그 말씀이 저에게 말해 준 대안이라는 것은 황폐한 곳을 다시 세우고 무너진 곳을 보수하는 것이었습니다. 이 말씀을 바탕으로 우리 학교는 우리나라의 무너진 교육을 다시 세우기 위해 세워졌습니다. 그 정신으로 세워진 학교에서 배운 우리는 이 나라와 이 사회 그리고 나아가 이 세상의 대안이 되어야 합니다. 그것은 우리의 책임과 의무입니다.

저는 우리 학교의 교육이 12년으로 끝나는 것이 아니라고 생각합니다. 우리 학교를 졸업한 학생들이 사회에 나가 살아가는 모습들, 그 모든 모습들이 밀알두레학교의 교육, 나아가 대안교육의 결과물들입니다. 그 결과물이 어떠한가에 따라서 우리가 옳았느냐 틀렸느냐가 결정됩니다. 그렇기에 이곳에서 교육받은 우리는 진정 대안이 되어야 합니다. 사회에 나가 자신이 속한 곳에서 다른 사람들과 차별화된 사람이 되어야 합니다. 이것이 제가 우리 학교에서 배운 가장 큰 가르침입니다. 그 가르침을 통해 제가 가지게 된 목표는 이 나라의 무너진 정치를 다시 세우고 이 나라 정치의 대안이 되는 것입니다. 여러분 제가 이 꿈을 이룰 수 있도록 많은 기도 부탁드립니다.

그리고 여기 있는 후배 여러분도 저와 같은 생각을 가지고 세상의 대안이 될 수 있도록 노력하길 선배로서 부탁드립니다. 그리하여 우리가 틀렸다고 말하는 사람들에게 우리가 옳았다는 것을 삶을 통해 그리고 실력으로 꼭 보여 줍시다. 감사합니다.

100년 후를
꿈꾸는 교육

● 　　　　　교육은 사람의 내면의 변화를 긍정적으로 이끌어 내는 것이다. 지시하는 사람이나 감독하는 자가 없어도 자발적으로 바람직한 방향으로 행동이 이루어지도록 하는 것이라고 생각한다. 하나님은 나에게 어느 날 사람의 내면의 변화를 추구하는 교육을 하려면 우선 몇 단계의 과정을 거쳐야 한다는 것을 깨닫게 해 주셨다.

내면의 변화를 이끌어 내는 3단계

첫째, 자신에 대한 정체성이 분명해져야 한다. 나는 누구인가를 깊이 생각해 보아야 한다. 나는 영원히 죽을 수밖에 없는 존재였는데 예수님이 십자가를 대신 짊어져 주심으로 인하여 죄와 사망에서 건짐을 받았고, 하나님 아버지의 자녀가 되었다는 것을 깨달아야 한다. 그러므로 나는 예수님의 피 값으로 산 존재이며, 보배롭고 고귀한 존재가 된 것이다. 나 자신이 사랑받을 만한 자격이 충분하다는 것을 알게 되면 다른 사람들도 나와 같은 존재임을 알게 된다. 그래서 상대방을 존중하고 배려해 주는 마음이 생겨날 수가 있는 것이다. 이런 정체성은 특히, 가정에서 부모에게 사랑받고 칭찬 받으며 인정받을 때 만들어지게 된다.

그러나 요즘 가정이 바빠지면서 가족들끼리 일주일에 얼굴 한 번 볼 시간이 없어지고, 가족간의 유대관계가 약해지면서 사랑을 느끼지 못한 채 그럭저럭 살아가는 가정이 많아졌다. 그런 가정에서 부모로부터 사랑을 제대로 받지 못하며 자라난 아이들은 자신의 인생에 대해 비관하게 되고, 자신을 불행한 아이로 여기면서 지내게 된다. 그러다 보니 요즘 아이들 중에 다른 친구들을 잘 때리거나 쉽게 욕하면서 지내는 아이들이 늘어나고 있는 것이다. 그러므로 가정이나 학교에서는 어른들이 한 아이 한 아이 존중해 주며, 사랑으로 돌봐 주고 보배롭고 존귀하게 여겨야 하는 것이다.

둘째, 정체성이 분명해지면서 자신의 인생이 가치가 있고 소중하다는 것을 깨닫게 되면 당연히 이 땅에서 살아야 하는 분명한 이유가 있다는 것을 발견하게 된다. 우리나라가 최근에 와서 OECD 국가들 중에서 자살률이 1위가 된 것도 그만큼 사람들이 인생을 살아야 할 이유를 제대로 느끼지 못한 채 살아왔기에 그런 극단적인 선택을 하게 되는 것이 아닌가 싶다. 인생을 살아야 할 분명한 이유를 발견하게 되면 비록 고난이 오고 어려움들이 닥쳐와도 좌절하거나 낙심하지 않고 이를 극복해 낼 수 있는 힘이 생겨나게 되는 것이다.

셋째, 자신의 정체성을 깨닫고 인생을 살아야 하는 이유를 발견하게 되면 인생에서 이를 이루고자 하는 비전과 꿈을 갖게 된다. 꿈과 비전이 있을 때 삶을 제대로 살아보고자 하는 강한 동기가 일어나게 되는 것이다.

나는 2011년 11월 7일, 죽음의 문턱까지 갔다가 하나님께로부터 삶을 연장 받은 후, 지금까지 덤으로 삶을 살고 있다고 생각하고 있다. 그러기에 하루하루가 무척이나 감사하고 소중하게 여겨진다. 나는 과거에는 단 한 번도 오래 살게 해 달라는 기도를 한 적이 없었다. 그저 하나님이 정한 수명대로만 살다가 가야지 라고만 생각했었다. 그러나 삶이 얼마나 중요하고 생명이 얼마나 감사한 것인지 알고 나서는 오래오래 살도록 해 달라고 날마다 기도하고 있다.

나의 사명과 비전

나는 죽음 앞까지 가 보고서야 알았다. 내 인생이 정말 귀하고 소중하며 이 땅에 숨을 쉬면서 살 수 있다는 것이 크나큰 축복이라는 것을 깨달았다. 그러면서 내가 이 땅에 존재해야 하는 이유가 무엇인지도 알았고, 내가 이루어야 할 사명이 있다는 것도 알게 되었다.

나는 죽기 전에 6개 이상의 기독대안학교들을 세워서 이들을 네트워크하고 이 나라 공교육을 새롭게 변화시켜 나가는 교육 운동을 전개하겠다는 비전을 가지고 있다. 그리고 이 비전이 이뤄지기를 날마다 기도해 오고 있다.

내가 이런 꿈과 비전을 품게 된 것은 2005년에 기독대안학교인 두레학교 개교를 앞두고 있을 2월의 어느 날 읽었던 자료 때문이다. 그것을 2010년 11월 두레학교를 사임하고 나오면서 이삿짐을 챙기다가 우연히 다시금 읽게 된 그 자료가 내 가슴을 더욱 뜨겁게 만들었다.

그룬투비 목사님과 크리스텐 콜 교사

지금으로부터 160여 년 전, 덴마크 온 국민은 프러시아 전쟁에서 패해서 많은 땅을 빼앗기고, 큰 전쟁 배상금을 물어 주면서 실의에 빠져 있었다. 이때 그룬투비 목사님이 나타나서 3가지를 부르짖으며 국민계몽 운동을 전개하였다.

"하나님을 사랑하자. 이웃을 사랑하자. 땅(덴마크)을 사랑하자."

"덴마크의 희망은 교육에 달려 있다. 30년, 50년, 100년 뒤를 생각해서 교육에 투자하자."

이러한 주장을 하면서 국민들을 깨우치기 시작했다. 이 설교를 들은 사람들 중에 크리스텐 콜이라는 교사가 크게 감동을 받았다.

그리하여 1851년 리스링게에 작은 기숙형 대안학교를 설립하고 학생들과 먹고 자면서 이들을 가르쳤다. 이 학교에서 수많은 인재가 길러졌으며 덴마크를 새롭게 하는 인물들이 길러졌다고 한다. 더욱 놀라운 것은 160여 년이 지난 지금 덴마크 공교육의 10% 이상이 그 당시 세워진 프리스쿨과 뜻을 같이 하는 학교들이라는 내용이었다.

나는 이 자료를 읽으면서 가슴이 뛰기 시작했다. 비록 우리가 남양주에서 아주 작은 기독대안학교를 다시 시작하지만, 100여 년이 지났을 때는 우리나라 공교육을 새롭게 하는 교육 운동으로 이어지고 우리와 뜻을 같이 하는 학교들이 공교육의 전체 10% 이상이 되어 주길 기도하게 되었던 것이다.

그런데 신기하게도 2015년 중국 동관에 밀알두레학교를 설립하였고, 2016년에는 광주 밀알두레학교가 세워졌다. 밀알두레학교의 연합학교가 되어 교육 운동을 함께 전개해 나가고 있는 것이다. 이런 일들이 일어나는 것이 참으로 놀랍고 신기하기만 하다. 앞으로 밀알두레학교의 연합학교들이 각 지역마다 얼마나 더 많이 세워지게 될까 기대가 된다.

덴마크가 어려움을 겪고 있을 때 그룬트비 목사님에게 영향을 받은 교사 크리스텐 콜에 의해 시작된 자유학교 운동이 100여 년이 지난 후, 지금의 덴마크 내에 10%의 학교가 된 것처럼 밀알두레학교 교육 운동도 나의 당대에는 5~6개 전후로 연합학교가 만들어지겠지만 100년이 지난 후에는 한국 학교의 10% 이상이 이 운동에 동참하게 되길 간절히 바란다. 남양주에 세워진 밀알두레학교를 기점으로 우리나라 교육을 새롭게 하는 교육 운동으로 더욱 확산되어 나가길 기대하는 것이다.

새로운 기독교교육 운동 전개

나는 지금의 밀알두레학교에서 10년만 근무하겠다고 시작할 때부터 발표했었다. 그 약속을 한 지 7년이 지났다. 앞으로 3년이 남아 있는데 정한 임기가 지나고 나면 나는 새로운 밀알두레학교를 개척하며 나아가려고 계획하고 있다. 하나님께서 부족하지만 나를 하나님의 말씀과 기도로 양육하는 밀알두레교육 운동의 전도사로 사용해 주시길 간절히 기도한다.

나는 모세처럼 평신도 사역자로서, 하나님의 말씀과 기도로 양육하는 것이 얼마나 중요한 것인지 온 세상 사람들에게 알리고 그런 교육이 이 땅에 온전히 펼쳐지게 하는 일에 쓰임받고 싶다.

밀알두레학교는 '예수님 가르침 그대로!'의 슬로건처럼, 하나님의 말씀과 기도로 다음 세대를 양육하자는 새로운 기독교교육 운동이다. 이 남양주시의 밀알두레학교가 하나의 좋은 학교교육 활동 사례로만 끝나서는 안 된다. 한국 교육을 새롭게 하는 교육 운동으로 이어져야 한다. 그러기 위해서는 이러한 뜻에 따라 세워지는 밀알두레학교의 연합학교가 더 많아져야 하고, 그러한 학교들이 네트워크가 되어 한국 교육에 좋은 영향을 줄 수 있어야 한다.

이런 교육 운동에 같은 뜻을 두고 있는 수많은 선생님과 학부모, 후원자가 앞장서 주었으면 좋겠다. 어쩌면 하나님은 이미 이러한 교육 운동을 나에게 말씀하시는 순간부터 동참할 선생님들과 학부모들, 후원자들을 찾아서 준비하고 계실지도 모른다. 우리 하나님은 그동안 늘 나보다 앞서서 계획하시며 일하셨던 분이시니까. 하나님이 예비해 놓으신 귀한 동역자들과 함께 다음 세대를 하나님 말씀과 기도로 양육하면서 한국의 교육이 말씀 중심 교육, 기도 교육으로 새로워지길 기대해 본다.

희귀병과 싸우는
원기

●   우리 학교에는 아주 아주 특별한 학생이
다니고 있다. 우리 학교 모든 학생이 다 나에게는 특별하고 소중한
아이들이지만 홍원기라는 학생은 하나님이 우리 학교에 특별히 보
내 준 선물이라는 생각을 하고 날마다 감사한 마음으로 바라보고 있
다. 홍원기는 우리나라에서 유일한 희귀질환인 프로제리아라는 질
환을 앓고 있다.

하나님의 특별한 선물
원기는 초등과정 2학년일 때 일반 학교를 다니다가 우리 학교로
편입해 왔는데, 부모님은 원기가 다른 일반 학교에서도 잘 적응했지
만 원기가 행복하게 학교를 다니고 무엇보다 말씀과 기도로 자라나

게 하고 싶어서 우리 학교로 전학을 왔다고 했다.

일반적으로 프로제리아라는 질환은 정상인보다 몇십 년 먼저 노화로 인한 질환이 발생한다. 만 1세까지는 정상으로 자라지만 그 이후 징후들이 나타난다고 하는데, 10세 정도가 되면 외양은 60세 된 노인처럼 보이고, 몸집은 대개 5세의 정상아보다 작다. 대부분은 정상지능을 갖고 있고 심지어 조숙하기도 하지만, 20세 이전에 대부분 사망한다고 한다. 이 질환은 아직도 그 원인이 밝혀지지 않고 있다.

나는 원기를 볼 때마다 하나님 아버지가 원기를 우리 학교로 보내주신 이유가 있을 것이라고 생각한다. 원기가 우리 학교를 다니는 중에 하나님 아버지가 원기에게 기적을 베풀어 주시지 않을까 하는 기대를 자주 하게 된다. 이제는 원기의 병 나음이 나의 간절한 소망 중의 하나가 되었다.

원기의 이야기가 KBS TV "인간극장"에서 '우리 집에는 어린 왕자가 산다'라는 제목으로 2015년 1월 23일부터 5일간 소개된 적이 있었다. 이로 인해 원기는 유명 인사가 되었다.

원기 아버지가 원기를 12년 동안 키워오면서 원기를 향한 마음을 담은 책을 2017년 6월에 출판하였다. 이 책은 원기 아버지가 눈물로 쓴 육아 일기이자 간절한 기도문이며, 아들에게 보내는 구구절절한 사랑의 마음이 담긴 편지글로써 읽는 이들의 가슴을 뭉클하게 만들

어 준다. 이 책을 통해서 원기의 치료를 돕거나 후원하는 귀한 손길
이 많이 연결되기를 기도하고 있다.

원기의 특별한 친구, 미구엘

원기가 미국에 치료를 받으러 갔다가 원기랑 같은 나이이면서 같
은 질환을 앓고 있는 콜롬비아에서 온 친구를 만난 적이 있었다고
했다. 원기가 이 친구를 보고 싶어 하는 것이 계기가 되어 여러 선한
사람들의 도움을 받아서 미구엘을 10일간 한국으로 초청하는 이벤
트 행사를 추진한 적이 있었는데, 미구엘과 원기가 인천공항에서 만
나는 감동적인 장면은 뉴스와 신문 등을 통해서 대대적으로 보도되
었다.

이 기사와 보도를 지켜보다가 혹시나 정치권에 요청을 하면 원기
와 미구엘을 도울 수 있는 방법들이 만들어지지 않을까 하는 생각이
들었다. 이것을 기도 제목으로 삼고 며칠 동안 기도하면서 이에 적
합한 정치인이 누가 있을까 생각해 보았는데, 갑자기 이혜훈 의원님
의 이름이 떠올랐다. 그 당시 의원님은 바른정당의 당대표를 맡고
계셨다. 이혜훈 대표님은 교회 집사님이시고 신실한 정치인이라고
알려져 있었기에 혹시 연락드리면 도움을 주시지 않을까 하는 기대
감이 생겼다.

이러한 간절한 마음을 담아서 내가 장문의 문자를 보냈더니, 3일 뒤에 비서실을 통해서 전화 연락이 왔다. 원기와 미구엘을 격려하고 위로하면서 용기를 불어넣어 주고 싶은 마음에 대표님이 우리 학교로 직접 오시겠다고 했다. 이를 준비하면서 당대표 비서와 1주일 동안 수없이 많은 전화 연락을 주고받았다. 그 시간이 너무나도 기쁘고 감사했다. 하나님이 우리 원기와 미구엘 가족들에게 어떤 방법으로 위로해 주고 격려를 해 주실지 기대가 되었다.

깜짝 방문한 이혜훈 대표

2017년 7월 14일 오후에 당시 바른정당 대표인 이혜훈 대표님 일행이 우리 학교로 찾아왔다. 홍원기와 미구엘을 위로하고 격려하기 위해 찾아왔는데, 대표님이 이 아이들과 대화를 나누다가 소원이 무엇이냐고 물었다. 그중에 미구엘이 한국의 궁궐을 보고 싶다고 하자 대표님은 일정을 잡아서 한국의 궁궐을 구경시켜 주겠다고 약속해 주고 가셨다.

1주 일 후, 2017년 7월 22일에 대표님은 원기 가족과 미구엘 가족을 청와대와 경복궁으로 초청하여 구경도 시켜 주고, 맛있는 점심도 사 주면서 즐거운 시간을 갖도록 배려해 주었다. 대표님의 깜짝 방문과 청와대, 경복궁 초청 관람은 원기와 미구엘 그리고 그들의 가족들에게는 위로와 격려의 귀한 선물이 되었다.

미구엘은 10일간 한국에서 즐거운 시간을 보내다가 콜롬비아로 떠났는데, 지금 미구엘은 어떻게 잘 지내고 있는지 궁금해진다. 원기 아버님은 겨울을 맞으며 다시 한 번 미구엘을 한국으로 초청하는 프로젝트를 추진하고 싶어 한다. 이를 위해 예수길벗교회와 다른 교회들의 도움을 받고자 하는데 귀한 후원의 손길들이 연결되어 미구엘을 다시 한 번 더 만나 볼 수 있게 되기를 희망하며 기도해 본다. 하나님 아버지는 이번에도 또 어떤 방법으로 원기와 미구엘에게 위로와 격려를 해 주실지 기대가 된다.

대안교육 법제화를 위한 공청회

●   대안학교는 '인가받은 대안학교'와 '인가를 받지 못한 대안학교'로 구분한다. 현재 인가받은 학교는 전체 대안학교의 10%도 안 되는 것으로 추측하고 있다. 지금까지 정부에서도 대안학교 인가 기준을 낮추어 보려고 노력해 왔지만, 현재의 인가 기준은 대안학교들이 처한 현실보다는 여전히 높은 형편이다.

인가받지 못한 대안학교를 '미인가 대안학교'라고 하기도 하고, '비인가 대안학교'라고 칭하기도 한다. '미인가 대안학교'는 인가를 받지 못한 학교라는 뜻으로 주로 교육부나 교육청에서 사용하고 있다. '비인가 대안학교'라는 말은 주로 대안학교 현장에서 사용하는 말로서 인가를 안 받은 학교를 뜻하고 있다. 즉, 인가를 못 받은 게 아니라 안 받은 것이라는 뜻이다.

인가를 못 받았던지 안 받았던지 이 인가를 받지 않은 대안학교들은 현재로는 '초·중등교육법' 제67조, 제68조를 위반한 불법 단체로 남아 있는 것이다. 그러므로, 인가를 받지 않은 대안학교들의 학교 설립자나 이런 대안학교에 자녀를 입학시킨 학부모는 모두 불법을 행하는 자들이 되는 것이다. 그리고 인가를 받지 않은 대안학교는 법적으로 볼 때, 실체가 없는 존재이기에 법의 보호를 전혀 받지 못하게 되어 있다. 그래서 대안학교 현장에서는 오래 전부터 인가를 받지 못하더라도 법제화해서 법의 테두리 안에 들어가 보호를 받을 필요성이 제기되어 왔고 이를 위한 노력들을 기울여 왔다.

대안학교가 '초·중등교육법' 제60조의 3에 들어가 있으므로 대안학교는 그 하위 법에 그대로 적용을 받고 특히, '사립학교법'에 적용됨으로 인하여 대안학교만의 독자적인 법안의 필요성이 제기되어 왔다. 그리하여 지금까지 국회에서는 미인가 대안학교 관련 법안이 네 번이나 발의되기도 했었다.

대안교육 법제화를 위한 노력

2013년 초에 우연히 한국기독교대안학교연맹(이하 '연맹')의 사무총장님이 교육부를 방문해서 담당 과장님을 만나는 자리에 학교장의 자격으로 동석하게 되었는데, 이를 계기로 연맹에서 교육부를 방문할 때마다 같이 참여하면서 자연스럽게 법제화 논의에 참여할 수 있었다.

2014년 교육부 주도로 미인가 대안학교 법제화가 추진되었지만 진보 성향을 지닌 대안교육 단체가 심하게 반대를 하면서 무산이 된 적이 있었고 그 뒤로는 법제화 논의가 잠시 소강상태에 접어들기도 했었다.

이 일 이후, 연맹에서는 '법제화 TF팀'이 꾸려지게 되었고, 본의 아니게 내가 총무를 맡게 되었다. 하나님이 법의 문외한인 나에게 법에 관심을 갖게 하는 이유가 무엇일까 생각하면서 '초·중등교육법', '대안학교 설립을 위한 규정', 그동안 국회의원들에 의해 발의되었던 법안들을 하나씩 살펴보기 시작했다. 그런데 문제는 읽긴 읽었는데 그 내용이 무슨 의미인지 잘 이해가 되지 않았다. 그래서 일단 이해될 때까지 읽고 또 읽어 보았다. 잘 이해가 되지 않는 전문 단어가 나오면 인터넷 사전을 찾아가며 그 의미를 파악하기를 수없이 반복하니 조금씩 이해되기 시작했다. 솔직히 '초·중등교육법'과 '대안학교 설립을 위한 규정', 그동안 발의되었던 대안교육관련 법안들은 수십 번 넘게 밑줄을 그어가며 읽었던 것 같다.

그러던 차에 법제처에서 근무하시는 분이 우리 연맹의 자문위원으로 도움을 주기 시작했다. 너무나 감사했다. 마치 하나님이 나에게 붙여 주신 법률 과외 선생님처럼 여겨졌었다.

하나님이 주신 놀라운 지혜

하루는 그동안 발의되었던 대안교육관련 법안들을 살펴보는데 4가지 법안이 서로 어떤 차이점이 있는지, 어떤 법안이 우리에게 좋고 나쁜지를 알아볼 수가 없었다. 그래서 잠시 기도했다.

"하나님! 법안들을 읽어 보긴 했지만 이 법안들의 차이점이랑 어떤 법안 내용이 우리에게 좋고 어떤 것은 안 좋은지 잘 구분이 안 됩니다. 저에게 지혜를 주십시오."

기도를 마친 후 법안들을 살펴보는데 순간 떠오르는 생각이 있었다. 이 법안들을 표로 만들어서 항목별로 조항을 표 안에 집어넣으면 자연스럽게 비교가 될 것 같다는 생각이 솟아났다. 그래서 얼른 표를 만들어 4가지 법안을 항목별로 구분하여 집어넣어 보았다. 그랬더니 한 눈에 법안 내용들이 비교가 되면서 어떤 법안에는 어떤 내용이 빠져 있고, 또 어떤 법안에는 어떤 내용이 추가되어 있는지 알 수 있었다. 그뿐 아니라 어떤 법안의 조문들은 토시 하나 틀리지 않고 똑같다는 것을 발견하였다. 어떻게 보면 법안들이 서로 짜깁기한 듯한 느낌마저 들었다.

이렇게 자료를 만들어 '법제화 TF팀'에 보여 주었더니, 이 말을 들은 자문위원님이 깜짝 놀라며 이렇게 말을 했다.

"교장 선생님! 이것을 어떻게 아셨어요? 실제로 우리나라 법제처에서 법제관들이 새로운 법안들이 올라오면 이렇게 기존 관련 법안들과 함께 표에 넣어 보면서 검토한답니다. 교장 선생님은 당장 법제처에서 근무해도 되겠습니다."

농담으로 하신 말이지만 나에게는 무척이나 격려가 되고 힘이 되었다. 게다가 내가 만든 이 표가 실제 우리나라 법제처에서 법제관들이 사용하는 방법이라니 너무나 놀라웠다. 그날 저녁 나의 기도를 들으신 하나님 아버지가 나에게 이 방법을 알게 해 주셨던 것이다. 너무나도 기뻐서 입에서 감사가 저절로 흘러나왔다.

그때부터 나는 열심히 법안들을 살피고 내용들을 분석하기 시작했다. 하나님이 분명히 나에게 법안들을 살피게 하시는 것은 대안학교 법제화를 하는데 우리들이 무엇인가 할 일이 있어서 그런 것이라 여겼다.

인가 받지 못한 대안학교라서 모든 법들에 다 저촉이 되는 것을 발견했다. 특히 세제 관련해서 '법인세', '지방세', '부가가치세', '소득세법 시행령' 등 모든 것들에 무방비 상태라는 것도 알아냈다. 인가를 받지 않는 학교들에게 지금은 이런 법들을 적용하고 있지는 않지만 언제든지 적용할 수 있는 위험한 상태로 빨리 법제화 하지 않으면 안 된다는 것을 알게 된 것이다.

'아하! 하나님 아버지가 나에게 이를 알게 하시고 이를 앞장서서 추진하라는 신호이시구나.' 하는 생각이 들었다. 그래서 법안 연구에 더욱 박차를 가했다. 그럴수록 하나님 아버지께서는 나에게 지혜를 부어 주시고 돕는 손길들을 붙여 주셨다.

대안교육진흥법률안 발의와 감격스런 공청회

2015년도부터 2년간 연맹의 이사로 활동하면서 '법제화 TF팀'의 총무를 맡게 하신 하나님은 2017년 1월 초에는 연맹의 이사장을 맡도록 상황을 만들어 주셨다. 하나님 아버지가 대안학교 법제화를 앞장서서 추진하려고 그렇게 하신 것으로 받아 들였다.

2016년도부터 연맹 '법제화 TF팀'은 '법제화 전략팀'으로 이름을 바꾼 후 '대안학교 설립 운영 규정'에서 설립 기준을 대폭 완화하는 개정안도 준비하고, 이것이 받아들여지지 않을 경우 미인가 대안학교들을 '대안교육기관'으로 등록해서 최소한의 법적인 지위를 누리고 보호받을 수 있도록 하기 위한 법률안을 우리들이 만들어 보는 작업을 시작했었다. 이 과정에서 자문위원님의 도움이 아주 컸다. 아마도 자문위원님이 안 계셨더라면 아마도 완성하기 어려웠을 것이라 여겨진다. 그런 면에서 자문위원님은 하나님이 우리에게 도움을 주려고 보내 주신 분이라고 여긴다.

1년 정도의 시간이 흐른 후 우리 연맹은 '대안교육진흥법률안'을 만들었고, 이 법안을 발의해 줄 국회의원을 찾기 시작했다. 어떤 의

원이 이 법안 발의에 적합할까 고민하면서 찾는데 하나님은 역시 한 분을 준비하고 계셨다.

별무리 학교의 학부모님이신 박찬대 의원님이 계셨고 이분을 찾아가서, 법안을 설명하면서 법안을 발의해 달라고 부탁을 드렸더니 같은 당의 친구 분이면서도 교육문화체육관광위원회 소속이신 김병욱 의원님을 소개해 주셔서 이분이 발의하시는 것으로 하면서 작업이 진행되었다.

2017년 6월 28일, 국회의원 회관의 대회의실에는 500명이 넘는 대안학교 가족들과 현직 국회의원 6명이 참가한 가운데 "대안교육 내실화를 위한 공청회"를 실시하였고 마치 축제와 같은 공청회를 만들어 낼 수 있었다.

이 공청회를 준비하면서 의원실에서는 대회의실이 430석이 넘는데 이 자리를 과연 다 채울 수 있을까에 대해 염려를 많이 했었던 것 같았다. 그래서 우리에게 작은 규모의 세미나실을 추천했었지만 우리들은 다 채우고도 남는다고 자신 있게 이야기했었다. 그러나 의원실 비서관들은 우리들이 그렇게 할 수 없을 것으로 여겼나 보다. 당일 자료집을 300부 밖에 준비를 안 했던 것이다. 실제로 500명이 훨씬 넘는 분이 참석하는 바람에 절반 가까운 분들은 자료집 없이 공청회에 참석해야 하는 일이 생겼었다.

이 감격스런 공청회에 마지막 토론자로 참석하면서 하나님께 감사 기도가 절로 나왔다.

"하나님 아버지! 너무나도 감사합니다. 우리들이 드디어 국회의원 회관 대강당에서 이런 감동적인 공청회를 열게 해 주셔서 정말 감사합니다. 이 모든 것이 아버지의 인도하심 덕분입니다. 법안을 마련하게 하셨으니 이 법안이 법률로 만들어질 줄 믿고 확신합니다. 하나님 아버지가 우리들을 통해 직접 일하심을 우리들로 하여금 보고 느끼게 하시니 어찌나 감사한지요. 앞으로도 우리를 통해 일하실 수 있도록 온전히 내어 드립니다. 우리는 하나님 아버지가 어떻게 이루시는지 가만히 지켜만 보겠습니다."

2017년 9월 1일, 우리가 준비한 '대안교육진흥법률안'은 김병욱 의원이 대표 발의하고, 권미혁, 노웅래, 안민석, 유승희 등 10명 의원이 공동 발의해 주었다. 이 법안이 국회 본회의를 거쳐 언제쯤 법률로 만들어질지 잘 모르지만 나는 반드시 믿는다. 하나님 아버지가 하실 것이고 전국의 기독대안학교가 이 법률에 의해 보호받으며 정부의 재정 지원도 받으면서 건강하게 학교를 운영하게 되는 날이 올 것이라고. 하나님 아버지가 이 일을 이루시려고 나와 우리 연맹 교장님들을 사용하고 있는 것이라고….

나는 3년 전부터 미인가 대안학교에 '부가가치세'를 부과하게 될 가능성이 있으니 대응책을 마련해야 한다고 주장해 왔었다. 그런데 2017년 8월, 우려했던 일이 실제로 일어났다. 대안학교 현장 중에서 세무서로부터 부가가치세를 납부하라고 통보를 받고 2년 치를 납부한 학교가 생겼다. '한국기독교대안학교연맹'의 회원 학교는 아니었지만 우리를 긴장하게 만들었다.

그때 나는 하나님께 기도했다.

"하나님! 세무와 법을 잘 알고 있는 분들을 붙여 주세요. 법과 세무에 비전문가인 제가 이 일을 감당하기에는 한계가 있습니다."

이 기도를 하나님이 들어 주셨다. 국세청에서 고위 공문원으로 일하다가 사법고시에 합격하고 세무변호사로 일하고 계시는 분의 자녀가 8월말 우리 학교 편입 전형에서 선발이 되면서 학부모로 만날수가 있게 되었다.

앞으로 이 학부모님을 통해 하나님은 또 어떤 일들을 이루어 주실지 벌써부터 기대가 된다.

기도하는
아이들

●　　　　　　우리 밀알두레학교가 급속도로 학생들이
증가하고 선생님들이 늘어나면서 빠르게 안정되었다. 그런데 내가
학교를 생각하면 기쁨과 감사함 외에 뭔가 말로 표현할 수 없는 아
쉬움이나 허전함이 느껴졌었다.

한동안 그 이유에 대해서 깊이 생각해 보았다. 그러다가 하나님
아버지가 나의 마음속에 깨닫게 해 주신 것이었다. 바로 아이들이
매일 아침마다 30분씩 큐티도 하고, 성경 공부 시간에 말씀도 배우
고 1주일에 한 번씩 초, 중, 고등과정별로 예배를 드리는데 이 아이
들이 하나님의 사랑을 머리로만, 지식으로만 아는 것 때문이라는 것
을 깨닫게 되었다.

그래서 이 아이들에게 하나님 아버지의 사랑을 가슴으로 느끼게
하고 인격적으로 하나님을 만나도록 이끄는 노력들이 우리 선생님

들 안에서 많이 일어났으면 좋겠다는 생각을 하게 되었다. 그러면서 이런 선생님들이 많이 일어나게 해 주시고 아이들의 영혼 구원에 갈급한 선생님들을 많이 보내 달라고 기도하기 시작했다.

하나님의 인도하심

2015년 11월에, 아내가 한 사람을 소개해 주었다. 아내가 담임하고 있는 학급의 한 학생을 자신이 낳은 자녀가 아닌데도 아들처럼 양육해 주고 있다는 분이었다. 아내로부터 이야기를 듣고 난 후에 한번 만나 보고 싶은 마음이 일어났다. 자신의 아이가 아닌데도 아이에게 믿음이 있음을 알고, 집안의 어른들이 강력하게 반대함에도 불구하고 주 양육자가 되어 아이를 사랑과 말씀으로 돌봐주고 있다는 것이었다. 아내에게 소개해 달라고 하고 약속한 날에 만나 깊은 대화를 나눌 수 있었다.

남주혁이라는 분을 만나고 집으로 돌아오는 길에 나의 가슴이 뜨거워지는 것을 경험하였다. 이분의 영혼 구원에 대한 열정과 갈급함이 너무나도 강하게 느껴져서 우리 학교 교사로 불러야겠다는 생각을 하게 되었다. 그런데 이분은 교사 자격증은 없었다. 고려대학교 경제학과를 졸업하였으며, 집이 가난해서 제대로 학원을 다니지 못하는 학생들을 불러 모아 수학을 가르쳐 주면서 복음을 전하고 있었던 분이다.

나는 두레학교 때에는 교사 자격증을 갖춘 분들 중에서 교사로 채용을 했다. 그러나 밀알두레학교를 시작하면서는 30% 이내에 한해서는 교사 자격증이 없어도 영혼 구원에 대한 갈급함이나 열정이 있어 보이는 분이라면 교사로 채용해야겠다는 생각을 하게 되었고, 그렇게 실천해 오던 중이었기에 남주혁 선생님이 교사 자격증이 없다는 것은 나에게는 큰 문제가 되지 않았다.

남주혁 선생님은 이런 계기로 인해서 2016년 3월 1일부터 우리 학교의 교사로 근무하게 되었다. 남주혁 선생님이 부임하면서부터 우리 학교 중등과정에서 변화가 일기 시작했다. 아이들에게 성경 말씀을 가르치고 기도하는 법을 알려 주었다. 하루는 내 방에서 업무를 보고 있는데 뭔가 바람 부는 소리 같기도 하고 "웅웅"하는 소리가 들려왔다. 이게 무슨 소리인가 싶은 마음에 궁금해서 1층부터 2층, 3층까지 소리를 찾아다녔다. 그러나 그 소리의 정체를 알 수 없었다.

아이들의 놀라운 변화들

내가 소리를 잘못 들었나 싶어서 다시 자리에 앉아 작업하는데 다시 그 소리가 들리기 시작했다. 그래서 혹시나 지하에서 들리는 소리인가 싶어서 내려가는데 그 소리가 더욱 뚜렷이 들리는 것이었다. 우는 소리 같기도 하고 큰 소리로 기도하는 듯 했다. 지하 도담홀에서 나오는 소리였다. 무슨 소리인가 궁금해서 살며시 문을 열었더니 남주혁 선생님과 아이들 7~8명이 큰 소리로 울면서 기도하고 있었던 것이다. 아이들 몇 명은 방언으로 기도하는 것 같기도 했다.

내 방으로 다시 돌아와 앉았는데 이 기도 소리가 너무나도 감사하게 들렸다. 내가 듣기에도 이렇게 기분이 좋고 감사한데 하나님은 이 모습과 소리가 얼마나 기쁘실까 하는 생각이 들었다.

그 후부터 기도하는 아이들이 늘어나기 시작했고, 아이들 중에는 아침에 일찍 학교에 와서 자기들끼리 기도하는 그룹도 생기고, 수업이 끝난 후 방과 후에는 방언으로 기도하는 아이들도 있었다. 전철을 타고 퇴근하던 어떤 선생님이 전철 안에서 우리 학교 중등 학생이 성경책을 읽고 있는 모습을 발견하고 기특하다면서 사진을 찍어서 전송해 주는 감동적인 일도 있었다. 학교가 기도하는 아이들로 인하여 뜨거워지기 시작한 것이었다.

2017년 가을에는 중·고등과정이 학년별로 여행을 하였는데 춘천으로 여행을 떠나는 10학년 아이들 중에서 7명이 전철에서 성경책을 읽고 있는 모습이 기특하고 대견하다면서 남주혁 선생님이 교사들 카톡방에 올려 준 일도 있었다.

기적을
꿈꾸는 자

●   믿음을 가진 많은 사람들은 성경 속에 등
장하는 주인공들처럼 삶 속에서 하나님의 초자연적인 기적을 경험
하고 싶어 한다. 나도 솔직히 그런 생각을 많이 했다.

모세가 바다 위로 손을 내밀 때, 여호와가 큰 동풍이 밤새도록 홍
해 바닷물을 물러가게 하여 바닷물이 갈라져 바다가 마른 땅이 되게
한 것(출 14:21)과 사드락, 메삭, 아벳느고를 풀무불에서 건져 주신 이
야기(단 3:26), 다윗이라는 어린 소년이 골리앗이라는 거인을 물맷돌을
던져 쓰러뜨리는 이야기(삼상 17:32-49) 등은 너무나도 흥미진진하다.

성경에 나오는 이야기들처럼 감당할 수 없는 크나 큰 문제나 상황
앞에 놓였는데 간절히 기도했더니 하나님 아버지가 기도에 응답해
주셔서 하루아침에 문제나 상황이 해결된 이야기들을 들을 때마다

더욱 그런 갈급함이 생긴다. 또한, 예언의 은사가 있거나 치유의 은사를 가진 이들을 만나면 무척이나 부럽기만 하다.

학교에서 아이들이 아프다고 하면 얼른 아이들의 머리에 손을 얹고 예수님 이름으로 기도할 때 병 고침이 일어나면 좋겠는데 나는 안타깝게 여기며 보건실에 약을 복용하라고 보낼 때가 많다. 예수님께서는 믿는 자들에게는 환자의 몸에 손을 얹고 기도하면 병 고침의 기적이 일어난다고 하셨는데 나는 언제쯤 나의 신장이 고침을 받게 되고 또 다른 환자들에게 손을 얹고 간절히 기도하면 치유가 일어나는 그런 은사를 경험하게 될까?

기적을 경험하려면

그런 생각들을 많이 하고 있을 때 하나님 아버지는 조용히 나에게 깨달음을 통해 두 가지를 알게 해 주셨다.

첫째, 그런 기적을 경험하려면 먼저 문제 상황 앞에 놓여야 한다. 풀무불에서 건짐을 받는 기적을 경험하려면 사드락과 메삭, 아벳느고와 같이 풀무불에 던져짐을 당하는 그런 위기 상황 앞에 먼저 서야 한다는 것이다. 마치 예수님의 부활의 영광을 경험하려면 십자가의 고난이 먼저 있어야 하는 것과 같은 것이다. 그런데 문제는 우리들은 이러한 위기상황이나 문제 앞에 놓이는 것을 좋아하지 않는다는 것이다. 하나님 아버지는 나에게 초자연적인 기적을 경험하고 기쁨과 영광의 자리로 나아가고 싶으면 먼저 고난의 자리에 머무르는 것을 당연히 여기고 이를 기쁨과 감사로 받아들일 수 있어야 함을 알게 해 주셨다.

우리가 지금 감당할 수 없는 문제나 상황 앞에 놓였거나 고난 속에서 헤쳐 나올 방법이 없는 그런 상태에 놓였다면 이는 절망적인 상태가 아니라 하나님 아버지의 초자연적인 기적을 경험할 수 있는 상태 앞에 놓인 것이다. 그러므로 우리는 오히려 이것을 감사하면서 하나님이 기적을 일으키시도록 기대하고 기다릴 필요가 있는 것이다.

둘째, 하나님의 기적을 경험하기 위해서 내가 해야 할 가장 중요한 것이 있다고 알려 주셨다. 그것은 바로 흔들림 없는 믿음을 갖고서 있어야 한다는 것이다. 하나님은 내가 믿음을 갖고 서 있을 때 그에 상응한 기적을 일으켜 주신다고 하셨다. 그러므로 나는 어떠한 상황에서도 흔들리지 않는 강한 믿음을 갖고 있어야 하며, 하나님이 나를 오래 오래 사용하시도록 하기 위해서 나의 육체도 잘 가꾸고 보존해야 한다는 것이다. 그런데 공중 권세 잡은 악한 대적은 나에게서 이러한 기적이 일어나는 것을 원치 않는다. 그러므로 나의 믿음을 흔들어 놓기 위해서 생각과 마음속에 불안함과 염려, 걱정을 넣어 주기도 하고, 사랑하는 가족이나 가까운 사람들의 입을 사용할 때도 있다. 그런데 하나님 아버지는 이러한 악한 대적의 계교를 믿음으로 물리쳐야만 내가 하나님의 놀라운 기적을 경험할 수 있다고 말씀해 주셨다.

초자연적인 기적과 흔들림 없는 믿음

하나님은 우리가 원하는 것보다도 더 강하게 우리를 통해 기적을 일으키시며 하나님이 이 세상의 주인이며 다스리시는 분이심을 증거하고 드러내 보이고 싶어 하신다. 그러므로 하나님은 기적을 보이시기 이전에 그런 믿음을 가진 자를 찾고 계신다. 하나님이 초자연적인 기적을 일으키기 위해서는 어떤 상황에서도 흔들리지 않는 강한 믿음을 지닌 자를 필요로 한다. 기적을 경험하고 싶은 자들은 먼저 흔들림 없는 강한 믿음을 들고 서 있어야 하는 것이다.

하나님 아버지는 기적 그 자체이시다. 말씀으로 온 우주 만물을 창조하신 것부터가 기적인 것이다. 하나님 아버지 안에 있는 그런 놀라운 기적을 하나님의 자녀들인 우리 모두가 경험하고 기적의 주인공들로 하루하루 살아가길 원하시는 것이다.

오늘도 하나님은 나에게 마음으로 이렇게 말씀해 주신다.

"기원아! 너는 믿음을 갖고 서 있어라. 네가 있어야 내가 기적을 베풀 수 있느니라. 나는 나에게 있는 기적이 너에게 일어나길 원한다."

학교 성장의
비결

●   우리 밀알두레학교에는 기독대안학교 설립을 준비하거나 직접 운영하는 분들이 자주 탐방을 한다. 그리고 내가 '한국기독교대안학교연맹'에서 '기독대안학교 설립'이라는 주제로 특강을 하게 될 때가 있는데 그럴 때마다 이런 질문을 많이 듣고 있다.

"교장 선생님! 어떻게 하면 밀알두레학교처럼 빠르게 학교 성장을 이룰 수가 있는지요? 그 비결은 무엇이라고 생각합니까?"

하나님의 놀라운 축복

이런 분들의 질문을 받으면서 알게 되었다. 우리들이 2010년 12월 18일, 두레학교로부터 분리될 때, 선생님 20명, 학생 85명이 따라 나왔는데, 그로부터 7년이 지난 2017년 12월 현재, 선생님이 56명, 학생이 302명으로 늘어났던 것이다. 그야말로 하나님이 놀라울 정도로 우리에게 가득 채워 주셨던 것이다.

지난 번 '경기도대안학교연합회'에서 학생 수를 조사해 본 적이 있다. 회원 학교 24개 학교 중에 우리 학교 학생 수가 제일 많았다. '한국기독교대안학교연맹' 학교들 중에서도 300명이 넘는 학교가 다섯 손가락에 꼽힐 정도다. 우리 학교가 이렇게 학생이 많은 학교에 속하는 줄 그동안 모르고 있었는데 질문을 해 오는 분들 덕분에 알게 된 것이다.

나는 이런 질문에 다음과 같이 말한다.

"우리는 학교가 빨리 성장해야 한다거나 커지려고 생각해 본 적은 없는 것 같습니다. 다만, 우리가 생각했던 것은 어떻게 하면 하나님이 기뻐하시는 교육을 할까? 하나님의 마음을 시원하게 해 드리는 교육은 무엇일까를 열심히 고민해 왔습니다. 그랬더니 하나님이 우리들의 형편이나 역량에 맞게 학생들을 보내 주신 것뿐입니다. 학교를 어떻게 하면 성장시킬 수 있을까를 고민하기보다는 하나님이 기뻐하시는 교육, 하나님의 마음을 시원하게 해 드릴 교육을 펼치려고 노력했을 뿐입니다. 하나님은 그런 학교를 찾고 계시기에 분명히 그 학교를 들어서 쓰실 것이고, 학생들과 좋은 선생님들을 형편에 맞게 보내 주실 것이라고 생각합니다."

하나님이 기뻐하시는 교육

나는 하나님이 기뻐하시는 교육을 하려면 다음의 몇 가지를 잘 지켜 나가야 한다고 생각한다.

첫째, 사람을 소중히 여겨야 한다. 학교 관리자들은 아이들이나 선생님들 한 분 한 분을 귀하고 소중하게 여기며 그런 정책을 만들어 내야 하고, 선생님들은 자기가 지도하는 아이들 한 명 한 명의 인격을 존중하면서 보배롭고 존귀하게 여겨야 한다. 사람을 소중히 여기고 보배롭게 여긴다는 것은 다음의 두 가지 측면에서 다 이루어져야 한다.

하나는 보수를 제대로 주어야 한다. 대안학교 수준에서 급여를 기준으로 삼지 말고 공립학교 교사들의 급여를 기준으로 삼아야 한다. 그래서 공립학교 교사들보다 단 돈 5만 원이라도 더 줄 생각을 해야 한다.

또, 다른 하나는 급여를 당장 보장해 주기 어려운 형편이라면 마음으로라도 존중받고 있다는 것을 느끼게 해 주고, 선생님들에게 가장 행복한 분위기를 마련해 주어야 한다. 많은 학교들이 아이들을 행복하게 하려는 데는 노력을 기울이면서 교사들에게는 오히려 소명을 강조하면서 헌신과 희생을 요구하는 경우가 허다하다. 아이들이 행복한 학교를 만들려면 먼저 교사들이 행복한 학교가 되어야 가능하다는 것을 기억해야 한다.

둘째, 성경 말씀의 내용대로 학교를 경영하려고 노력해야 한다. 기독대안학교들이 말씀대로 아이들을 교육하려고 노력은 하지만 학교 경영을 성경 말씀대로 하려고 노력하는 것은 부족하지 않나 하는 생각이 들 때가 있다. 민주성이 결여되고 한 사람에 의해 중요한 내용들이 결정이 되어지는 학교는 바람직하지 않은 것 같다. 그래서 우리 학교는 나와 선생님들이 이렇게 하기로 약속했다. 학교장은 결재를 하거나 어떤 것을 결정하려고 할 때 반드시 예수님이 이 학교의 교장이라면 어떻게 하실까를 생각하고, 선생님들은 반 아이들을 훈계하거나 지도하려고 할 때 예수님이 우리 반의 담임 교사라면 어떻게 하셨을까를 생각해 본 후에 하자고 약속하였다. 예수님 가르침 그대로 운영되어지는 학교를 만들려고 노력하고 있다.

예수님의 마음에 흡족한 교육을 펼치고 있는 학교가 있는데 예수님이 어찌 그 학교를 쓰시지 않고 내버려 두시겠는가? 나는 분명히 믿는다. 우리들이 하나님과 예수님을 마음의 중심에 두고 교육하고 하나님과 예수님이 원하시는 교육을 하려고 노력할수록 하나님이 재물도 때에 맞춰 공급하시고 학생들과 선생님들을 많이 보내 주실 것이라고 확신한다.

셋째, 어떠한 경우라도 흔들리지 않는 믿음이 필요하다. 하나님 아버지를 향한 절대적인 믿음이 있어야 한다. 고난이 오고 어려움이

닥치면 절망하거나 낙심하지 않고 이를 하나님이 훈련하시는 것으로 여기고 감사함으로 나아갈 수 있어야 한다. 사실, 하나님은 더 크게 쓰시기 위해서는 꼭 훈련의 시간을 거치게 하신다는 것을 지난날의 경험을 통해 알게 되었다. 훈련받기를 싫어한다면 크게 쓰임 받는 것은 어렵다고 생각한다.

훈련을 통한 학교 성장

이 세 가지를 유념하면서 하나님의 마음을 시원하게 해 드리려고 노력해 왔더니 그때의 상황이나 형편에 맞게 선생님들을 보내 주시고 그에 맞게 학생들을 보내 주셨다. 우리 학교가 85명으로 시작해서 302명이 넘는 학교로 성장한 것이 어느 날 갑자기 하나님이 수백 명의 학생을 보내 주셔서 이루어진 것이 아니다. 선생님이 2~3명이 늘면 학생도 30명 전후로 늘어나게 하셨고, 이것이 일정 기간 유지되는 시간도 있도록 하셨다. 학교가 안정이 되어야 그다음 단계로 갈 수 있기 때문에 하나님은 우리 학교를 철저하게 훈련시키시면서 성장도 같이 이루어지게 하신 것이다. 성장이 이루어지기 전에는 꼭 고난과 어려움의 시기에 해당하는 훈련 과정이 먼저 있었다. 그리고 이런 과정을 겪으면서 하나님은 훈련을 통한 성장이 이루어지게 하신다는 것을 알게 되었다.

인성교육에
대하여

　　●　　　　　　　　　우리나라에는 '인성교육 진흥법'이 있다.
인성교육을 의무로 규정한 법으로 건전하고 올바른 인성을 갖춘 시
민을 육성하여 국가 사회 발전에 이바지함을 목적으로 하는데, 2014
년 12월 국회를 통과해 2015년 7월부터 시행되고 있다. 솔직히 인성
을 법으로 정하면 제대로 길러진다고 여기는 것이 말이 되나 싶다.

　　우리나라에 정부가 들어선 이래로 교육의 주된 화두는 "인성교육"
이었다. 그러나 나는 오늘날 인성교육은 실패했다고 주장해 오고 있
다. 인성교육이 성공적으로 이루어졌다면 어떻게 학교 폭력이나 집
단 따돌림 등이 사회적인 문제가 될 수 있는가? 얼마나 인성교육이
무너졌으면 이를 의무화하려는 인성교육 진흥법이 다 만들어졌겠는
가? 이 법안이 만들어졌다는 것만으로도 인성교육은 심각한 위기 상

황에 놓여 있음을 반증한다고 할 수 있다.

인성교육의 4요소

그럼 왜 인성교육을 강조해 왔고 지금까지 수없이 노력해 왔는데 성공을 거두지 못했을까? 이 점을 곰곰이 생각해 보게 되었다. 그러던 어느 날 하나님 아버지는 나에게 우리 학교 교육 목표를 통해 아주 중요한 사실들을 깨닫게 해 주셨다.

우리는 지금까지 인성교육의 3가지 요소로서 지(智), 덕(德), 체(體)를 이야기해 왔다. 결론부터 말해 인성교육의 요소로 3가지만을 고수했기에 실패한 것이다. 아주 중요한 요소 한 가지를 놓치고 있었던 것이다. 그래서 우리 밀알두레학교는 교육 목표를 4가지 성장이 이뤄지도록 하고 있다.

어느 날 하나님은 이 교육 목표를 찬찬히 들여다보게 하셨다. 누가복음 2장 52절, 아주 짧은 이 문장 속에서 예수님이 어떻게 성장했는지 기술하고 있다. 이곳에서 우리는 다음과 같이 4가지 성장을 뽑아내면서 교육 목표를 잡았던 것이다.

예수는 지혜(지적 성장)와 키(신체적 성장)가 자라가며

하나님(영적 성장)과 사람(사회적 성장)에게

더 사랑스러워 가시더라.

예수님이 어린 시절부터 4가지 모든 영역, 즉 지적(智), 신체적(體), 영적(靈), 사회적(德) 부분에서 균형 있게 성장이 이루어졌다는 것을 이 말씀을 통해 엿볼 수 있다. 우리는 이것을 인성교육의 4요소라 부르고 있다.

우리 학교는 예수님의 어린 시절 모습을 닮도록 교육해야겠다고 목표를 설정했는데, 위의 4가지 성장이 고르게 이루어지도록 돕는 것이 인성교육이므로, 결국 아이들을 인성교육으로 가르치겠다는 것과 같은 목표가 만들어진 것이다.

이 4가지 성장에 대해 곰곰이 들여다보며 생각하고 있었는데 번개가 스쳐 지나가듯 무엇인가 번뜩이는 것이 있었다.

* 지적인 성장(智): 배움에 대한 욕구 충족

* 신체적 성장(體): 건강한 몸(=건강한 정신)

* 사회적인 성장(德): EQ(사회성),감정, 통제력 등

* 영적인 성장(靈): 가치관, 비전, 삶의 목표

유기적인 관계를 맺고 있는 인성교육의 4가지 요소

하나님은 위의 4가지 요소들이 독립되어 있는 것이 아니라 서로 유기적인 관계를 맺고 있다는 것을 알게 해 주셨다. 먼저 가장 기본이 되는 것이 신체적인 성장(體)이다. 우선 몸이 건강해야 한다. 몸이 건강해야 정신도 건강해진다. 건강한 몸에서 건강한 정신이 나온다는 말이 있지 않은가?

2011년 11월 7일, 나의 신장이 망가져서 병원에 입원하여 투석을 받게 되었다. 그때 투석 때문에 입원하게 된 환자들을 바라보면서 몸의 건강이 얼마나 중요한지 깨닫게 되었다. 주 3회 4시간씩 투석해야만 삶을 살 수 있게 된 환자들은 아주 절망적이었다. 직장생활이나 사회생활을 온전히 하기가 어려워졌기 때문이다. 그 환자들의 눈빛이나 말 속에서 내일에 대한 희망이나 비전이 전혀 나오지 않았다. 그저 절망과 낙심뿐이었다. 그들의 모습을 지켜보면서 '사람은 몸이 건강하지 않으면 저렇게 절망 속에 갇히게 되는구나.'라고 생각하게 되었다.

건강한 몸은 건강한 정신으로 이어져 영적 성장이 이뤄지도록 한다. 자신이 인생을 살아야 할 이유나 비전을 깨닫게 해 주고 바람직한 가치관과 인생의 목표를 발견하게 해 주는 것이다. 이런 것은 위인의 전기를 읽거나 훌륭한 분들의 이야기를 듣고서도 깨달을 수 있다. 그러나 온 우주 만물을 창조하였고 이를 다스리는 절대자 하나님 앞에서 이를 발견했다고 할 때 얼마나 강력한 영향을 줄 것인지는 자명해진다.

영적 성장을 통해서 인생의 목표나 삶의 이유, 비전을 발견한 학생은 두 가지 성장, 즉 지적 성장과 사회적 성장이 같이 이루어진다. 온 우주 만물을 창조한 절대자인 하나님 앞에서 자신의 인생 목표와 비전, 소명을 발견한 학생은 이를 이루기 위해 열심히 공부하게 되어 있다. 설혹 성적이 향상되지 않는다 해도 공부하는 일을 소홀히 여기지는 않게 되는 것이다. 또한 그런 것을 깨달은 학생은 나 혼자만 잘 먹고 잘 살겠다는 생각을 하지 않게 되며, 자신보다 연약한 친구들을 발로 밟고 일어서려고 하지 않게 되는 것이다. 오히려 연약한 친구의 손을 잡아 일으켜 주고 함께 걸어가려고 노력하게 될 것이다.

이처럼 신체적 성장은 영적 성장의 기초가 되고, 영적 성장은 지적 성장과 사회적 성장이 이루어지도록 유기적인 관계를 맺고 있는 것이다.

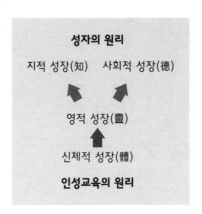

그런데. 이에 비해 오늘날 제도권 하에서의 인성교육은 가장 중요한 영적 성장을 빼버렸기에 나머지 3가지 요소들 간에(신체적 성장, 지적인 성장, 사회적 성장) 연결될 고리가 없어진 것이다. 다음의 그림을 살펴보면 이를 쉽게 이해할 수 있을 것이다.

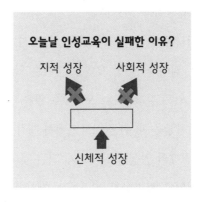

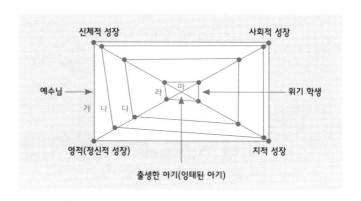

위의 그림에서 보면 '가'는 신체적, 지적, 사회적, 영적 성장이 최고조에 이른 사람이다. 인격 형성이 최고조에 달한 사람, 즉 예수님 같은 분이 이에 속한다고 할 것이다.

'라'는 4가지 성장에서 대부분 성장이 부족하며 특히 사회적 성장은 유난히 부족한 사람으로, 이런 친구들이 교실에서는 친구들에게 따돌림을 당하거나 관계를 잘못 맺는 학생이 되는 것이다.

그러면 한번 생각해 볼 것이, 왜 사람들에게서 이런 차이점이 생기게 되느냐 하는 점이다. 유전 요인도 없지는 않겠지만 대부분 교육과 환경 요인에 의해 길러진 것으로 볼 수 있을 것이다.

사람이 처음 태어났을 때 위 직사각형에서 대각선을 이은 선이 만나는 점의 '마' 위치에서 인생을 시작하게 되는 것이다. 이 점을 처음에는 아기의 출생일로 보았다가 최근에는 아기가 잉태된 시점으로 생각하게 되었다.

우리가 정확하게 잘 알지는 못하지만 분명히 4가지 성장이 잘 이루어지게 하는 요인들이 있을 것이다. 가정과 학교에서 이러한 4가지 성장이 잘 이루어지도록 하는 환경에 얼마나 노출되고 이에 따른 교육의 혜택을 받느냐에 따라 성장에 차이가 생기게 되는 것이다.

결국 앞의 표에서 '가'는 4가지 성장이 최고조로 이루어지도록 환경이나 조건이 갖추어진 곳에서 자라난 사람, 즉 예수님과 같이 인격형성이 잘 이루어진 학생을 의미하고, '나'와 '다', '라'는 거기에 미치지 못하는 상황에 놓인 결과인 셈이다.

'나'와 같은 학생은 지적, 사회적, 신체적 성장은 최고로 잘 이루어졌는데 영적 성장이 그만큼 이루어지지 않은 상태이다. 반면 '라'와 같은 사람은 4가지 모든 영역에서 발달이 제대로 이루어지지 않은 상태에 있는데 이런 학생을 요즘 학교에서는 '위기 학생'으로 부른다.

위기 학생의 원인과 책임

여기서 생각해 볼 것이 있다. 성장이 '라'와 같은 '위기 학생'들은 왜 같은 시기에 태어나서 비슷한 양의 밥을 먹고 학교에 다니며 공부했는데 이런 성장에 이른 것일까? 과연 누구의 잘못일까?

예를 들어, A라는 가정에서 부부가 아기를 가진 것을 알고 날마다 아기 태명을 불러 주며 사랑해 주었다가 10개월 만에 태어났다고 하자. 반면에 B라는 가정에서는 아기를 가진지도 모르고 있다가 나중에 알게 되었고, 엄마가 아기를 가진 것에 대해 속상해 하고 지낸다. 그리고 갑자기 아빠가 다니던 직장이 부도나 실직하여 가정 경제가 심히 어려워지면서 부부가 자주 경제적인 문제로 다투게 되었는데 그러는 중에 아기가 태어났다고 하자. 그러면 A가정에 태어난 아기와 B가정에 태어난 아기가 같은 날 태어났다고 할 때, 신체적, 영적, 지적, 사회적 성장이 같은 수준일까? 분명 아니다. 차이가 있을 것이다. 그 차이가 우리 눈에 안 보일뿐이다. 그러므로 위의 '라'와 같은 성장을 보이는 '위기 학생'의 경우에는 '위기 학생'의 본인 책임이 아니고 그런 환경에서 자라도록 한 부모와 가정에서 원인을 찾아야 할 것이다.

그런데 지금까지 우리는 학교와 가정에서 아이들이 '라'와 같은 모습을 보이면 이 아이의 문제로 여기고 아이를 바꿔 놓으려고 숱한 노력을 하지 않았던가? 실은, 아이를 바꿔 놓으려고 할 것이 아니라 가정을 바꾸고 부모를 변화시키려고 노력해야 하는 것이다.

그러므로 우리 교사들은 학부모들과 연합해서 학생들에게 위의 4가지 성장이 어떻게 하면 잘 이루어지게 할 것인지 그 요인들을 찾아서 그런 환경을 구축하고 그렇게 교육이 이루어지도록 해야 하는 것이다.

이 내용을 하나님은 나에게 깊이 깨닫게 해 주셨고 이 원리대로 아이들을 양육하는 것이 진정한 인성교육이라고 말씀해 주셨다.

'교육'에 대한
나의 생각

●   하나님은 27년 동안 교직의 삶을 통해 내가 많은 것을 배우도록 하셨다. 특히, 교사는 아이들을 가르치고 깨우쳐 주며 바른 길로 인도해 주는 사람 정도로 여기며 살아온 나에게 아이들과 다양한 경험을 하게 하면서 '교사도 아이들을 통해 배움이 일어날 수 있다.'는 것을 깨닫게 해 주셨다.

'교육'이 무엇인가에 대한 4가지 답

하나님은 나로 '교육은 무엇인가?'에 대해 깊이 고민하게 하면서 스스로 답을 알아가도록 이끌어 주셨다. 이제 나는 적어도 4가지로 정리해서 답할 수 있게 되었다. 하나님은 이 내용들을 밀알두레학교의 교육 철학으로 자리 잡아 가도록 인도하여 주셨다.

첫째, 교육은 기다림이다.

아이들은 부모나 교사가 믿고 기다려 준만큼 성장한다. 사실 아이들은 무한한 발전 가능성을 지니고 있는 존재이다. 아이의 무궁무진한 발전 가능성을 믿고 인내심을 갖고 기다려 주는 것이 무엇보다 중요하다. 우리 어른들은 이것을 종종 잊고 살 때가 많다.

부모는 자녀가 비록 잘못된 선택을 할지라도 반드시 돌아올 것이라고 믿고 기다려 주며, 절대적으로 지지하고 응원해 주어야 한다. 아이들은 실패를 통해서도 더 큰 배움과 성장을 이룰 수 있음을 잊지 말아야 한다. 아이들은 자신을 믿어 주고 지지해 주는 이들이 있을 때 책임감과 자신감이 길러지게 된다.

그리고 교육이 기다림이라고 말할 수 있는 또 하나의 이유는 간 만큼 돌아오는 데 그만큼 시간이 걸리기 때문이다. 학교에 다니다가 상처를 입고 힘들어하며 학교에 가기를 싫어한 학생이 새로운 학교에 전학을 왔다고 그날로 즐겁고 신나게 학교에 다닐 수 있는 것이 아니다. 쉼의 시간이 필요하다. 학교에서의 생활에 만족함이 생기려면 그만큼의 시간이 걸린다는 것을 이해하고 기다려 주어야 한다.

둘째, 교육은 이해(understand)이다.

교육은 아이들이 처한 상황과 입장, 처지에 대해 정확하게 아는 것에서부터 시작한다. 아이들이 가정이나 교실에서 보여 주는 행동에는 반드시 그 원인이 있다. 그런데 부모나 교사들이 실수하기 쉬운 것은 아이들의 행동을 같은 선상에서 바라보거나 일반화된 기준에서 이해한다는 것이다. 진정 그런 아이들을 돕거나 고쳐 주려는 마음이 있다면 먼저 아이들이 처한 환경이나 가정 형편 등을 살펴봐야 한다. 부적응이나 과잉 행동을 하는 아이들 대부분은 성장 과정의 경험이나 가정 형편 등에서 그 원인을 찾을 수 있다.

또 선생님들의 경우, 많은 아이를 지도하다 보니 대체로 겉으로 드러난 모습에 대해 관심을 갖게 된다. 아이가 거친 언어를 사용하면서 친구를 놀리거나 때릴 때, 수업 중에 산만하거나 수업을 방해하는 아이들을 볼 때 우리는 그런 아이들에게 그런 행동을 하지 말라고만 한다. 그러나 이것은 내적으로 더 심각한 문제를 만들어 내는 것이다. 원인을 살피지 않고 겉으로 드러난 부분을 놓고 지도한다면 차라리 지도하지 않은 것만도 못한 결과를 초래할 수도 있다.

셋째, 교육은 감동, 감화이다.

감동, 감화가 이루어지면 마음 문이 열리고 교육적 사건이 일어나게 된다. 교육은 사람을 변화시키기 위한 것이다. 사람의 변화는 생각과 마음을 통해 일어나는데 그 변화를 이끌어 낼 수 있는 것이 감동, 감화인 것이다. 감동과 감화가 이루어질 때만이 변화를 이끌 수 있다.

칭찬과 격려, 인정만이 마음의 변화를 이끌어 낼 수 있다. 특히 가르침을 주려는 자는 언행일치의 중요성을 잊지 말아야 한다. 말과 행동이 일치하는 삶을 살 때 아주 짧은 한마디 말이라도 듣는 이들에게는 가슴 뭉클한 감동을 주고 영향을 미칠 수 있다.

넷째, 교육은 상처와 아픔의 치유이다.

사람은 연약한 존재라서 태어나 자라오면서 수없이 많은 상처와 아픔을 받기도 하고, 주기도 한다. 부모로부터, 선생님이나 친구들로부터 아픔과 상처를 주고받으며 성장한다. 선한 의도로 하는 충고나 권면에도 오히려 상처를 받는 경우도 허다하다.

이러한 마음의 상처와 아픔은 교육을 통해 치유해 나가야 한다. 마음의 상처와 아픔은 치유되거나 회복되지 않으면 계속 아픔으로 작용하여 관계성에 어려움을 줄뿐 아니라 그대로 담아 두었다가 어른이 되었을 때 가장 가까운 가족들에게 고스란히 물려주게 된다. 부모의 상처나 아픔은 자녀에게 그대로 대물림된다는 것을 잊지 말아야 한다.

이처럼 자라오면서 생긴 마음의 아픔과 상처를 치유하여 행복하게 살아갈 수 있도록 돕는 것이 진정 교육이라 생각한다.

학교장
임기제

●   나는 2011년 3월에 밀알두레학교를 새롭게 설립하고 난 후, 학부모 교육을 하면서 내가 10년 이상 밀알두레학교에 근무하지 않겠다고 선언했다. 나는 다른 밀알두레학교를 세워서 이를 네트워크하고, 교육 운동으로 이어나가겠다고 약속했다. 그 이후 이사회 회의 때, 학교장의 임기는 5년 단위로 하고 신임 평가를 받은 후에 연임은 가능하되 10년을 넘기지는 않도록 하자고 제안하기도 했다.

임기를 정해 놓고 시작한 학교장

내가 이렇게 한 이유는, 15년 동안 공교육에서 교사로 근무할 때 서울에서 유명한 사립초등학교 두 군데에서 근무하면서 느끼고 깨달은 것이 있었다. 아무리 교장 선생님이 유능하더라도 한 학교에서 10년 이상 있게 되면 더 이상 새로운 것이 나오지 않고 누구도 그 교장 선생님 앞에서는 다른 의견을 개진할 수 없어 자연스럽게 독재화된 구조가 만들어지는 것을 보았기 때문이다.

특히, 초창기에 강력한 리더십을 행사하며 학교를 세워 온 경우일수록 그럴 가능성이 높다고 보아 왔는데, 우리 남양주의 밀알두레학교도 개교 초기부터 그런 과정을 밟게 되니까 내가 10년 이상 근무하게 되면 충분히 그렇게 될 수 있다는 염려가 내 안에 자리 잡고 있었던 것 같다. 어쩌면 하나님이 그런 마음을 나에게 미리 넣어 주신 것은 아닌가 하는 생각이 들기도 한다.

나는 종종 우리 학교 선생님들에게 이렇게 이야기해 왔다.

"선생님들! 나는 학교를 설립하고 개척한 초대 교장으로서 임기를 10년으로 정하고, 다음 차기 교장에게 이를 넘겨주려고 준비해 오고 있습니다. 나는 길이 없는 상황에서 길을 내려고 낫이나 칼을 들고 수풀을 헤치면서 앞장서서 걸어왔습니다. 다음 교장님은 돌부리도 캐내고 포장도 하면서 도로를 만드는 역할을 해야 합니다. 초대 교장인 내가 했던 것처럼 다음 교장님이 똑같이 하면 안 된다고 생각합니다. 초대 교장이 불도저처럼 밀고 왔다면 다음 교장님은 섬세한 손과 따뜻한 마음으로 상처 입은 이들의 마음을 보듬으면서 한 사람

한 사람의 의견을 소중히 하고 민주적인 절차로 학교를 운영하여야 한다고 생각합니다."

나는 우리 밀알두레학교가 리더십의 세대 교체가 잘 되도록 하는 것이 우리 학교에 대한 나의 중요한 사명이라고 여기고 있다.

2015년 말, 내가 1대 교장으로서의 임기를 1년 가량 남겨 놓은 시점이었을 때, 차기 교장으로는 어느 분이 좋을까를 잠깐 생각해 본 적이 있었다. 사실 그때만 해도 차기 교장으로 훌륭한 사람을 세워 두고 학교장의 리더십이 흔들리지 않게 안정적으로 잘 물려주는 것이 나의 책무라고 생각하고 있었다. 그러다가 점차 생각이 바뀌게 되었다.

하나님의 학교 교장 선출

우리 밀알두레학교가 이렇게 급성장하고 커지게 된 것은 우리 학부모님들과 선생님들이 열심히 노력하고 수고한 덕분도 있겠지만 그보다는 하나님 아버지의 전적인 인도하심과 도우심 덕분이라 여긴다. 건축할 때 나와 우리 모든 동역자들이 수고하고 고생했었지만 이는 하나님 아버지가 더 큰 일을 맡기기 위해 우리들을 훈련하신 것이며, 우리를 통하여 하나님 아버지가 일하신 것이고 우리들은 그저 도구로 쓰임 받았던 것이다.

'그래 이 밀알두레학교는 내 학교도 아니고 우리 부모님들이나 선생님들의 학교가 아니다. 오직 하나님의 학교인 것이다. 하나님의 학교이기에 다음 차기 교장도 하나님 아버지가 세우실 것이며 하나님 아버지의 마음에 합당한 사람을 세우려고 이미 준비하고 계실 것이다.'라는 생각을 하게 되었다.

나는 차기 교장은 어떤 자격이나 요건을 갖춘 사람이어야 하는지, 어떤 방법으로 세우는 것이 하나님의 뜻인지를 찾는 데에는 함께 머리를 맞대고 고민해 보겠지만 그 조건에 부합한 사람을 찾거나 세우는 데에는 절대 관여하지 않을 생각이다. 그것은 밀알두레학교에서 계속 사역할 선생님들과 학부모님들의 몫이며, 하나님이 그분을 통하여 일하실 수 있도록 길을 열어 드리는 것이 나의 가장 중요한 역할이라고 느꼈기 때문이다.

나는 앞으로 이곳 밀알두레학교에서 2대 학교장의 임기를 다 채울지 아니면 하나님이 중간에 다른 사역을 맡기실지 모른다. 그리고 어떤 길로 인도하실지 전혀 알지 못한다. 그러나 언제, 어디에서 어떤 일을 하게 되더라도 나는 하나님 아버지의 도구이며, 하나님 아버지의 종으로 쓰임 받고 있다는 사실을 인정하고 고백하면서, 늘 겸손한 자로 살게 해 달라고 기도하고 있다.

나의 꿈과 비전
그리고 기도 제목

●   어느 덧 살 날보다는 살아온 날이 더 많은 나이가 되었다. 이 땅에서의 수명을 길어야 80~90세로 볼 때 내가 앞으로 일할 수 있는 날들은 30~40년도 남지 않았다. 언제 이렇게 시간이 빨리 흘렀나 하는 생각이 든다. 남은 시간들을 헛되이 보내지 않도록 시간을 아껴 가면서 잘 사용해야겠다고 또다시 다짐해 본다.

꿈과 기도 제목

나에게 주어진 앞으로의 남은 시간 동안 이루고 싶은 일들로 인하여 간절히 기도하고 있는 제목들이 있다.

첫째, 나는 앞으로 남양주 밀알두레학교 교장을 그만 두게 되면

"밀알두레교육 선교회"를 만들어 전국에 세워질 '밀알두레학교의 연합학교'들을 지원하고 각 연합학교의 교장, 교감 선생님들을 비롯하여 전체 선생님들을 회원으로 삼고 이분들이 밀알두레학교를 하나님의 학교로 잘 세워 나가도록 뒤에서 지원해 주고 싶다. 재정적으로 어려운 학교는 "밀알두레교육 선교회"를 통해 뜻있는 분들에게서 후원을 받아 도와주고 싶은 마음이 있다. 특히 연합학교 선생님들의 연수나 재교육이 잘 이루어지도록 지원하는 일에 최선을 다해 보고 싶다.

둘째, 기독대안학교 교사들을 양성하는 일에도 인생을 걸고 싶다. 많은 기독대안학교를 세우는 일 못지않게 중요한 것이 좋은 기독대안학교 선생님들을 양성하는 것이다. 지금도 기독대안학교들마다 좋은 선생님들을 확보하는 것을 가장 어려운 일 중에 하나로 여기고 있다.

이를 위해 2016년 4월 15일 서울장신대학교 총장님과 내가 회장으로 있던 경기도 대안학교연합회 간에 양해각서(MOU)를 맺고, 서울장신대학교 신학과 안에 초등대안교육 전공 과정을 개설하여 초등대안학교 교사를 양성하기로 했다. 4년 동안 이 과정을 이수한 학생들을 경기도 대안학교연합회 학교에서는 초등대안학교 교사 자격증을 갖춘 것으로 보고 면접해서 교사로 채용할 기회를 부여하기로 약속하였다. 2017년도 1학기부터 학생을 선발해서 교육해 오고 있다. 이것이 잘 추진되면 석사 과정에서는 중등대안교육 전공 과정을 개설하여 2년 동안 교육하여 중등 기독대안학교 교사로 양성할 계획도 갖고 있다.

지금은 이렇게 서울장신대학교신학과 안에서 초등대안교육 전공 과정으로 개설하여 교사를 양성하지만 앞으로는 대안학교 초 · 중등 교사를 전문적으로 양성하는 대학원 대학교를 설립하여 운영하는 것이 가장 원하는 꿈이다.

내가 대안학교 교사를 양성하는 일에 관심을 갖고 있는 이유 중의 하나가 통일을 염두에 두고 있기 때문이기도 하다. 앞으로 언젠가는 통일이 될 텐데, 그럴 경우 북한 땅에도 수많은 대안학교를 세워야 할 것이다. 그럴 경우 많은 돈도 필요하지만 선생님이 절대적으로 필요할 것이다. 북한 땅을 가슴에 품고 통일이 이뤄지길 염원하면서 북한 땅의 다음 세대를 말씀과 기도로 양육하고자 하는 뜨거운 마음을 가진 자들을 교사로 길러내고 싶다.

나는 하나님 아버지가 왜 우리나라가 빨리 통일이 안 되게 하시나 생각하다가 통일을 시키고 싶어도 우리들이 통일을 맞을 준비를 하지 않고 있기에 통일시키는 것을 보류하고 계신 것은 아닌가 하는 생각을 할 때가 있다.

지난날의 경험들을 통해서 하나님은 반드시 준비된 자를 사용하신다는 것을 알고 있다. 나는 통일이 될 것을 염두에 두고 내가 미리 준비하고 있으면, 하나님은 나를 하나님 아버지의 귀한 사역에 동참하게 하실 것이라고 믿고 있다.

셋째, 나는 기회가 주어진다면 일정 기간에 한해서 대안교육 관련하여 많은 법안들을 만들고 정책들을 개발하는 일에도 쓰임 받고 싶다. 대안교육진흥법률안을 만들면서 이 법안이 통과되면 이것이 완성이 아니라 시작임을 알게 되었다. 미인가 대안학교는 인가를 받지 않았기에 법의 보호를 전혀 받지 못하고 있다. 부가가치세, 상속세와 증여세, 취득세와 등록세, 소득세법 시행령 등의 법조문들 개정이 계속 이루어져야 대안교육기관들이 법의 보호와 세제 혜택을 받을 수 있게 되는 것이다. 또 미인가 대안학교는 인가를 받지 못했기에 학생들이 대학을 입학하는데 있어서 수시 전형의 기회가 제한되어 있다. 미인가 대안학교에 다니고 있는 학생들이 동등하게 입학의 기회가 주어지게 하는 일에도 참여하고 싶은 마음이 간절하다. 하나님 아버지가 나에게 이런 일을 감당할 수 있도록 기회를 주신다면 좋겠다고 여기며 간구해 오고 있다.

넷째, 우리나라 공교육을 새롭게 하고 회복하는 교육 운동을 계속 전개해 나가고 싶다. 나는 선생님들에게 비록 우리들이 남양주 한적한 곳에서 한 반에 16~20명 정도 밖에 안 되는 소수 학생들 앞에서 수업을 할지라도 이 수업이 한국 교육에 어떤 대안이 되는지 늘 생각해 보자고 말하고 있다. 우리들이 이런 생각을 하면서 교육할 때,

하나님 아버지가 우리들에게 지혜도 주시고 우리나라 교육을 새롭게 회복하는 대안들을 많이 만들어 낼 수 있게 하실 것이라 믿는다. 우리 밀알두레학교의 교육 운동이 우리나라 교육에 한 알의 작은 밀알로 쓰임 받게 되길 간절히 기도한다.

다섯째, 위의 네 가지 기도 제목보다 더 절실하게 기도하는 제목이 있다. 바로 멋지고 아름다운 죽음을 맞이하는 것이다. 나는 어떻게 사느냐 보다 어떻게 죽는지가 더 중요함을 깨닫게 되면서 이 기도를 자주 하고 있다. 우리들은 누구든지 이 땅에서 정한 수명을 살다가 하나님 아버지가 부르시면 언제든지 떠나야만 한다. 이때 나는 아름답고 멋지게 떠나게 되길 소망한다.

나는 하나님 아버지가 맡겨 주신 사명을 잘 감당하면서 성실하게 살다가, 아버지가 부르시면, 그동안 함께해 주시고 걸음을 인도해 주신 하나님 아버지께 감사의 고백을 올려 드리고, 사랑하는 가족과 믿음의 동역자들에게 일일이 작별 인사를 나눈 후에, 이들이 불러 주는 찬송가를 들으면서 조용히 잠자듯이 하늘나라로 가고 싶다.

그리고 장례식장에는 제단에 꽃장식을 하지 않고 사진과 내가 즐겨보던 성경책만 올려 두고, 아주 검소하게 장례식을 치르고, 화장한 후에는 밀알두레학교 앞동산 십자가 옆의 작은 나무에 수목장을 했으면 하는 바램을 갖고 있다.

나의 죽음을 지켜 본 이들 중에서 하나님이 정말 살아 계심을 깨닫고 아버지께로 나아오는 이가 있다면 천국에 가면서도 얼마나 기쁠까? 이런 멋지고 아름다운 죽음을 맞이하고 싶은 마음에 자주 두 손을 모아 본다.

연합하고
하나가 된다는 것

● 　　　　　　2011년 3월, 밀알두레학교를 시작할 때 하나님은 나에게 이 땅의 교육을 변화시키고 새롭게 하는 교육 운동을 전개하라는 비전을 품게 하셨다. 그래서 죽기 전에 6개 이상 학교를 세우고 네트워크하여 연합학교로서 함께 교육 운동을 전개해 나가도록 해야겠다고 서원하였고, 이 일들이 잘 이뤄지기를 소망해 오고 있다.

현재 남양주 밀알두레학교, 중국 동관 밀알두레학교, 광주 밀알두레학교가 운영되고 있다. 나는 두레학교부터 남양주 밀알두레학교까지 12년 동안 대안교육 운동을 전개해 왔는데, 내가 언제까지 이 대안교육 운동을 계속하게 될지는 알 수 없지만 이 생명이 붙어 있는 날까지는 멈추지 않으려고 다짐해 본다.

사실, 우리들이 연합하고 동역해야 하는 것은 당연하고 꼭 필요한 일이라 여기고 있지만 실제로 이를 행하며 살아가는 것은 결코 쉬운 일이 아니었다. 2005년도부터 지금까지 동역자들끼리 수없이 갈등하고 의견 충돌을 하면서 지내왔다. 왜 연합하고 협력하는 것이 이리도 어려울까를 고민해 본 적이 많았다. 다 같은 비전을 품었고, 같은 뜻을 갖고 결단하면서 인생을 걸고 나아가는데, 왜 이리도 충돌이 많고 갈등이 생겼는지 모르겠다.

그러다가 최근에 와서 깨달은 것이 있다. 그것은 자라온 환경이 다르고 가치관이나 철학, 이념이 다르다 보니, 같은 뜻을 품고 비전을 공유했다고 해서 모든 것이 다 같아지는 것은 아니라는 것이다. 비록 같은 비전과 뜻을 품었어도 일을 시작하게 되면 서로 다른 점들이 하나씩 드러나기 시작하고, 처음에는 서로가 맞춰 주려고 노력하다가 이런 일들이 여러 번 생기면 힘들어 좌절하거나 낙심하면서 점점 회의적인 상황으로 빠져들게 되는 것이다. 그러다가 나중에는 서로가 너무나 안 맞는다고 여기게 되면서 결국 다른 선택까지 하는 등 관계가 단절이 되는 상황까지 이르게 된다.

연합하고 동역하는 자들이 어떻게 하면 관계가 깨지지 않고 서로 돕는 자로서의 관계를 유지하고 발전해 나갈 수 있을까?

지난날의 경험을 통해 깨달은 바로는 바로 자기 자신을 내려놓아야 한다는 것이다. 누구에게나 자신의 마음속에는 내가 옳다는 생각, 지난날의 가장 좋았던 경험이나 방법들, 철학, 가치관, 신념 등이 있다. 이러한 것들이 마음의 중심에 들어와서 자리를 잡고 있기에 계속 충돌이 빚어지고 갈등으로 이어지게 되는 것이다.

마음의 중심

진정한 동역자, 협력자가 되려면 서로의 마음의 중심을 바꿔야 한다. 자기를 내려놓고 빈자리에 예수님이 들어오셔서 중심에 거할 수 있도록 내어 드려야 한다. 그래야 서로 충돌이 없고 의견 일치를 볼 수 있게 되는 것이다.

그리고 하나님이 원하시는 일을 하며, 연합하고 협력하기를 원하는 자들은 무엇보다 사람 귀한 줄을 알아야 한다. 왜냐하면 하나님이 우리 사람을 무엇보다 보배롭고 존귀하게 여기고 계시기 때문이다. 그런데 많은 사람이 일을 하다가 보면 일에 파묻혀서 사람보다 일을 더 중요하게 여기는 실수를 범하게 된다.

과거에 나도 그런 실수를 자주 범했다. 나는 과업지향적인 사람이었다. 어떤 일을 하려고 할 때 목표가 먼저였고, 사람들 개개인의 사정이나 생각은 그냥 무시하고 지나쳐 버렸다. 크게 관심을 두지 않았고 중요하게 생각하지도 않았다. 그 과정에서 수많은 동역자와 선생님, 학부모님이 상처를 입었을 것이다.

그러나 지금은 생각이 바뀌었다. 어떤 일을 추진하기 전에 먼저 선생님들의 의견도 살피고 어떤 의견들을 갖고 있는지 들어 보려고 애쓴다. (물론 과거의 모습을 완전히 탈피하지 못해서 지나고 나면 후회 될 때가 종종 있다. 그러나 달라지려고 애쓰고 있는 중이다.) 사람을 귀하게 여기며 내 기대에 다소 못 미치더라도 격려하고 인정하며 지지해 주려고 노력한다.

예수님의 마음

예수님은 우리들이 잘못하고 실수하며 넘어질 때 어떻게 하시는가? 그때마다 꾸중하고 나무라며 깨우쳐 주시려고 하는가? 아니다. 우리가 실수하고 잘못하더라도 스스로 깨달을 때까지 용서해 주시며 한없이 기다려 주시고 계신다. 우리가 하나님의 일을 하고 예수님이 기뻐하시는 사역을 하면 할수록 우리들의 말과 행동이 먼저 예수님을 닮아가야 한다. 하나님 아버지의 마음을 품으려고 노력해야 하는 것이다.

다른 사람의 실수나 잘못에는 한없이 관용을 베풀고 인자한 마음을 가져야 한다. 대신 자신의 실수나 잘못에는 매우 엄격해야 한다. 그런데 우리들은 보통 반대로 행할 때가 많다. 자신의 실수나 잘못에는 한없이 관대하고 용서를 베풀지만 상대방의 실수나 잘못에는 엄격한 잣대와 기준을 갖고서 냉정하게 대할 때가 있는 것이다.

예수님이 간음하다가 현장에서 잡혀 온 여인을 돌로 치려는 자들에게 뭐라고 하셨는가? "너희 중에 죄 없는 자가 먼저 돌로 치라." 이 말에 양심의 가책을 느낀 이들이 하나 둘씩 돌을 내려놓고 사라지자 예수님 자신도 그 여인에게 "나도 너를 정죄하지 아니하노니 가서 다시는 죄를 범하지 말라."고 하면서 용서해 주지 않았는가? 하나님 아버지를 위한 교육 운동을 전개하려는 이들은 예수님의 이러한 마음을 갖고, 삶속에서 계속 실천하여야 한다고 생각한다.

앞으로 시간이 흐를수록 밀알두레학교와 연합학교를 하려는 사람이 더 많아지리라 생각한다. 하나님의 원리를 바탕으로 교육 운동을 전개하려는 이들에게는 위에서 언급한 것들을 분명하게 제시하면서 잘 실천하고 지켜야 함을 강조할 것이며, 이를 잘 지켜 나가는 자들을 동지요 동역자로 맞이해야겠다고 다짐해 본다. 물론 그것을 요구하기 이전에 내가 먼저 달라져야 하고, 내가 먼저 바뀌어야 한다는 것을 분명히 한다.

이 땅의 무너지고 황폐해진 교육을 하나님의 원리로 바로 세우고, 모든 아이들이 행복하고 건강하게 자라나도록 돕는 대안교육 운동이 동역자, 동지들과 연합하고 하나됨을 통해 더 빨리 이 땅에서 확산되어지기를 간절히 소망한다.

연합학교 운동의 10가지 원칙

지난 2017년 8월 7~9일 3일간 제3회 밀알두레연합학교 교사 연수회를 했다. 그 자리에서 나는 밀알두레학교 연합운동의 10가지 원칙을 발표하였다.

첫째, 거저 받았으니 거저 주어야 한다. 기독대안학교를 설립하려는 분들이나 운영하고 있는 분들이 학교를 종종 방문해서 자료를 요청해 온다. 우리 학교는 이단이나 불순한 의도로 사용할 것 같은 곳이 아니라면, 하나님의 학교를 운영하고자 하는 분에게는 어떤 자료든지 다 나눠 주고 있다. 심지어 학교 재정 예결산 자료까지 내어 준다. 더구나 연합학교를 하겠다고 하는 곳에는 더 많은 것을 함께 나눠 줄 생각이다.

여기에 대해 우리가 이렇게 나누면 우리에게는 어떤 이익이 있는지 묻는 분들이 간혹 있다. 그럴 때마다 내가 하는 말이 있다.

"우리 학교가 운영하고 있는 이 모든 것은 우리가 만들어 낸 것 같지만 하나님이 우리에게 그냥 주신 것들임을 잊지 말아야 합니다. 하나님이 우리에게 값없이 주신 것인데 우리가 이를 우리끼리만 사용하면 되겠습니까? 거저 받았으니 거저 주는 것이 당연합니다."

둘째, 다른 연합학교를 반드시 돕는다. 연합학교를 하겠다는 기관이나 책임자에게 꼭 요구하는 것이 있다. 학교를 운영하고서 최소 3년이 경과하거나 학생 수가 110명이 넘어서 자립할 수 있는 수준이 되거든 반드시 다른 지역의 어려운 연합학교들을 도와야 한다는 것이다. 연합학교로서 남양주 밀알두레학교의 도움을 받았으니 남양주 밀알두레학교에 무엇인가를 하는 것이 아니라 다른 연합학교를 돕도록 요구하는 것이다. 이 정신을 이해하고 동참하는 학교만이 밀알두레학교의 연합학교가 될 수 있다고 생각한다.

셋째, 내 교회보다는 예수님을 먼저 생각한다. 한국의 개신교가 개교회 중심으로 흐르다 보니 '우리 교회'만 강조되고 다른 교회의 사정이나 어려움은 남의 일처럼 여기게 된다. 다른 교회가 어찌 남의 교회가 될 수 있는가? 교회의 주인은 예수님이 아니던가? 예수님의 피로 세워진 교회들인데도 우리들은 내 교회만 중요하고 남의 교회는 우리와 무관하다는 생각을 한다. 기독대안학교들 중에 많은 학교가 교회에서 설립하다 보니 자연스럽게 이런 생각들이 스며들어서 자기 학교 중심의 생각을 많이 하고 있다.

우리 학교가 아니라 예수님의 학교라는 생각을 가져야 한다. 전국에 세워진 많은 기독학교를 예수님의 학교로 여기는 마음을 가져야 한다.

넷째, 한마음 한뜻이 되어야 한다. 악한 대적은 우리가 이 땅의 무너진 교육을 하나님의 원리로 회복하겠다는 운동을 전개하려고 할 때, 이를 막으려고 수단과 방법을 가리지 않고 방해해 온다. 악한 대적은 무엇보다 우리 동역자들 간의 마음이 나누어지도록 하면서 운동이 제대로 이루어지지 못하게 한다.

그러므로 우리 동역자들은 악한 대적이 미리 공격해 올 것을 알고 이에 대비해야 한다. 어떠한 경우에라도 마음이 나뉘면 안 된다. 항상 한마음 한뜻이 되도록 노력해야 한다.

다섯째, 사람의 인정, 칭찬을 구하지 않는다. 우리는 종종 사람들의 칭찬이나 인정을 구하는 경우가 있다. 그래서 그에 상응하는 칭찬이나 인정이 안 오면 실망하거나 낙심하기도 한다. 밀알두레 연합학교에서 교육 운동을 전개해 나가는 동역자들은 사람에게 시선을 두지 말고 하나님에게 두도록 해야 한다. 사람들의 칭찬이나 인정을 구하려고 하지 말고 하나님이 어떻게 바라볼지를 생각하면서 하나님의 칭찬과 인정을 구하려는 자세로 살아가야 한다.

예수님도 이 땅에 오셔서 사역할 때 "나는 사람에게서 영광을 취하지 아니하노라(요 5:41)."고 분명히 말씀하셨고, "너희가 서로 영광을 취하고 유일하신 하나님께로부터 오는 영광은 구하지 아니하니 어찌 나를 믿을 수 있느냐(요 5:44)."고 하시며 그들이 사람으로부터 받는 영광을 하나님보다 더 사랑한 것에 대해 책망하신 것을 우리는 잊지 말아야 한다.

여섯째, 하나님만 믿고 의지해야 한다. 연합학교 운동을 전개하려는 동역자들은 사람은 그 대상이 누구이든지 간에 의지하거나 믿을 대상으로 삼아서는 안 된다. 사람은 그저 사랑해 주어야 할 대상일 뿐, 의지하거나 믿음의 대상이 결코 될 수 없다는 것을 나는 2010년 학교가 분리될 때 분명히 깨달았다. 아버지처럼 믿고 의지하며 따랐던 목사님이 나를 내보내려고 하고, 6년 동안 동고동락하면서 함께 지내왔던 선생님들과 학부모님들 중 일부가 나에 대해 음해하며 비난하는 것을 보면서 사람은 결코 믿음이나 의지의 대상이 될 수 없다는 것을 알게 되었다. 사람이 믿고 의지해야 할 대상은 오로지 하나님 아버지뿐임을 꼭 기억해야 한다.

일곱째, 가정과 가족을 소중히 여긴다. 사람들이 흔히 범하기 쉬운 것이 일에 빠지면서 가정과 가족을 희생시키고 소홀히 여기게 되는 것이다. 나도 지난 날 그런 잘못을 범한 적이 있었다. 일을 더 중요하다고 여기며 헌신을 자초하고 가족과 가정을 소홀히 한 적이 있었다.

밀알두레학교 연합학교 운동을 전개할 때 가장 기억해야 할 것은 하나님의 교육 원리가 행복한 가정에 있다는 것이다. 그 무엇보다도 가정과 가족을 소중히 하여야 한다. 그래서 나는 선생님들에게 이런 말을 종종 한다.

"선생님들! 학교 일을 한다고 가정과 가족을 소홀히 하지 마세요. 제가 과거에는 공과 사를 분명히 하여야 한다고 하면서 학교가 중요하다고 강조한 적이 있었지만, 하나님이 분명히 알게 해 주셨습니다. 가정과 가족이 너무나 중요합니다. 그렇다고 학교가 행사를 진행할 때, 여러 선생님들 가정 형편을 고려해서 진행할 수는 없습니다. 그러므로 학교 행사와 가족의 중요한 행사가 겹치거든 조용히 학교장이나 교감님께 이야기하세요, 절대로 학교를 위해서 가족이나 가정을 희생시키지는 마세요. 대부분의 학교 관리자들은 학교일에 전념하고 헌신적인 분을 좋아하고 그런 분들을 좋은 교사로 여깁니다. 그런데 잘 모르고 하는 것입니다. 잘 생각해 보세요. 늦게까지 학교일을 하고 가족을 돌보지 않게 되면, 자녀들은 아빠나 엄마의 사랑을 받지 못해 힘들어 하고, 아내나 남편은 역시 외로움을 느끼게 됩니다. 그러므로 가정이 행복하지 않아서 늘 다툼이 일어나고 갈등이 생기게 됩니다. 집에서 행복을 느끼지 못하고 부부싸움이 잦은 상황에서 학교의 아이들에게 사랑을 베풀 수 있을까요? 가족들로부터 사랑을 주고받으며 행복한 가정을 만들어야지 학교 아이들도 사랑해 줄 수 있는 것입니다."

여덟째, 사람을 귀하게 여겨야 한다. 연합학교 운동을 전개할 때 사람을 귀하게 여겨야 한다. 특히 학교는 선생님들을 소중히 해야 한다. 사람을 소중히 하기 위해서는 최소한 두 가지가 실천되어져야 한다고 생각한다. 노력한 만큼의 급여를 지급하거나, 선생님이 존중 받고 대접받는 것을 느끼게 해야 한다.

대안학교들 중에는 교사들 급여가 적은 학교들이 꽤 있다. 학교 재정이 아주 어려운 경우는 어쩔 수 없겠지만 재정이 넉넉한데도 교 사들 급여를 적게 지급하는 곳이 있다. 그렇게 하는 이유가 교사들 의 급여 기준을 일반 대안학교에 맞추고 있기 때문이다. 기준을 대 안학교에 두는 것이 아니라 일반학교에 두고 이에 근접하게 주려고 노력해야 한다고 생각한다.

학교 재정이 부족해서 교사들의 급여를 정상적으로 지급하지 못 하는 상황이라면 최소한 교사들이 마음 편하고 행복하게 근무할 수 있는 분위기라도 만들어 주어야 한다. 대안학교는 아이들이 행복한 학교를 지향한다. 아이들이 행복해지려면 교사들이 먼저 행복해야 한다는 것을 기억하면 좋겠다.

아홉째, 생각과 마음을 잘 지켜야 한다. 연합학교 교육 운동을 전 개해 나가는 동역자들은 무엇보다 자신들의 생각과 마음을 지키려 고 노력해야 한다. 우리의 생각과 마음을 잘 다스려야 한다. 우리가 어떤 것을 붙잡느냐에 따라 생각과 마음이 커지는 것이다. 악한 대 적으로부터 오는 생각이나 마음은 분노와 화, 미움, 원망, 걱정, 염 려, 서운함 등인데, 이를 붙잡으면 악한 대적은 그것을 기회로 마음 안에서 이를 더욱 크게 만드는 역할을 한다. 우리 동역자들은 하나님으로부터 주어지는 기쁨과 감사, 평안, 용서 등의 마음을 가져야 한다.

열째, 험담, 비난, 뒷담화하지 않는다. 연합학교 교육 운동을 전개하는 동역자들은 어떤 경우라도 험담하거나 비난, 뒷담화를 하지 않아야 한다. 처음에는 다들 걱정하면서, 기도를 부탁하는 것으로 시작하는데 나중에 가면 이것이 험담이나 불평, 비난으로 끝나는 경우가 허다하다. 선생님들은 교사 회의를 하면서 특정 학생에 대해 힘든 상황을 이야기하거나 뒷담화를 해서는 안 된다. 항상 긍정적으로 이야기하고 희망적으로 바라보는 노력을 기울여야 한다.

무너지고 황폐해진 교육을 하나님의 원리로 새롭게 회복하는 교육 운동의 동역자들이 위의 10가지 원칙을 마음에 두고 이 땅의 교육을 변화시키는 운동을 잘 전개해 주길 기도해 본다.

앞으로 우리의 이러한 교육 운동이 전국적으로 일어나서 아이들에게는 행복해서 언제나 오고 싶은 학교, 부모님들에게는 자녀를 믿고 맡길 수 있는 학교, 선생님들에게는 보람이 있어 인생을 걸어 볼 만한 학교를 만들어 나가게 되길 소망한다.

또한 이 일을 위해서 하나님이 덤으로 주신 나의 작은 인생을 걸어 본다.

밀알두레학교는?

하나님의 말씀과 기도로 다음 세대를 세워 나가기 위한
하나님의 학교입니다.

2005년 5명의 현직 교사가 사직서를 제출하면서 설립했던
두레학교에서 6년간 교육해 왔습니다.

그런데 교회 리더십 교체로 교육 철학에 변화가 생기게 되어,
2010년 12월 18일에 20명의 교사와 85명의 아이가
두레학교에서 분리해 나와 새롭게 설립한 기독대안학교입니다.

조선시대 왕자들의 수련 장소였던 왕자궁 마을에 학교를 세워서
하나님 나라 왕자들과 공주들을 말씀과 기도로 길러내라고 인도하신
하나님 아버지의 뜻을 받들어, 이곳을 전진기지 삼아 이 땅의 교육을
아버지의 원리로 새롭게 변화시키는 교육 운동을 전개해 나가고 있습니다.

밀알두레학교 연합학교 교육 운동 1004 후원자 모집

밀알두레학교 연합학교 교육 운동 월 후원자 1,004명 확보를 위해 기도해 주세요.
그리고 후원자가 되기 원하시는 분은 연락 주시면 감사하겠습니다.

전화 : 031-576-1732 / 010-9782-4193   팩스 : 031-576-1532

후원해 주시면 밀알두레학교 연합학교를 설립하고 지원하는 일에 사용하겠습니다.

(월 회비 1만 원)

국민은행 531701-01-081055 정기원(밀알두레학교)

예수님 가르침 그대로 —
밀알두레학교

본교　경기도 남양주시 경강로124번안길 13　T031.576.1632 F031.576.1532 www.miraldure.net
광주　광주광역시 광산구 수완동 1147번지 광산교회 비전센터　T062.531.6000 F062.941.5408 www.gjmiraldure.org
청주　충북 청주시 상당구 산성로 181(용담동 433번지)　T043.257.0691 blog.naver.com/mdure-school01
중국　东莞市 东城区 东城东路229号 星河新天地30号楼　T0769.2231.6421 / 186.8065.2002 cafe.naver.com/dgmiraldure